管理故事与哲理

MANAGEMENT STORIES AND PHILOSOPHY

中外管理 ◎ 编著

图书在版编目（CIP）数据

管理故事与哲理 / 中外管理编著 . —北京：北京联合出版公司，2019.5
ISBN 978-7-5596-2216-7

Ⅰ.①管… Ⅱ.①中… Ⅲ.①企业管理–通俗读物 Ⅳ.①F272-49

中国版本图书馆 CIP 数据核字 (2019) 第 073110 号

管理故事与哲理

作　　者：中外管理
产品经理：赵琳琳
责任编辑：喻　静
特约编辑：杨亚琼

北京联合出版公司出版
(北京市西城区德外大街 83 号楼 9 层　　100088)
北京联合天畅文化传播公司发行
天津光之彩印刷有限公司印刷　　新华书店经销
字数：304 千字　　710mm×1000mm　　1/16　　印张：30.5
2019 年 5 月第 1 版　　2019 年 5 月第 1 次印刷
ISBN 978-7-5596-2216-7
定价：68.00 元

未经许可，不得以任何方式复制或抄袭本书部分或全部内容
版权所有，侵权必究
如发现图书质量问题，可联系调换。质量投诉电话：010-57933435/64258472-800

■ 《管理故事与哲理》之序

"21 世纪什么职业最吃香？"

当我在本世纪初看到这个源自美国的命题时，深为其答案所震撼。

"说书的！"

当然，所说的并非刚过世的评书大师单田芳先生，而是略带调侃地指出了一件古老事物及其背后能力的非凡时代价值，那就是——讲故事。

作为 21 世纪的管理者，你必须学会讲故事。

言外之意，在 20 世纪做管理可以不会讲故事。比如，你可以单纯用权力来管理，谁不听话你就扣他奖金，或者不给他分房，那可是致命的，于是被管理者都会规规矩矩、服服帖帖。比如，你可以单纯用命令来管理，再调皮的人在准军事化氛围中都会自觉地安分守己，不敢造次。再比如，你也可以单纯用利益来管理。在一个每个员工甚至管理者自己都有挨饿记忆的年代，没有什么比利益（而且未必很大）更能让人抓狂，比如举手之劳调高半级工资，甚至高抬贵手多发一些劳保用品，抑或是居高临下地请一顿饭，都可以引诱出足以打破头的顺从。当然，如果你足够柔软，还可以单纯用情感来管理。仅凭同姓、同乡、同学，就足以凝聚起一群本来互不相干的人。

但是，到了 21 世纪，单靠这些都不灵了。

因为，这时候管理者所面对的主流部下——"80 后""90 后"们，在他们的人生记忆里，挨饿只是传说，匮乏只是调侃，他们无惧权威，不屑于管束，他们甚至也不怕失去饭碗，不等老板瞪眼发威，他们就先已拂袖而去。于是在 21 世纪，有了无比方便的电子邮件，但管理者们也最怕电子邮件——因为全年 365 天，随便哪一天你都可能毫无征兆地突然收到一封充满感谢言辞的邮件——没有温度，全是冰点，因为又有骨干不可挽救地要离职了。

就算他们暂时还没有离职，你要让他们替公司赚回自己的工资，并进而迸发出一些创造性的激情，也都是很困难的。你还指望像当年那样苦口婆心、拖腔带调地念报告、讲道理吗？你错了，从他们悄悄低下头打开手机将耳机塞入耳朵起，他们就不属于你了。而 21 世纪最大的难题便是，你永远不知道你的员工在办公室里紧盯电脑屏幕时，他们心里其实在想什么。就算你抓住了他们的个把溜号把柄，你会发现，所有的批评，都被视为羞辱；所有的处罚，都被视为伤害——如果对伤害都无感，那就更糟了。你抱怨他们太脆弱吗？可他们从来就没打算赖在你这儿，你反而要担心会不会马上要收到感恩邮件。

是的，他们不在乎你给的那点工资，不在乎你给的那一官半职，也不在乎你作为老板的脸色红与黑，他们只属于他们自己。

除非，你真的能打动他们。

那么，如何才能打动看起来"垮掉的一代"？你又错了，他们并不是垮掉的一代，只是现实需要我们更新我们的管理方式。而管理，本质上是通过传播与行动，来达成思维与实践上的共识。而在 21 世纪，你所要传播的内容，已经不如你所使用的传播方式重要了。

而这个方式，首推讲故事。

钱锺书先生曾说过，越趋时，往往也就越容易过时。由此我们发现，所有科技色彩过于浓重的风口工具，往往只是表面的热闹而已。反之，抓住热闹背后的本质，我们又往往会发现，它恰恰都是亘古已有的。比如，讲故事。

自古以来，所有最具管理功效的事物，基本都是依托于讲故事。比如宗教，《圣经》成为人类历史上最畅销的图书，并在数千年里流传至今，就缘于它里面有着各种故事。比如治理，中国上下五千年来，所有的帝王学习执政阶段，都离不开勤读历史著作（典型如《资治通鉴》），而历史就是无数个故事的串起。再比如一个颇具哲学意味的命题：我是谁？从哪里来？全世界各个民族都必须回答这些问题。而这些需要上溯久远而且越久远越好的问题，基本上都不是靠科学数据解答，而是靠神话传说。传说的，都是故事。而我们管理者这一代，从幼时的孙敬修爷爷，到如今的好莱坞大片，其杀伤力都来自于善于讲故事。至于当下最流行的短视频，本质上依然是讲故事。

故事的本质，从没有改变过。故事的影响力，也从没有衰减过。

那么，作为管理的首席工具，为什么故事在21世纪尤为重要呢？

第一是生动。故事的优势当然在于生动。但问题是我们的传统意识里往往过于强调正襟危坐的意义，而忽略生动有趣的价值。也因此蒲松龄能将古板严肃的文言文写到妙趣横生，却一生考不取功名。如果蒲老先生活到今天，一定是首席网络名人。这真是生不逢时的最大讽刺。但古人越是不以为然的，往往在今天越能大放异彩。十多年前，于丹女士的谈经论道虽然广受老学究们的争议，但她讲故事的专业方式，决定了她远比老学究们对推广儒道入户更具效能。在当今，没有权威，没有指令，没有人可以垄断真理时，一切就看你的"真理"能不能让人听得进去。你的故事生动了，你的人就生动了，你所要讲的道理，才能跟着一起生动。否则，一切都是白搭。

第二是简单。故事为什么比经文的传播力度更大？历史书为什么比哲学书传播得更广？就因为它们简单通俗，好懂易记。能将复杂问题相对简单化呈现，不仅不意味着粗糙，反而意味着更精致的深刻和更集约的智慧。简单，在21世纪的中国尤其重要。在过去半个世纪，人们都把亚洲说成"压洲"。因为它承载了全世界的生产与竞争压力，特别是中国，一方面日新月异，一方面又朝不保夕。因此，在大家已被身边现实折磨得疲于奔命、超负荷承受时，与其再去啃咬那些刻板艰涩的管理模型，抑或发泄于抖音而忘掉管理，真不如跳出来品味这些简单深刻的管理故事，在片刻轻松中领悟辞短意长。这不只是效率问题，更是人文问题。

第三是简短。并不是所有故事都能成为21世纪的宠儿。故事能成为优势，往往就在于短，或者能够切成无数个短故事。诚如电台里的单田芳评书，精妙而且挠人之处就在于每一段就半小时，想多听没有，明天同一时间再说。在时间碎片化，进而人们注意力碎片化，又进而导致人们耐心随之碎片化的21世纪，越短的东西，越能吸引人。而洋洋洒洒的长篇大论，除了自我标榜与吓跑读者，已别无他用。这就好比大名鼎鼎的满汉全席如今只能出现在相声贯口里，而大家真想吃的就是分分钟出锅的鱼香肉丝。何况，在节奏如此快捷的今天，留给我们管理者看故事、讲故事，留给被管理者听故事、传故事的时间，又能有多少呢？

第四是距离。艺术美最高的境界，大都是通过距离来呈现的。越是看似不搭界的事物，当你能将它们内在联系起来时，就越会激发受众们强烈的思想冲击与审美愉悦。记得十多年前，一次和朋友聚餐用甜点，面对颇具创新意味的"冰激凌火锅"，我不经意一句——"它就像人生——冷暖与沉浮"，立即引得朋友惊呼喝彩，也让我自己记忆至今。最绝妙的管理布道，就是在你的受众以为你的天马行空与管理遥不可及时，却突然被你生生拉出一道交集高光！就事论事永远正常，但也注定沦为平庸，最终难免说完就完。反之，你若能自如驾驭"联系产生价值"，你就能凝聚三心二意的部下，还能借众人之口传为经典。管理故事之妙，就在于对不相干事物之间内在联系的机敏洞察与深刻顿悟。

第五是好看。好看不只是指抽象层面的大餐，有时也指直观眼前的欢喜。有效管理的真谛，就是可视化。它既可以理性地可视为数据，也可以感性地可视为绘画。这也就是连环画能够超越农业时代、工业时代与信息时代，始终畅销不衰的原因。好的故事绘画，绝不仅仅是对故事情境的机械再现，更包括一种艺术化的二度创作。诚如精妙的翻译与配音，共同组成了一部进口大片得以长久流传不可或缺的有机元素。文字与绘画相结合，更彻底地激发了我们每一位读者的想象空间与阅读愉悦。

于是，"管理故事"就构成了《中外管理》杂志创刊28年来，最具特色、最受欢迎，也是我仅有的每月笔耕不辍的两个栏目之一。因为我深知，我和我的同事们一起持续十多年坚持在做的，究竟是件多么有意义的事！

而今，我们将十多年积攒下来的数百则生动故事及内在哲理的挖掘，加以选择，重新汇编结集成书。我亦深知，我和我的同事们所编著的，将是一本管理者睡前的枕边书、梦中的灵感书、会上的布道书、席间的段子书、路上的伴手书，最终成为我们企业文化的落地书！

说书的说完了。接下来，就该由您来读书、品书和荐书了。

《中外管理》杂志社社长兼总编　杨光

2019年清明后一日

■ 推荐语

管理也是讲故事，你讲别人的管理故事，别人讲你的管理故事，你讲别人的讲多了，你就是名嘴，别人讲你的讲多了，你就是名家。《管理故事与哲理》，是讲别人的管理故事，讲多了就是名著。

——北京腾驹达猎头公司董事长　景素奇

管理是一门科学，更是一门艺术，是对实践的总结、提炼和升华。寓管理的哲理性与趣味性于一体的最好表达方式无疑就是管理故事。《管理故事与哲理》之于管理者，既可作为团队培训的故事宝典，又是指导管理实践的思想宝库，实在是一本难得的案头好书！

——黑龙江华彩建材科技有限公司董事长　孙国忠

人类依靠自身智慧和创造得以不断地演绎和进化，而这些智慧和创造又大多源于日常生活的经历。《管理故事与哲理》一书立意独特，它将人们生活中一个个平凡的小故事挖掘出来，从管理的视角剖析，引发思考，启迪智慧。

他山之石，可以攻玉。广大读者定能于轻松中悦读，于掩卷后联想，这本书实为不可多得的好书。

——湖南松井新材料股份有限公司董事长　凌云剑

管理是对事不对人，做事关键在于流程，94%的错误都在于流程。

敢管理是对人不对事，不迁就任何人，不敢管理的必定是少数人，这就是对多数人的不公平！

——哈尔滨森鹰窗业股份有限公司董事长　边书平

哲理往往来自外部，而感悟来自内心。从故事中悟出的往往是自己的原创，更好记忆，更易传播，也更有说服力。

《中外管理》编辑精选的管理故事与哲理，短小精悍，发人深省，适合各个层次的读者阅读。

——帽仕汇品牌创始人　孙建华

读故事，悟管理，管理不仅仅是科学，更是实践，是艺术！管理对象千差万别，优秀的管理技巧蕴藏在一个又一个管理现场的实践案例中，《管理故事与哲理》鲜活不枯燥，灵动有深意。他山之石，可以攻玉，该书小故事、好内容，悟管理、易实践。轻松读管理故事，快乐提升管理能力。

——四川麻辣空间餐饮管理有限公司董事长　肖守建

人类自从有了集体活动，就出现了管理，管理存在于人们生产、生活的各个方面。随着社会生产力的发展、科技水平的不断进步、生产社会化程度的日益提高，管理逐步演化成一项专门的社会全职能，而且其本身的复杂性和重要性也在日益提高。但对于"什么是管理"这一问题，始终众说纷纭，至今没有一个公认的答案，因为每个人的角度不同，考虑问题的出发点不一样，所处的时代背景和社会背景也各不相同。《管理故事与哲理》却给我留下了深刻的印象，其非凡的意义、博大的精髓，深深地吸引了我。它对以往传统的以经验为主的管理模式是重大的突破，并使人对管理有了新的认识。

——亚蒂芙（北京）贸易有限责任公司董事长　朱娜莎

当今社会商业环境的变化如此快捷，已经不可能像过去两百年那样产生那么丰富的管理理论了，所以发生在一些成功企业或企业家身边的这些鲜活的故事就变得更有价值了。把这些故事精选编辑成书，就好像有了一本可供随手翻阅的"管理辞典"。

——湖南万容科技股份有限公司董事长　明果英

每次收到《中外管理》杂志，总是会迫不及待地找管理故事与哲理先睹为快，因为看得懂、记得住、用得上。一个个小故事总是蕴含着大道理，它们通俗易懂，给人启发；短小精悍，令人回味无穷；深入浅出，令人印象深刻；寓意深远，堪称经典。

——北京瑞京医院管理有限公司董事长　卓国金

管理故事是在管理中发生的，故事反映的哲理都是管理实践经验。小故事，大道理。用故事反映管理问题，用哲理剖析问题本质与根源，从而解决管理实际问题。《管理故事与哲理》是一本好书，能够成为管理者的好助手。

——阳坊胜利投资管理有限公司总经理　李晶蕾

故事背后是场景，场景很容易拉近距离，更容易让人产生共鸣，引人思考，记忆深刻，理解容易，应用则更容易。

——中外管理商学院·泰山书院院长、股权战略理论提出者　马方

古今中外，优秀的经营者既是管理学家又是哲学家，他们能把好的经营哲学渗透到组织内部。《管理故事与哲理》用小故事的形式将经营者丰富的人生观、经营观进行归纳、总结。看似简单的故事背后往往蕴含着丰富的哲理。

——郑州大兴餐饮管理有限公司总裁　许宁

能够用严密清晰的逻辑去阐述一个道理是一种技术，但能够用浅显生动的故事去启悟事情的本源是一门艺术。毫无疑问，管理就是技术和艺术的结合体，《管理故事与哲理》用艺术的手法去描绘技术背后的哲理！

——江苏百邦人力资源有限公司总裁　杨华

小故事见大智慧，一字洞悉天下，一语道破天机。简单故事给人意味深长的启示。经营的高手，总善于用通俗的语言表达出深刻的哲理。

——广州道成智聚咨询集团创始人　田和喜

成功无大小，故事有乾坤。从管理故事中跨界学习，践学践行、渐行渐悟，让《管理故事与哲理》伴随工作实践，创造每个人自己的管理故事，悟出企业经营之道，修炼领导心性。

——零牌顾问机构技术导师　祖林

是真佛只言家常。《管理故事与哲理》，像一位深邃的智者，以朴实的语

言娓娓道来，讲述意味深长的故事，揭示管理的真谛。阅读《管理故事与哲理》，常给我柳暗花明、醍醐灌顶之惊喜！

——青岛知行合一企业管理咨询有限公司合伙人、总裁　姚凤鹏

企业家最应该学习的知识是心理学和哲学，因为：不学心理学，无以洞察人性；不学哲学，无以洞察真理。《管理故事与哲理》是用真实的商业故事讲授商业的哲理、人性的真谛！

——普智私董学院院长　刘百功

小故事有大道理，好故事有大智慧。讲好故事是现代管理者的一项必备技能。

我们今天生活在信息流的时代。风起云涌，波澜壮阔，俯拾皆是的机遇塑造着无数绚丽的梦想。但是浮华和急功近利的心态让无数人折戟沉沙。真正立于潮头并到达理想彼岸的，绝不是扬鞭奋蹄一冲到底，而是笃守恒定的信念：低潮时，耐得住寂寞，凝心聚力；必须冲刺时，义无反顾，勇往直前！

成功者的故事千差万别，但核心要义颠扑不破！

——安徽长安开元投资集团董事长　吴成月

成功的故事和成功的人宛如璀璨星辰，熠熠生辉但只可远观，难以深入观察和体会。本书见微知著，浅显易懂，引人入胜，带领读者探索和领略管理智慧的浩瀚和美妙，了解成功背后的哲学。好的故事，精彩纷呈，领略一二以致用，足矣。

——联通创新互联股权投资基金董事长
大华大陆投资公司总经理　王勇

管理，是科学，更是艺术。科学的规律有其内在的逻辑可循，艺术的殿堂，除了勤奋，更需要感悟。《管理故事与哲理》就像MBA教学的一个个小案例，通过故事的形式，给我们启迪，让我们去感悟管理的艺术，让我们在自己的管理实践中去尝试，值得推荐给身边的朋友。

——重庆智展齿轮传动有限公司董事长　何荣

学、商、咨询、媒体各界视角天然不同，对于管理自然形成了不同的认知；就算是长期在一线拥抱实践的企业家，对于管理也有林林总总的思维模型。众声喧哗中，常识让位于热点，逻辑让位于情怀……看似热闹，其实缺乏有质量的讨论和有价值的共识，于是，错误的认知被一次又一次地重复，执迷者还浑然不知。《中外管理》用最简单的管理故事来阐释哲理，让不同视角能够回归同一坐标，开悟心智，意义深远！

——穆胜企业管理咨询事务所创始人
北京大学光华管理学院工商管理博士后　穆胜

亚里士多德说过："我们无法通过智力去影响别人，感情却能做到这一点。"成功的企业家多是哲学家，哲理属于思辨智慧，理性的哲理要想影响别人，最佳载体就是故事，因为故事带有温度和情感，更易触动人心。所以，无论企业家还是管理者，都应该成为会讲故事的人。《管理故事与哲理》一书，通过一个个富有哲理、引人入胜的故事，启发读者"悟道"，从而"明体达用"。这是一本启发企业家和管理者如何有效布道，实现企业文化落地的"故事书"，是一本值得收藏和反复阅读的枕边书。

——山东蓝海酒店集团创始人、董事长　张春良

赫尔曼·谢勒说："我们给孩子讲故事，为了哄他们入睡。我们给大人

讲故事，为了让他们醒来。"《中外管理》中的管理故事是讲给企业人听的，它有让企业家清醒、奋发、坚持、快乐、长寿的影响力……持续二十多年的年会就是一个大故事会，年年聊过去说现在讲未来，年年都有精彩，企业家愿意听，因为有味道。《中外管理》为企业编著的《管理故事与哲理》，使企业的本质得到了回归。企业的本质都是"搞教育"的，是首先培训合格职业人，而后提供"有灵魂"的产品与服务，如此企业才可能长久，员工才有欢乐。

——济南金达药化有限公司总经理　程玉水

作为全国领先的管理大刊，《中外管理》杂志社编著的《管理故事与哲理》值得您拥有和阅读，短小精悍，雅俗共赏，发人深思，启迪智慧。

——厦门立方家居有限公司董事长　高力永

《管理故事与哲理》是很好的展示企业文化的载体，透过一个个故事，读者可以了解公司文化的方方面面，进而认识公司，认同公司文化。来应聘的员工和新进入公司的员工通过阅读故事，可以快速了解公司，认知公司，融入公司。《管理故事与哲理》是推广传播企业文化的好平台。

——胜利油田森诺胜利工程有限公司董事长　姜传胜

两百多个超有趣的管理故事，分享了成功企业的价值观。这些价值观的体现正是企业文化，也正是企业家精神。人人都是自己的CEO，自我管理也应像经营企业一般。从事管理工作需要此书，因为它是实用指南；努力生活的你更需要此书，因为它能指引你通往幸福的人生。

——侯马市家和商贸有限公司总经理　张萌

通过讲故事的形式，把一些管理哲理和人生哲学变得更生动、更鲜活、更有说服力。

一个好的企业文化，首先肯定会由许许多多来自基层、来自一线的故事组成，这些故事，会不断地激发员工的向心力、凝聚力，促进企业持续健康地发展。

《中外管理》把发生在各行各业的故事汇编成书，对企业的发展和成长起到非常重要的意义。

——青岛海佳机械有限公司行政总监　邢相虎

想要打动人心，必须会讲故事。讲故事已经成为一门需要掌握的必备技艺，更是一项成效强大的领导技巧，但凡成功的领导者都是讲故事的高手。好的故事相比空洞的说教和枯燥的数字，更能赢得听众的心，起到事半功倍的效果。企业家应学会用讲故事的办法向员工传达自己的经营理念，从而达到"上下同欲者胜"的目的。

——湖南松柏集团董事长　侯瀚雨

中外管理三十年

智慧天下人才全

财经商界和企业

一路随行立航帆

小小故事大道理

拨云见日现蓝天

航灯穿透茫茫夜

迷途指引好归返

运筹帷幄大智慧

决胜千里是必然

——河北辉腾商贸有限公司总经理　徐玉伟

透过现象看本质，通过故事探哲理。概念能力已经成为管理者的核心能力，并成为管理者持续成长的原动力。《管理故事与哲理》一书，通过一个个小故事的串联，让管理者轻松获得概念能力的提升，为管理者与被管理者之间的更高效沟通架起了一道桥梁。

——安徽高速地产集团人力资源部总经理　赵先琼

本书寓教于乐，通过一个个通俗风趣的小故事、精辟的点评，将管理的原理、策略、方法、技巧一一展现，让你快速掌握、深刻领悟，是一本适合各层管理者提升自己管理艺术的好书。

——浙江浙大中控信息技术有限公司董事长　章如峰

普通的人讲道理，睿智的人说故事。

故事，是人类历史最悠久的影响力工具。一个好的故事，能够带给我们伴随一生的成长感悟。在企业经营管理中，讲故事也是最具说服力的沟通技巧和营销手段。无论做营销、广告，还是在其他领域，也都要求我们会"讲故事"。讲好一个故事，它能让我们用最少的时间打动客户，也能搭建企业或品牌与用户之间的情感桥梁。

——秦皇岛天洋电器有限公司总经理　杨宝君

理论来源于实践，也用来指导实践。用故事引申出哲理，就是从具体实践中分析出结论，同时告诉我们如何举一反三地应用到实践中。理论与实践紧密结合，用讲故事这一生动活泼的表达方式，更易引发思考，从而使人融会贯通，学以致用！

——内蒙古浩帆热力有限公司副总经理　陈祥熙

讲故事是打动听众最好的方式之一，在听故事的过程中去吸收，能达到润物无声的效果。优秀的领导者一定是善于讲故事的。《管理故事与哲理》不仅仅让你从故事中去明理，更重要的是可以让你从现今这种浮躁喧嚣的世界中寻找到一片心灵的宁静，能够引发你的思考，促进你的行动和改变。

——口味王商学院副院长　姜顺安

《管理故事与哲理》，看似短小通俗的故事，却诠释了寓意深刻的哲理，在我们的日常管理中，常常能联想起这些故事与哲理，并借鉴和运用。本书是一本上乘的工作案头书！

——溧阳新元窗帘制品有限公司总经理　周伟坚

管理，是亘古不变的话题，随着时代的发展与进步，管理出效益的论断已然形成公理。《管理故事与哲理》一书以故事案例引申管理理念和管理哲理的探索，给人以拨得云开见日出的感悟，该书不仅能指导我做正确的事，更能丰富和完善自我管理理念和管理哲理体系。

——徐州博汇世通重工机械有限责任公司制造部经理　胡元高

《管理故事与哲理》一书，通过两百多个经典的管理小故事，系统全面、生动活泼、通俗易懂地向我们展示了企业管理活动中要注意的方方面面；而且，它"以小见大"，将企业管理的本质规律和根本原理"寓教于乐"，以一种读者"喜闻乐见"的"故事"形式展现在读者面前。义理、事理、情理、法理……每一个故事背后都有一条"哲理"。它值得每一位企业管理从业人员和管理智慧爱好者珍藏和阅读,是企业管理取得成效的成功宝典!

——深圳健安医院院长助理 黎汉军

作为企业的管理者,我们都在寻求如何更好地将管理的哲理与大家分享,本书通过一个个短小的故事将晦涩难懂的内容,深入浅出、生动活泼地呈现出来,可以让大家在阅读之余得以深思,有所感悟。

——纪念日百货人力资源总监 汪玲

■ 目录

Chapter **1** 最具推动力的管理模式

3　疤痕实验——客观地洞悉自己的主观

5　一只空鸟笼——不要为了"匹配"，而混淆了"目标"

7　水中剥洋葱——你说了什么，由他听到什么来决定

8　"丢枪"带来的奇迹——珍爱你的错误

9　谁是最好的看护？——外行才能颠覆

11　卖报纸的"大学问"——欲取先予才能"无中生有"

13　乔布斯心中的两个"问号"——包容与自省是关键推动力

15　星巴克的中国"早餐"战役——你真正读懂了谁？

17　总统套房打地铺——慷慨与小气的辩证

19　独一无二的笔记——管理者要学会"打疫苗"

21　借钱不可尽力——救其困苦，更护其尊严

23　列子宁肯挨饿——馅饼往往也是陷阱

25　鸡蛋里挑骨头的生意接不接？——挑战就是成长

27　用什么办法让中国人对垃圾做分类？——高尚，也是基于利益

Chapter 2 核心领导力的必备条件

- 31 比金子还贵重的东西——领导者的价值在于提供美好愿景
- 33 信赖猴子的国王——权力失控，伤害的是组织智商
- 35 就当这份厚礼是赝品——领导者不要展现自己的爱好
- 36 波多尔斯基的耳光——优秀领导者必先有胸怀
- 38 买贵骆驼也很便宜——时机决定价值
- 39 凤凰是这样诞生的——包容力 + 学习力 = 领导力
- 41 为双子星塔架天桥——学会倾听质疑
- 43 只用有缺口的杯子——持续改进的魅力
- 45 上将父子的共同坚持——信仰是行为的准绳
- 47 默多克会议室里的紧急电话——尊重是核心领导力
- 49 首相寄来道歉信——领导人，要懂得"罪己"
- 51 在危难中读报纸的曼德拉——领导者必须包裹坚强的外壳
- 53 一个关键的橘子——领导者的"细节"辨识力
- 55 把碗卖出最高价的背后——领导者要善"借"他人智慧
- 56 瘟疫"送来"1500万美元——二次决策出远见
- 58 如何修补心中的"花瓶"？——比惩罚更高明的奖励
- 60 贵族的冷烧饼——优秀的制度，不应该激发恐惧
- 62 一份迟到161年的更正声明——领导者，更要学会道歉
- 64 向镜子"借"阳光——管理即借力
- 66 椰子壳上的求救信号——领导力来自权力之外
- 68 必须亲自领取的"聘书"——"情境"领导力
- 70 惊动三星总裁的"一件小事"——领导者需要体制外"保鲜"
- 72 李嘉诚换领带——用行动来保护员工的热情

Chapter 3 成功没有捷径

- 77　深情的园丁——痴迷是成功必备的催化剂
- 78　席卷全球的约拿情结——为了成功，必须包容失败
- 80　玉米地迷宫——换个角度，失败就是成功
- 81　大师的锤子——要么耐心成功，要么耐心失败
- 83　国王的秃头——求同的危险性
- 84　用51%赢得胜利——把握最核心的目标
- 86　四指的距离——别那么快做出决策
- 88　如何发动你的汽车？——直击问题的关键
- 90　从1亿美元到5吨大米——不要被对手的要求迷惑
- 91　"黄金帝国"摧毁西班牙——财富不是梦想，而是追梦的结果
- 93　二十年前的一颗纽扣——用"心"打动员工
- 95　只输了5美元——不要纠结于失败
- 97　挨打后找到的商机——营销你的想象力
- 99　令海洋馆起死回生的12个字——满足客户最在意的人
- 100　最值得感激的"被落榜"——成功需要"火候"
- 102　一道关卡两重天——阻碍他人，难以成就自我
- 104　脚印的顶端——成功就是超越本我
- 106　幸亏有个冒牌货——追求成功的"本质"
- 108　把对手留下——有多包容就有多成功
- 110　都是我们的"错"——想成功，先丢弃所有借口
- 112　弯腰捡到两个亿——洞察力才是核心决胜力
- 114　催生大师的一份"书单"——成功来自识别"把手"和善于借力
- 116　小和尚买米——不前进就是等死
- 118　大翅膀，或者爬行——极致才有机会
- 120　汤姆斯布鞋"卖一捐一"之后——商业与慈善须产生化学式双赢

122　一代球星的重生——有时示弱是为了示强

124　反自然的另类品牌——成功源于敢于试错

Chapter 4　创新的魅力

129　失而复得的钻石项链——与其拼命盯着远方，不如细察灯下

130　小报童的"大心愿"——幸运的转折，都由自己创造

132　打不开的弹药箱——做不到的，往往根源于看不到的

134　在恶作剧中树立标准——创新，就是始终好奇于"物"

136　为大漠偷渡客送水的人——什么才是做事的准则？

138　门的悬念——自律，来自被信任

140　拿破仑海战失败之谜——创新，从归零开始

142　暖被悟禅——激励是一种艺术

144　赵无恤空手接班——不在于是什么，而在于看到什么

145　学英语的老人——没有条件，恰恰具备"最好"的条件

147　不够沧桑不出手——颠覆性创新，来自沉淀和时机

149　搬个凳子做演讲——授人以"渔"

151　让毒蛇告诉你——从 Say No 到 Say Why

153　一张入场券开启的"新人生"——机遇都是"制造来的"

155　把行李穿上身——创新力，是想象力，更是实践力

157　单腿站立的"时间"——自省力也是创造力

159　从 1 美元的吻到啤酒帝国——发掘创意，而非创意本身

161　把第一部 iPhone 6 丢进啤酒里——发明家与创业家的区别

163　小橡皮圈拯救轰炸机——设计决定品质

165　出租"公主"——从满足"自我需求"觅商机

167　可口可乐瓶的"快乐重生"——关注身边的微创新

169　种出来的家具——跨界联系决定创新空间

171　企业为何"倒贴钱"做环保？——共享时代倒逼"供给侧"

173　没有大师的"大师级摄影"——外行技术成就内行颠覆

175　巴瑞尔的"一人"餐厅——极致出商机

177　从痰盂工起步的成功——相比于拥有什么，更重要的是你接触到什么

179　在"麻烦"中找商机——为图方便而创新

181　比"小"的比利时啤酒文化——比规模更重要的是独特

Chapter 5　从"为我所有"到"为我所用"

185　猴子与表——没有哪种资源是多多益善的

187　索罗斯的糖果——永远不要掏空自己的口袋

189　跳舞与税官——"找对人上车"是用人真谛

190　流浪汉的需求——"人"，意味着差异

192　甩不掉的"强盗"——魔鬼的一部分，就是你自己

193　禅师的甜瓜——拿什么驾驭乖张另类的新一代

194　扔掉千万元——最昂贵的成本，是让人才失而复得

196　无所不能的鼹鼠——"通才"的悲剧

198　白费功夫的"御膳"——谁来监管你的"看门人"？

200　收藏最宝贵的"心意"——除了钱，你还能给什么？

202　替朋友还钱的"妙招"——解决"事"，也要平抚"心"

204　朱元璋烧船——好制度就是为了规避人性之恶

206　勤俭皇帝治下的贪官——制度漏洞会让组织文化扭曲

208　让别人为你排队——做游戏规则的制定者

210　"富贵病"里藏严谨——规则执行成就商业文明

212　咖啡盒上的报纸头条——让用户"看"到你的优势

214　巨额奖金怎么分？——与其信任，不如驾驭

Chapter 6 减法管理

- 219 登山队员的"祈祷"——化解风险的，往往是常识
- 221 拆迁的术与道——不该被忽视的"乙方利益"
- 222 长在心里的眼睛——细节中见关爱
- 224 无人喝彩的世界级小提琴手——洞察力之殇
- 226 开普敦的断桥——伤疤，只有暴露才能痊愈
- 228 不能被定价的"善行"——"有效的逻辑"不等于"唯一的逻辑"
- 230 为什么非要等天黑？——与其控制，不如顺应
- 232 上帝的望远镜——信仰比制度更有效
- 234 帮禅师穿鞋——不"端着"的沟通更有效
- 235 女王的考题——排除貌似与目标有关的干扰
- 237 一个法国邮差的石头城堡——明确并遵循属于你的目标
- 239 只为了美丽的萤火虫——尖叫是"磨"出来的
- 241 最特别的第 26 轮面试——将无知变为求知
- 243 赔本买卖里的商业"天机"——要在隔膜中看到未来会产生的联系
- 245 买水请走 200 步——体验，而非说教
- 246 另类宣传——让广告成为风景
- 248 唐太宗"颁奖惩腐"——奖惩的方式比力度更有效
- 250 "烂苹果"考试——放弃，有时也是一种进取
- 252 左宗棠请"美食家"吃饭——体验比说教更有效
- 254 丢失的绝版书——规则是为了约束，而非服务
- 256 用香烟"买"时间——"利诱"带来变革
- 258 降低噪声污染的智能喇叭统计器——社会价值将带来商业价值

Chapter 7 做一个有灵魂的服务者

- 263 六亲不认的印度理工学院——规则在可以通融时才最需要严格
- 265 看似意想不到的好运——服务,是无限的真诚
- 267 学生比树少的大学——拒绝诱惑的深度
- 269 上当的窃贼——契约精神:首先反求诸己
- 270 0.1%的跳伞包吓坏了谁——质量控制:只要把客户当作自己
- 272 什么才是"安宁的画"？——逆向思维的优势
- 273 "吴下阿蒙"的心性修炼——美玉要经石头打磨
- 274 营救被打成叛徒的将军——驾驭"民意"未必靠讲理
- 276 大自然的魔术——顾客比你更"聪明"
- 278 万金鱼——不在于是什么,而在于怎么看
- 280 终生难忘的"半袋零食"——揪出藏在细节里的"魔鬼"
- 281 布勃卡的恐惧——先把"心"甩过去
- 283 看好脚下——杂念吞噬常识,私心滋生假象
- 285 如何扫出"最美"的庭院——挖掘客户没说出的"需求"
- 286 只为少数人开发的新产品——逃离大众化思维的陷阱
- 288 用真迹换"真迹"——包容与付出,才能成就自己
- 290 向"沙漠王国"出售沙子——需求来自与痛点的联系
- 292 把粮食留给敌人——风气损失才是致命损失
- 294 健身馆的"巧克力宣传单"——用逆向思维筛选客户
- 296 把玉石劈开的后果——组织拆分打破强强误区
- 298 请平民赴"国宴"——尊重人,才能赢得尊重
- 300 用香味"种"花——"惯坏"消费者的"黏性营销"
- 302 墙上的咖啡——做慈善首先要尊重他人
- 304 水疗按摩影院——新的组合,就是新的需求
- 306 无人喝彩的蛋糕粉——提供消费者可以自我炫耀的产品
- 308 该死的字幕——做减法,也会改善体验

310　10分钟快剪理发店的亿元生意经——极致出商机

312　不让顾客"绕圈"的超市——压力会催生便利

314　贝斯卡公司的"产品吐槽大会"——福利要走进人心

316　"魔镜"教你化妆术——免费的价值在于收费

Chapter 8　要相信"信念"的力量

321　火山灰飘来的商机——稀缺资源的商业价值

323　草垛里的声音——静下来的力量

324　不听话的人质——服从高于一切

326　洋葱打败麦当劳——没问题，不等于永远不是问题

328　不可能的万里探亲——潜力开发：无限的力来自坚定的心

330　送别"我不能"先生——正面激励的强大效应

332　"闲逛"走出迷津——目标感过强反增迷惑

334　"听不清"的音乐老师——不言之教、无为之治

336　俾斯麦：比铁血更厉害的另一面——在自制中和平，在和平中繁荣

338　古瓶累坏将军——归零才能重新出发

340　最显眼的条幅——谁来敲打自己

342　改变命运的"割草机"——只要"特别想"，就会想得出

344　种地成佛——为了事物本身之乐，而不是回报

346　最多损失5块钱——放下得失，方有勇气

348　把茶杯放低一点——学习来自欣赏，而非比较

350　死心眼儿的回报——应付是失败之母

352　金钗与状元——坚守信仰的"价值"

354　香港廉政公署的特别"考题"——价值观永远是最重要的

356　重奖"懒惰者"——用逆向思维探求本质

358　摘去多余的葡萄——舍弃是为了获得

360　把琐事做得与众不同——是否平庸，是一种选择

- 362　挺拔高大的空心树——"快时代"更需扎实积累
- 363　一个个"为什么不"——不要被习惯束缚
- 365　获大奖的小瓶贴——亲临市场永不过时

Chapter 9　责任大于一切

- 369　迪士尼的清洁工，你干得了吗？——请重新定义你的责任
- 371　留点精力"看演出"——不要忘记最初的目标
- 373　让雄鹰翱翔的秘密——挥别"舒适区"
- 375　特殊的学生作业——激发员工内心的渴望
- 377　一只手揽来的大把财富——旁观者的智慧
- 379　"不可替代"的钉子——必须复制的"核心能力"
- 381　一致通过——选择，比选择什么更重要
- 383　总统的讲稿——低头，是更大的勇敢
- 385　成也免费，败也免费——决策要对战略负责
- 387　最好的作品——先把自己的事做好
- 389　究竟谁在偷奸耍滑——一切都会留下痕迹
- 391　用2000万元加点"颜色"——尊重消费者的感觉
- 393　大胡子背后的奥秘——"我"最重要
- 395　"白拿"的两个月工资——信任战胜危机
- 397　骆驼粪与战斗机——挥别光荣的"陋习"
- 399　烦心是烟，高兴是火——接纳是一种终极智慧
- 401　甘当"清洁工"的诺贝尔奖得主——放低自己，执着追求
- 403　唯有柏拉图没举手——盲从比错误更可怕
- 405　有多动症的"舞蹈家"——领导的责任，是发现，而不是治疗
- 407　一幅画了二十年的"赝品"——让人丧失能力的"酷似"
- 409　大喇嘛和小老鼠——变革要重塑内心
- 411　妈妈的十二双手——责任大于天

413　谁撒手，惩罚谁——自私就是自毁

415　走进核反应堆的"少尉"——使命是最好的催化剂

417　爱因斯坦的父亲钻烟囱——以自己做镜子来旁观自己

419　丢进湖心的钻石——人性的弱点是最大生产力

421　卖衣服不要钱——最大的善举是尊重

423　明信片的杀伤力——凝聚团队，先凝聚团队背后的家庭

Chapter 10　传递正能量

427　别忘了写封感谢信——回馈的伟大力量

429　处罚出的金牌——学会超越他人的期待

431　公路上的生命转机——爱在传递中产生

433　点燃和平之烟——非正式沟通的巨大影响

435　"超级大国"魏国的瓦解——"轿子"不是一人抬起来的

436　反向才能得冠军——智慧的冒险

438　舍生忘死的失败——竞争不需要自以为是的"勇敢"

440　真的是5个铃铛——学会给别人一个指示错误的机会

441　愿意输给对手——竞争力，不是投机

443　能解决所有问题的"大师"——只关注自己，就是和自己过不去

445　当他还不是巴菲特时——在外练完手再回家

447　大师带来的挑战——蜕变必经的"磨难"

449　最"昂贵"的一把钥匙——看得见的危机意识

451　站在宜家的肩膀上——寻找托举自己的巨人

453　不要指望救兵——用行动去解压

455　"永不追量"的商业价值——用时间去打磨"质"

457　打印一款私人定制巧克力吧——创业中，应变高于创意

Chapter 1

最具推动力的管理模式

> 聪明的企业家,是能够根据自身的特点、组织的阶段、环境的变迁,而有针对性地确定自身与组织独特而切实的使命与作为,并就此心无旁骛地围绕它去坚定实施的人。而对这些要素的领悟,与行业无关,也与性别无关。
>
> ——杨沛霆

疤痕实验
客观地洞悉自己的主观

■ 哲理的故事

在一次心理科学实验活动中，心理学家们征集了10位志愿者，请他们参加一个名为"疤痕实验"的活动。

10位志愿者被分别安排在10个没有任何镜子的房间里，并被详细告知了此次研究和实验的方法与目的：他们将通过以假乱真的化妆，变成一个面部有丑陋疤痕的人，然后在指定的地方观察和感受不同的陌生人会对面部有丑陋疤痕的人产生怎样的反应。

心理学家们在每一位志愿者的左脸颊上都精心涂抹上了逼真的鲜血，化出令人生厌的疤痕妆，后用随身携带的小镜子使每位志愿者都看到了自己脸上新增的疤痕，当志愿者们在心中铭记下自己可怖的"尊容"后，心理学家收走了镜子。之后，心理学家告诉每一位志愿者，为了让疤痕更逼真、更持久，他们需要在疤痕上再涂抹一些粉末。事实上，心理学家们并没有在疤痕上涂任何粉末，而是用湿棉纱将刚刚做好的假疤痕和血迹彻底清理干净了。然而，每一位被蒙在鼓里的志愿者依然坚信，自己的脸上有一大块让人望而生厌的伤疤。

志愿者们被分别带到了各大医院的候诊室，装扮成急切等待医生治疗面部疤痕的患者。候诊室里，人来人往，全是素昧平生的陌生人，志愿者们在这里可以充分观察和感受人们的种种反应。

实验结束后，志愿者们各自向心理学家陈述了在不同医院候诊室的感受。他们的感受出奇地一致。

志愿者 A 说："候诊室里那个胖女人最讨厌，一进门就对我露出鄙夷的目光。她都没看看她自己，那么胖，那么丑！"

志愿者 B 说："现在的人真是缺乏同情心。本来有一个中年男子和我坐在同一张沙发上的，没一会儿，他就赶紧拍屁股走开了。我脸上不就是有一块疤吗？至于像躲避瘟神一样躲着我吗？！这样的人，可恶得很！"

志愿者 C 说："我见到的陌生人中，有两个年轻女人给我的印象特别深，她们穿着非常讲究，像有知识、有修养的白领，可是我却发现，她们俩一直在窃窃地嘲笑我！如果换成两个小伙子，我一定会挥拳将他们痛揍一顿！"

志愿者们滔滔不绝、义愤填膺地诉说了诸多令自己愤慨的感受。实验结果让心理学家们吃了一惊：人们关于自身错误的、片面的认识，竟然能够如此深刻地影响和改变着他们对外界和他人的感知。

■ 故事的哲理

虽然我们相信唯物论，但我们更要承认：现实中左右我们判断的，往往来自自己的主观内心。认知这一点，对管理者和被管理者都很重要。因为我们总是很主观地认定自己是很客观的。因此，只有主观上不断"承认"和"洞悉"自己的主观，才有可能"还原"和"收获"一点点客观，使自己的工作更有效、生活更惬意。

一只空鸟笼
不要为了"匹配",而混淆了"目标"

■ 哲理的故事

1907年,詹姆斯从哈佛大学退休。与他同时退休的还有他的好友物理学家卡尔森。一天,两人打赌,詹姆斯说:"我一定会让你不久就养上一只鸟的。"卡尔森不以为然:"我不信!因为我从来就没有想过要养一只鸟。"

没过几天,恰逢卡尔森生日,詹姆斯送上了礼物——一只精致的鸟笼。卡尔森笑了:"我只当它是一件漂亮的工艺品。你就别费劲了。"从此以后,只要客人来访,看见书桌旁那只空荡荡的鸟笼,他们几乎都会无一例外地问:"教授,你养的鸟什么时候死了?"卡尔森只好一次次地向客人解释:"我从来就没有养过鸟。"

然而,这种回答每每换来的是客人困惑而有些不信任的目光。无奈之下,卡尔森教授只好买了一只鸟。

这是一个著名的心理现象。其发现者是近代杰出的心理学家詹姆斯。它说的是,如果一个人买了一只空的鸟笼放在自己家的客厅里,过了一段时间,他一般会丢掉这只鸟笼或者买一只鸟回来养。因为买一只鸟比解释为什么有一只空鸟笼要简便得多。

■ **故事的哲理**

在我们的身边，包括我们自己，很多时候不是先在自己的心里挂上一只笼子，然后再不由自主地朝其中填满一些什么东西吗？我们做企业时，是不是有时也会为了局部资源的割舍不下，或局部的匹配完整，而无形中改变了整个组织的战略方向和资源配置？

水中剥洋葱
你说了什么，由他听到什么来决定

■ **哲理的故事**

大明刚刚结婚不久。某天，老婆正在厨房忙晚餐，大明想帮忙做点事，于是就说："亲爱的，我能帮什么忙吗？"老婆说："看你笨手笨脚的，找点简单的，就剥洋葱好了。"

大明想，这个再简单不过了。但是刚剥不久，他就被呛得一把鼻涕一把泪。他不好意思去向老婆请教，只好打电话向老妈讨教。老妈说："这很容易嘛，你在水中剥不就得了？"

大明于是按着老妈的方法，完成了老婆的任务，开心得很。于是他打电话对老妈说："老妈，你的方法真不赖！不过，美中不足的就是在水中要时常换气，好累人哟！"

■ **故事的哲理**

我们常常没有注意到，说话的效果虽然由讲者控制，但却是由听者决定的。因此，不管自己说得多正确，只有对方准确收到你想表达的讯息，沟通才有意义。特别是在今天，传播的方式已经与传播的内容同等重要，甚至更加重要了。

"丢枪"带来的奇迹
珍爱你的错误

■ 哲理的故事

抗日战争时期，李宗仁麾下部队有一个新入伍的山东兵。这个山东兵睡觉时，他的同伴把他的枪收了起来。他醒来时发现枪不见了——那时丢枪是要杀头的——他吓出了一身冷汗。

他觉得既然这样了，干脆拼上一把得了，二话不说就带着三颗手榴弹摸到了日本鬼子的阵地边上。

正好有一群日本兵聚在一起烤火，于是三颗手榴弹直接招呼过去，"噼里啪啦"炸倒了一大片，然后他顺手背起三支步枪和一挺"歪把子"机枪就往回跑，回去的过程中还一路干掉了八个日本兵。据后来的统计，他这次私下行动一共打死打伤了23个日本兵，当时国内士气低落，这一战果简直就是奇迹。

■ 故事的哲理

我们应该谨慎对待自己的错误。因为错误伴随着各种各样的意外，而有时意外的收获比意料中的多。一个人和一个组织的发展与壮大，必然伴随着在摸索中前行，在犯错后成功，在曲折中螺旋上升。

谁是最好的看护？
外行才能颠覆

■ 哲理的故事

一位富翁因为迷恋跳伞，在遭遇事故后造成了重伤，脖子以下全部瘫痪了。他在绝望之余，决定高薪聘请一位全职陪护。在诸多应聘者中，他出人意料地选择了一位毫无经验并且刚被监狱释放的年轻流浪汉。身边人都不理解，他给出的回答是："他总是忘记我瘫痪的事实，我要的就是这样的人，没有怜悯，没有特殊对待，更没有歧视。"

这样两个背景迥异的人，虽有主仆之分，却出人意料地相处融洽。午夜病发，他推他出门，在街头共享一根烟。甚至，他们会躲着其他所有人去山里跳伞，领略从高空俯视大地美景的感觉。他帮他打破瘫痪带来的自卑。这个看似荒谬却真实的故事，后来被改编成电影搬上银幕，并成为法国年度票房冠军。但最令观众感慨的是故事的结局，当富翁不想再让这个"朋友"陪他这个病人度过余生时，他终于按照常规选择了一位专业高级陪护。不过，令富翁没有想到的是，他不仅失去了快乐，还从此失去了生活的激情，因为这位始终小心翼翼如履薄冰的看护，总是在提醒他他有病。

■ 故事的哲理

　　就因为是外行，才有可能打破旧有的藩篱，发现全新的"事实"，从而实现看似不可能的超越。这不是推理，而是事实。

卖报纸的"大学问"
欲取先予才能"无中生有"

■ 哲理的故事

韩国三星集团的创始人李秉喆，小时候家境不好，为了生计，很小就得去卖报纸挣钱。

"你一天要跟我订多少份报纸去卖？"报亭老板问这个衣衫褴褛的男孩。"别的孩子能卖多少？"他羞涩地问。老板笑道："这不好说，少的几十份，多的几百份，但拿得太多又剩在手里是要赔钱的。"李秉喆想了想说："那要100份吧！"老板有点吃惊，但还是给了他。

第二天一早，李秉喆空着手来到报亭。老板纳闷地问："昨天剩下的报纸呢？""卖完了，我今天想要200份。"李秉喆答。老板很吃惊，但还是给了他。第三天一早，李秉喆又空着手来了，张口要300份。老板十分惊讶，决定跟着他，看看他是怎么卖报的。只见李秉喆到了车站，没有像别的孩子那样四处叫卖，而是不停地往候车乘客手中塞报纸，等发完一个区域，这才回来收钱，然后再到另一个地方如法炮制。

老板疑惑地问："会不会有人不给钱跑了？""有，但特别少，因为他们看了我的报纸，就不好意思坑一个孩子的报纸钱了。跟那些把报纸砸在手里的报童相比，算总账还是我卖得最多啊！"李秉喆自信地回答。老板立即对他刮目相看。

■ 　故事的哲理

　　企业的第一使命就是获取客户，盈利是之后水到渠成的必然结果，两者绝对不能错位，否则就只能先甜后苦做一锤子买卖，欲取先予绝对不是什么策略，而是一种态度乃至一种智慧。

乔布斯心中的两个"问号"
包容与自省是关键推动力

■ **哲理的故事**

苹果公司创始人之一史蒂夫·乔布斯虽然一直深受媒体关注,但他很少接受采访,即便面对媒体,他也不愿讲太多自己的事情。

直到后来身患重病,他反复思量,决定找到自己非常信任的作家沃尔特·艾萨克森为自己写传记。而这个过程自然要经过多次面谈和采访,也使得乔布斯得以充分展现自己的内心,并且让人们看到这个天才企业家最真实的一面。

有一天,沃尔特向乔布斯发问,对其一生影响最大的是什么。这是一个看似很难立刻回答的问题,可让沃尔特意外的是,乔布斯想了片刻,露出了微笑,说道:"我的改变,都是因为心中有两个问号。"

原来,乔布斯小的时候很喜欢和邻居家的孩子放风筝,可是他手里的风筝总是比同伴的风筝飞得低。回到家里,他很生气,就狠狠地把风筝扔到墙角。

他的养父看出他的不快,听他说明事情的原委后,摇着头说:"孩子,请你记住,以后无论做什么事,你心里都应该有两个问号。第一个问号:为什么别人不能比你更成功?世界很大,天外有天,只有勇于认输,保持心态平衡,才能拥有积极乐观的人生态度。第二个问号:为什么自己会输给别人？比如这次放风筝，是你自己跑得不够快，还是准备的线不够长？只有冷静分析失败的原因，找出解决问题的方法，才能反败为胜。"

这两个问号对乔布斯而言非常重要。他认为，正是有了这两个问号，才能让他不论是身陷失败的旋涡，还是面对成功的包围，都能保持内心平静，不断进取。

■ 故事的哲理

包容面对他人，清醒面对自己，拥有自知之明是成功的第一步，能够不断从竞争中获得提升并完善自我，才能达成最终的胜利，因此自省是对自我成长最重要的推动力。

星巴克的中国"早餐"战役
你真正读懂了谁？

■ 哲理的故事

2010年年初的一天，星巴克总裁霍华德·舒尔茨在会议上提出了自己的创想：在中国卖高档早餐。很显然，他的创想遭到了公司绝大多数高管的反对。高管们一致认为，中国人的早餐已经够丰富、够廉价，那里的消费者绝不会接受星巴克的高档早餐。意外的是，中国区总裁王金龙竟然举双手赞成舒尔茨的想法。舒尔茨吃惊地问王金龙："你最了解中国人的早餐习惯，我以为你会是不顾一切反对我的那个人，没想到，你是唯一一个支持我的人。请问这是为什么？"

王金龙回答："众所周知，中国是一个饮食口味极端'顽固'的国家，但这只是大众现象，有些群体还是喜欢高档早餐的，比如白领一族。现在的中国早餐市场，只有麦当劳、肯德基等寥寥几个洋品牌，白领一族根本没有选择的余地，如果我们进军，定能分得一杯羹。"

原来，在舒尔茨提出"到中国卖早餐"之前，王金龙就已经有了这个构想。在长达几个月的时间里，他每天早起观察人们吃早餐的习惯，发现了一个有趣的现象：很多白领喜欢在麦当劳或者肯德基打包早餐，然后带到公司吃。

王金龙说："我想，这些白领喜欢在公司吃早餐的原因只有一个，那就是他们起得太晚，根本没有时间在早餐店逗留。如果星巴克能够催促顾客早起，并奖励给他们折扣早餐，那么他们就会十分愿意坐在我们的门店里吃早餐。"

舒尔茨觉得王金龙分析得很有道理，于是当即决定进军中国早餐市场。最终，他们决定在星巴克的手机应用软件里增加一个名叫"早起鸟"的功能。

2013年10月，星巴克在中国51个城市的700余家门店开始供应早餐。刚开始的情况正如星巴克高管们猜测的那样，早餐时间门可罗雀。可随着时间的推移，前来消费的顾客竟慢慢多了起来，因为只要顾客愿意准时起床，他们就能省去一半的早餐费，所以很快就顾客盈门了。

■ 故事的哲理

商业机会往往来自对于特定行为模式的深度洞察，以及对于改善人类生活的价值追求。

总统套房打地铺
慷慨与小气的辩证

■ 哲理的故事

创业之初,为了销售,这个公司的投入不计成本:在与爱立信血战的黑龙江,派出多于对手十余倍的技术人员,在每个县的电信局展开搏斗。哪里出问题,公司员工就立即赶到哪里。有时,为拿下一个项目,公司会花费七八个月时间去投入……这种"愚蠢"的做法,有时会颗粒无收,有时也能从跨国巨头那里虎口夺食。

这个公司"出手大方"。2000年,香港"国际电信联盟亚洲电信展",世界上50多个国家的2000多名电信官员、运营商和代理商受邀入会,往返一律头等舱或商务舱,住五星级宾馆。会后,还拎走上千台笔记本电脑——这些全部由该公司埋单,耗费2亿港元!这种大方,还体现在员工待遇上。2012年,公司赚了154亿元,却大手笔拿出125亿元作为年终奖,15万员工人均年终奖达8.33万元!

但是,这个公司又很小气。1996年3月,为了和南斯拉夫洽谈一项合资项目,总裁率领一个十多人的团队入住贝尔格莱德的香格里拉酒店。他们订了一间总统套房,每天房费约2000美元。不过,房间却并非总裁独住,而是大家一起打地铺,翌日早早起来打扫卫生,以便白天体面地会见客人。

1997年的一次公干之余,总裁带着几名高管去巴西亚马孙热带雨林自费旅游。出发前去当地商店买旅游鞋，价格分为 35 美元、45 美元、55 美元三档，而每位高管的出差补助每日有 75 美元。大家纷纷选择了 55 美元一双的耐克，总裁却选了 35 美元的普通旅游鞋。这让大家很是不解，总裁却说："我是来巴西出差的，和你们常驻人员不一样，我的鞋穿一次就扔了，不用买名牌。"然而，有人发现总裁把鞋子刷好后带回了深圳。而这位抠门总裁当年位列"胡润富豪榜"第二名。

公司股份中，总裁只持有不到 1%，其他股份都由员工持股会代表员工持有。如果你离职，你的股份该得多少，马上兑现。哪怕是几千万元的现金，总裁也不眨一下眼。但一旦离开公司，就不能再持有股份，公司股份只给正在为公司效力的人。

这位总裁 43 岁时，拿着区区 2 万元开始创业，这就是任正非和他领导的华为！

■ 故事的哲理

企业的"大方"是为了打造形象、彰显实力，吸引更多的人才甘愿为企业付出。而领导人的"小气"，则更体现出对于事业的追求至上，而非一己之利。有情怀而慷慨的领导人，也必将吸引更多人才追随。因为气度决定高度。

独一无二的笔记
管理者要学会"打疫苗"

■ 哲理的故事

古希腊哲学家阿那克西米尼声望很高,拥有上千名学生。

一天,这位两鬓花白的老者蹒跚着走进课堂,手中捧着一沓厚厚的纸。他对学生说:"这堂课你们不要忙着记笔记,凡是认真听讲的人,课后我都会发一份笔记。一定要认真听讲,这堂课很有价值!"

学生们听到这番话,立刻放下手中的笔,专心听讲。但没过多久就有人自作聪明——反正课后要发笔记,又何必浪费时间去听讲呢?于是开起了小差。临近下课时,这些学生觉得并没听到什么至理名言,不禁怀疑起来:这不过是一堂普通的课,老师为什么说它很有价值呢?

课讲完了,阿那克西米尼将那沓纸一一发给每位学生。领到纸张后,学生们都惊叫起来:"怎么是几张白纸呀?"阿那克西米尼笑着说:"我的确说过要发笔记,但也让大家一定要认真听讲。如果你们照做,那么就能将所听到的内容写在纸上,这不就等于我送你们笔记了吗?"

学生们无言以对。有人面对白纸不知该写什么,也有人快速地将所记住的内容写在白纸上。而只有一位学生几乎一字不落地写下了老师所讲的全部内容,他就是阿那克西米尼最得意的学生,日后成为古希腊著名哲学家的毕达哥拉斯。阿那克西米尼满意地把毕达哥拉斯的笔记贴在墙上说:"现在,大家还怀疑这堂课的价值吗?"

■ 故事的哲理

　　管理者的领导艺术,越来越多地加入教练与教师的角色技能。"教师"的责任与智慧之一,就是让员工在很刺激又能承受的"代价"下,懂得自己要切实为自己和组织负起责任,进而学会组织实战中至关重要的技能。就如同打疫苗,轻微中毒正是为了形成抗体。

借钱不可尽力
救其困苦，更护其尊严

■ **哲理的故事**

夏洛蒂·勃朗特生于英国一个乡村牧师家庭。她幼年时，母亲早逝，一家人一直生活得很拮据。1938年，夏洛蒂离开学校，到有钱人家里担任家庭教师，总算可以自立了。

一次，夏洛蒂的弟弟一脸为难地想问她借点钱。夏洛蒂知道，弟弟性格内向，自尊心强，从小就喜欢争强好胜，从来不轻易开口求人。而弟弟因失业，生活一下子捉襟见肘。"我们手头刚好有一些积蓄，全部拿给弟弟吧。"妹妹艾米莉当时和夏洛蒂住在一起，她准备把钱都拿给弟弟。"等一下，"夏洛蒂思虑片刻，拿出了一半的钱，说，"别给他那么多，够他渡过目前的难关就行了。"

弟弟拿到钱离开后，艾米莉生气地说："为什么不把钱都给弟弟？我们目前有能力挣钱，为什么不尽全力帮助弟弟呢？""我们不能尽全力。"夏洛蒂说，"弟弟的性格一向争强好胜，如果我们把所有的积蓄都拿出来，会像强烈的光芒一样刺伤他的自尊心，会让他更自卑。所以，我们如果真想帮助他，就分批借给他钱，这样他就不会产生不舒服的感觉。"艾米莉听后，赞同地点了点头，而弟弟也在她们的帮助下顺利地渡过了难关。

后来，凭着对生活的体察和对人性的了悟，夏洛蒂写出了一些优秀的文学作品，包括轰动英国文坛的长篇小说《简·爱》。

■ 故事的哲理

真正的慈善，不只是物质上的救济，还包括心理上的扶持。反之，漠视接受者自身感受的付出，本质上依然是一种傲慢与自私。

列子宁肯挨饿
馅饼往往也是陷阱

■ 哲理的故事

列子本名列御寇，是战国前期的思想家、文学家，郑国人，是老子和庄子之外的又一位道家思想的代表人物。

列子一生安贫乐道，不求名利，因为生活贫困，常常吃不饱饭，脸上时有饥色。有人就对郑国的宰相子阳说起了这件事："列御寇是一位有道的人，居住在你治理的国家却是如此贫困，世人恐怕就此会认为您不喜欢贤达的士人吧？"子阳为了博得一个好士的美名，立即派人给列子送了十车粮食，列子坚持不受，打发来人把十车粮食拉了回去。

回到屋子里，列子的妻子埋怨列子说："我听说，有道的人，妻子孩子都能快乐地生活，可你看看咱家，个个面黄肌瘦，营养不良。这倒也罢了，明明宰相看得起你，给你送来十车粮食，你倒好，拒不接受，咱家的人难道是命里注定要忍饥挨饿吗？"

列子笑着对她解释说："这粮食咱不能要。你想想看，子阳并不了解我，他是听了别人的话才给我送粮食。今后，他也可以听别人的话加罪于我呀。"妻子一听这话有理，于是不再埋怨列子。

一年后，郑国发生变乱，子阳被杀，其党众大多被株连致死，列子得以安然无恙。

■ **故事的哲理**

　　天上不会掉馅饼，看见利益就应该要想到其危害。轻易而来的利益，也就会轻易地带来灾难。

鸡蛋里挑骨头的生意接不接？
挑战就是成长

■ 哲理的故事

十几年前，广东一家专做眼镜配件的小型企业——标诚公司，员工还只有400多名。有一段时间，标诚公司接了不少订单，员工们每天都需要加班加点。某天，生产科的科长向企业老板陈洪标汇报，说日本有个客户下了一个单子，问他要不要接。

生产科向来是有单必接，所以被问"要不要接"的陈洪标觉得很奇怪。生产科科长说："这个日本客户非常挑剔，对产品的要求很苛刻，要货时间紧，价格还压得很低。另外，最近我们厂的订单已经很多，客户都在排着队等产品。眼下，我们还要接日本这个单子吗？"

陈洪标思考了片刻，然后交代生产科科长：接下单子，并让员工尽最大努力去完成这个单子。数天后，他们如期完成并发出了这批货。日本客户收到后赞不绝口。

此后几年，标诚公司越是碰到如日本客户般挑剔的客户，老板陈洪标就越是重视。有一次，他又让生产科科长接下意大利一个挑剔客户的订单。生产科科长实在忍不住了，就问陈洪标："对于挑剔的客户，其他老板唯恐避之不及，可您为什么总让我们接下他们的单子？"

陈洪标反问他："你觉得这几年我们公司的发展还行吗？"

生产科科长答:"当然行!许多外商找我们合作,员工数也由原先的400多名增加到了3000多名。可这,跟挑剔的客户有什么关系呢?"陈洪标说:"关系很大。挑剔的客户虽然很难对付,但也从侧面反映了一点——他们把产品标准定得很高。他们的要求高,就使得我们不得不跟进。而这个跟进的过程,就是公司进步的过程。如果连最挑剔的客户都满意我们的产品,那么其他客户是不是会更满意?"

生产科长频频点头。公司最终成功拿下了这单生意。

■ 故事的哲理

面对挑战,如果选择了逃避,就意味着选择了失败;只有勇敢去面对挑战,经受风浪的磨砺,才能迎风破浪,驶向成功的彼岸!每一个成功的人都是在经历一次又一次的挑战中成长起来的!

用什么办法让中国人对垃圾做分类？
高尚，也是基于利益

■ 哲理的故事

汪剑超大学毕业后就加入了微软北京公司。他第一次出差到美国时，惊讶于非常干净的街道。原来，是美国的垃圾分类做得超乎想象地细致。

回到北京后，他对国内垃圾处理的问题加倍关注。数据显示：每人每天产生一千克垃圾，全中国一天就能产生130多万吨垃圾。其中，有45%可回收再利用，但事实上只有15%的高价值废物被回收。

汪剑超决定去做一些真正能影响自己、家庭、朋友以及更多人的事情，并受好友之邀，创建了专业从事城市生活垃圾回收及资源化的企业——"绿色地球"，并任CEO。

"绿色地球"与成都市政府签订了服务合约，由"绿色地球"负责在成都推广实施垃圾分类处理。如果推广效果好，那么节约下来的垃圾处理成本就是"绿色地球"的服务费。

汪剑超跑到无数小区进行试点、推广，动员住户注册自己的信息，为他们提供免费的环保箱，一遍又一遍地讲解垃圾分类标准。

可汪剑超发现，很多人虽然注册了，还是习惯把垃圾卖给传统收废品的人。怎么做才能改变人们根深蒂固的生活习惯？最后，他想到了用二维码。他们在试点小区都配上专门研制并订购的分类"二维码垃圾箱"。垃圾箱边配有免费的二维码打印机，用户只要输入信息，就可以打印自己的专属二维码。用户每次投递分类好的垃圾，只要贴上这种二维码，"绿色地球"电子秤能自动将重量计入用户账户，保证用户能尽快拿到应得的积分。有了二维码，用户便能累积他们投递的垃圾积分，之后再用积分兑换牙膏、香皂等生活用品，或者给手机充话费。

经过几年的努力，"绿色地球"将收集的垃圾中的再生资源作为原材料销售给传统企业，从而节约下大笔垃圾处理成本，变成收益。

■ 故事的哲理

再高尚的理想与变革，也要首先基于能让不了解它的人获得直观的好处。很多好的创意，有时常常失败在实践它的方法上。

Chapter

2

核心领导力的
必备条件

把精力用到培植自己的核心竞争力上。什么是核心竞争力？就是你和对手企业能展开竞争所依靠的企业能力……技术与文化，两者缺一就难以形成强劲的核心竞争力，也就难以在今天大市场上获得胜利与成功。

——杨沛霆

比金子还贵重的东西
领导者的价值在于提供美好愿景

■ 哲理的故事

在非洲一片茂密的丛林里，四个皮包骨头的男子扛着一只沉重的箱子，在茂密的丛林里跟跟跄跄地往前走。

这四个人是巴里、麦克里斯、约翰斯和吉姆，他们是跟随队长马克格夫进入丛林探险的。马克格夫曾答应给他们优厚的工资。但是，在任务即将完成的时候，马克格夫不幸得了病而长眠在丛林中。

这只箱子是马克格夫临死前亲手制作的。他十分诚恳地对四人说道："我要你们向我保证，一步也不离开这只箱子。如果你们把箱子送到我朋友麦克唐纳教授手里，你们将分得比金子还要贵重的东西。我想你们会送到的，我也向你们保证，比金子还要贵重的东西，你们一定能得到。"

埋葬了马克格夫以后，这四个人就上路了。但密林的路越来越难走，箱子也越来越沉重，而他们的力气却越来越小了。他们像囚犯一样在泥潭中挣扎着。一切都像在做噩梦，而只有这只箱子是实在的，是这只箱子在撑着他们的身躯，否则他们全倒下了。他们互相监视着，不准任何人单独乱动这只箱子。在最艰难的时候，他们想到未来的报酬是多少，当然，有了比金子还重要的东西……

终于有一天，绿色的屏障突然拉开，他们经过千辛万苦终于走出了丛林。四个人急忙找到麦克唐纳教授，迫不及待地问起应得的报酬。教授似乎没听懂，只是无可奈何地把手一摊，说道："我是一无所有啊，噢，或许箱子里有什么宝贝吧。"于是当着四个人的面，教授打开了箱子。大家一看，都傻了眼，满满一堆无用的木头！

"这开的是什么玩笑？"约翰斯说。"屁钱都不值，我早就看出那家伙有神经病！"吉姆吼道。"比金子还贵重的报酬在哪里？我们上当了！"麦克里斯愤怒地嚷着。

此刻，只有巴里一声不吭，他想起了他们刚走出的密林里到处是一堆堆探险者的白骨，他想起了如果没有这只箱子，他们四人或许早就倒下去了……巴里站起来，对伙伴们大声说道："你们不要再抱怨了。我们得到了比金子还贵重的东西，那就是生命！"

■ 故事的哲理

一个领导者的职责和价值是什么？绝不是给部下发工资和奖金，而是给他愿景和信念。因为，当你觉得是你在"发"奖金时，部下却觉得是他在"挣"奖金。只有愿景和信念，是由领导者最应该给予部下的。

信赖猴子的国王

权力失控，伤害的是组织智商

■ 哲理的故事

有一个国王老待在王宫里，感到很无聊，为了解闷，他叫人牵了一只猴子来给自己做伴。猴子因为天性聪明，很快就得到了国王的喜爱。这只猴子到王宫后，国王给了它很多好吃的东西，猴子渐渐地长胖了，国王周围的人都很尊重它。国王对这只猴子更是十分信任和宠爱，甚至连自己的宝剑都让猴子拿着。

在王宫附近，有一片供人游乐的树林。当春天来临的时候，这片树林简直美极了，成群结队的蜜蜂嗡嗡地咏叹着爱之弦律，争芳斗艳的鲜花用香气把林子弄得芳香扑鼻。国王被那里的美景所吸引，带着他的王后到林子里去。他把所有的随从都留在树林的外边，只留下猴子与自己做伴。

国王在树林里好奇地游了一遍，感到有点疲倦，就对猴子说："我想在这座花房里睡一会儿。如果有什么人想伤害我，你就要竭尽全力来保护我。"说完这几句话，国王就睡着了。

一只蜜蜂闻到花香飞了来，落在国王头上。猴子一看就火了，心想："这个倒霉的家伙竟敢在我的眼前蜇国王！"于是，它就开始阻挡。但是这只蜜蜂被赶走了，又有一只飞到国王身上。猴子大怒，抽出宝剑就照着蜜蜂砍下去，结果把国王的脑袋给砍了下来……

■ **故事的哲理**

人们常说："绝对的权力导致绝对的腐败。"但同样不可忽视的是，绝对的权力还会导致绝对的愚蠢。事实上，人类的智慧与组织的效能，都是在受限制当中被激发出来的。相反，历史上的独裁与垄断，则每每成为灾难和笑柄。因此，建立权力监控体系的意义，不仅仅在于防止人们变坏，还在于防止人们变蠢。要知道，身边的蠢人往往比坏人更误事。

就当这份厚礼是赝品
领导者不要展现自己的爱好

■ 哲理的故事

《清朝野史大观》记载：清道光年间，刑部大臣冯志圻热爱碑帖书画。但他从不在人前提及此好，赴外地巡视时更是三缄其口，不吐露丝毫心迹。

一次，有位下属送给他一本名贵碑帖，冯原封不动地退回。有人劝他打开看看无妨，冯志圻说："这种古物乃稀世珍宝，我一旦打开，就可能会爱不释手，不打开，还可想象它是赝品，封其心眼，断其诱惑，其奈我何？"

■ 故事的哲理

领导者最大的自我保护，其实不是面对诱惑而拒之，而是避开诱惑。而要避开诱惑，最好是不让他人提供诱惑。为此，领导者就需要克制自己，在职场中尽量不展露个人偏好。因为领导也是人，没有人能持续面对致命的诱惑而最终不致命。齐桓公是美食家，晚年就是抵挡不住"美食"的诱惑而任用小人，结果被活活饿死的。

波多尔斯基的耳光
优秀领导者必先有胸怀

■ 哲理的故事

时间回到2009年4月2日，在欧洲举行了一场南非世界杯足球预选赛，比赛双方分别是大名鼎鼎的德国队和实力不可小觑的威尔士队。当比赛进行到下半场时，场上突然风云大变。德国队的队长、中场大将巴拉克在一次防守后，抬手指责年轻的前锋波多尔斯基，他认为波多尔斯基刚才的防守不够积极。

令人难以置信的是，正在为自己没有进球而郁闷不已的波多尔斯基，抬手打了这位足坛名将一记耳光。面对这样冲动无理的行动，观众都认为巴拉克一定会暴跳如雷，场面将难以收拾。但令在场所有人没有想到的是，他仅仅捂了一下脸颊，就迅速投入赛场，并最终领导德国队取得了2∶0的佳绩。赛后巴拉克面对媒体的追问时依然没有指责波多尔斯基，而是表示这位小将还需要多多磨炼。正是巴拉克的宽容，使得波多尔斯基免受舆论和足协的处罚，并最终在2010年的世界杯上大放异彩。而对于昔日的冲动和错误，波多尔斯基本人更是惭愧不已。他表示，巴拉克将是他永远的偶像。

■ **故事的哲理**

在一个组织中，领导者往往扮演着教练和园丁的角色，去芜存菁，理性对待员工的错误和不足，巧妙引导并坚守自己的职责，不仅成就自己，也能够成就真正具有战斗力的组织。心胸与格局，是一个优秀领导者必备的。

买贵骆驼也很便宜
时机决定价值

■ 哲理的故事

有个骆驼贩子来到一个村庄卖骆驼，他的骆驼品质好，价钱也公道，村里每个人都买了一头。令人意外的是，只有村民胡普赛没有买。

过了一段时间，又有一个骆驼贩子来到这个村庄。他卖的骆驼品质更好，但价格比上次高得多。这次又令人不解的是，上次没有买骆驼的胡普赛竟然一口气买了好几头。"那次便宜的时候，你都没买，为什么现在买了？你傻了吗？你支付了当时两倍的钱。"他的亲友很不理解他的行为。

谁知胡普赛并没有因此懊恼，而是平静地解释道："对我而言，当时那些便宜的骆驼更贵，因为我手上没有太多的钱。可现在不同，这次的骆驼看起来贵，可由于我手上有充足的钱，我觉得它们很便宜！"

■ 故事的哲理

判断投资的价值的大小，是在对的时机做对的事情，不拘泥于传统与世俗的眼光。寻找价值的最大化，是一种人生智慧，也是一种商业哲学。

凤凰是这样诞生的
包容力 + 学习力 = 领导力

■ 哲理的故事

很久以前，凤凰是森林里极其普通的鸟，毫不起眼。它的变化是这样开始的——

凤凰看见正在开屏的孔雀，赞叹道："真美啊！"麻雀不屑地说："那是个高傲的家伙，你没必要恭维它！""不，我欣赏孔雀的美丽和高贵。"凤凰说完，虚心向孔雀讨教打扮自己和培养气质的方法。

凤凰看到正在向其他鸟儿传递喜讯的喜鹊，赞叹道："喜鹊的心地真好！"白天鹅不屑地说："那是个长相丑陋的家伙，你没必要恭维它！""不，我很欣赏喜鹊善良乐观的性格和助人为乐的品质。"说完，凤凰又开始虚心地向喜鹊讨教与他人融洽相处的方法。

就这样，当其他鸟儿埋怨夜莺只在晚上出来，性格太孤僻时，凤凰却欣赏它独特美妙的歌声；当其他鸟儿看不惯百灵鸟口齿伶俐时，凤凰却赞扬它难得的好口才；当其他鸟儿奚落啄木鸟不懂得休闲享受时，凤凰却评价它勤奋、有责任感。

慢慢地，凤凰有了漂亮的羽毛、高贵的气质、博爱的胸怀、美妙的嗓音、过人的口才、良好的承受能力……它越来越受到其他鸟儿的敬重，最终成为广受拥戴的鸟中之王！

■ **故事的哲理**

从心理学角度看，每个人都觉得自己才是世界的中心，所以将本来一盘散沙的组织凝结成为一个高效成功的团队需要领导者具有悦纳他人的包容力，以及不断吸收他人长处的学习力。这是一个不断修炼自我和了解他人的过程，也是一个领导力最终获得体现的过程！

为双子星塔架天桥
学会倾听质疑

■ 哲理的故事

　　双子星塔的中间有一座壮观的天桥，许多人以为这只是设计师的独特创意，其实它是一道重要的生命通道。

　　时间倒流回到1995年4月，吉隆坡整个双子星塔工程建设已经完成大半。但就在这时，总设计师西萨·佩里无意中看到一篇质疑此工程的评论，文中表示："如此高的大楼，如果遭遇恐怖袭击或火灾，顶层的人该怎么逃生？又该如何快速有效地疏散人群？"

　　这的确是设计团队所忽视的一个重大问题，西萨·佩里并没盲目自大，他马上召开了紧急会议商量对策。最终他们采取了一位名叫吉利的设计师的大胆创意，在两座大楼之间架设天桥，如果一座大楼遭遇袭击和事故，人们还可以通过天桥逃到另外一座大楼去。

　　但工期被大大拖延，承包商开始发难，西萨·佩里却十分坚定，甚至愿意拿出自己高达1200万美元的设计费抵押，承包商十分感动，最终双子星塔竟然奇迹般如期完工了。三年后，"9·11"事件爆发；五年后，芝加哥库克郡办公大楼火灾，都出现了人们因为身居高楼难以获得逃生路线的致命问题。此时，人们才发现，西萨·佩里的坚持是多么富有前瞻性！

■ **故事的哲理**

　　质疑是另外一种深刻的关注，放下自己心中的包袱，坦然面对质疑之声，常常会有意外的发现。从质疑中获取思考和解决问题的角度和方法，不仅是一种管理之道，更是一种深刻的人生智慧！

只用有缺口的杯子
持续改进的魅力

■ 哲理的故事

巴尔扎克有一个独特的癖好，只用有缺口的杯子。即便买了新的杯子，他也会用勺子轻轻敲出一个小小的缺口，然后再使用。

很多人不明白他这么做的意图。直到有一天，同样身为文学大师的雨果前去拜访才揭开谜底。巴尔扎克想为雨果泡一杯自己最得意的咖啡，但整个屋子都没有一只完好的杯子，他只好用有缺口的杯子给雨果端上了咖啡。雨果很细心，禁不住发问："为什么不使用完好的杯子呢？"当知道所有杯子都有缺口时，雨果的好奇心被吊了起来。谁知巴尔扎克放下手中的咖啡壶，笑着说道："我用有缺口的杯子来喝咖啡，每次都会漏掉一些，喝得越多，漏掉的咖啡也就越多，所以就很不满足，总想把漏掉的咖啡喝回来，所以就会一直不停地喝下去！"

雨果听完，尝了一口巴尔扎克心爱的咖啡，沉吟片刻，也笑着说道："我明白你的意思了，你是用这缺口的杯子提醒自己，无论写了多少作品，这些作品都有一个缺口，以此来激励自己，要更用心地写下一部作品！"对于这样的评论，巴尔扎克没有作答，只是微笑着再次举起了自己有缺口的咖啡杯！

■ 故事的哲理

在磨难中自我激励还是容易做到的,难的是成功者如何自我激励,更难的是能时刻意识到这一点而主动自我激励。

上将父子的共同坚持
信仰是行为的准绳

■ **哲理的故事**

虽然在之前的总统选举中输给了奥巴马，但麦凯恩因此声名大噪，在美国粉丝数量惊人。当然这也和他显赫的家世以及特殊的军旅生涯密不可分，尤其是他在越南战争中的遭遇，相当戏剧化。

原来越战期间，麦凯恩还只是一名普通的海军航空兵。有一次，他所驾驶的战斗机被击中，跳伞后他受了重伤，被越南人民军俘虏。由于得知他的父亲是太平洋战区总司令，对方便派国防部部长来看望，希望通过释放麦凯恩，来换取双方谈判中的有利条件。谁知让这位部长感到惊讶的是，麦凯恩立刻拒绝了他的要求，并且平和地解释道："我们有一条不成文的规定，谁先进来谁先出去，如有比我先进来的士兵没有获释，我就拒绝被释放。"

时间就这样过去了整整五年，据说麦凯恩的父亲每天都会对着他被关押的方向凝视一会儿，似乎在眺望远方的儿子。终于麦凯恩等到了被释放的那一天，此时他的父亲已经退役了。新的总司令邀请这位前任去菲律宾克拉克基地出席欢迎战俘归国的仪式。可是就在即将起程之际，麦凯恩的父亲听说并非所有战俘的父母都受到了邀请，于是立刻拒绝了继任者的好意。父子俩的选择惊人地一致。

■ 故事的哲理

如果组织信仰已经内化到每个员工的内心，那么在面对任何复杂挑战和外界诱惑时，不需要随时随地的监控和指引，员工就自然而然可以做出正确的判断和选择。而组织的信仰，首先必须内化进领导者内心。

默多克会议室里的紧急电话
尊重是核心领导力

■ **哲理的故事**

　　1976年，美国《纽约邮报》刚被报业大亨默多克收购。新老板上任，小记者艾伦很怕自己被炒鱿鱼。可这时，艾伦的妻子就要临产，在这个节骨眼儿上，他不知该不该请假去照顾妻子。那天上午，艾伦接到通知，新老板默多克要给大家开会。

　　会议开始了，默多克站在台上，讲起自己的报业经历和对未来的展望。艾伦看起来听得很认真，但其实如坐针毡，只想快点知道妻子的情况。这时，会议室响起急促的电话铃声，大家齐刷刷地盯着墙角的应急电话。默多克无奈地停下来，示意旁边的人去接电话。"医院打来的，说是找艾伦有急事！"那人说完，艾伦紧张地起身，对着台上的默多克解释道："怕是我妻子要生了，实在对不起。"默多克微笑着点点头，示意艾伦赶紧去接，然后又压低嗓门对其他人说："既然是他家里的事，我们还是暂时回避吧。"说完便带头往外走。

　　意想不到的一幕发生了，一百多位同事依次退出了会议室，直到艾伦接完电话才回来。默多克重新站上讲台，对艾伦说："谢谢你为我创造了更多的时间，让我可以把报纸的未来想得更清楚。"他用最简短的话结束了会议，然后走近艾伦说："现在你可以去照顾你的妻子了。"三十年后，艾伦成了这家报社的总编辑，这件看似不经意的小事却一直记在他的心里。

■ 故事的哲理

优秀的领导者都善于凝聚人才，并在获得人才之后，能够引导并激发他们的潜能，而要完成这一切首先在于要能获得人心。想做到这一点，则首先要发自内心诚心尊重你的"人才"。你由衷地信什么，才能拥有什么。

首相寄来道歉信
领导人，要懂得"罪己"

■ 哲理的故事

2013年年初，西班牙圣克鲁兹市的一家精神病院收到一封来自西班牙政府的信函，收信人是一个名叫迪昂·瓦伦蒂诺夫的精神病患者兼囚犯。令众人震惊的是，来信居然出自首相马里亚诺·拉霍伊之手，而且是一封道歉信。

迪昂现年29岁，他曾经有一个幸福美满的家庭，然而14岁那年，一场大火夺走了他家五口人的生命，只有迪昂因为居住在学校，得以幸存。

巨大打击之下，迪昂变得疯疯癫癫，长年在外流浪，肚子饿了就去垃圾堆里找食物。

大概半年前，有一天晚上，迪昂流浪到一家超市门口，刚好有一名女子从里面购物出来，平时虽然疯癫却老实本分的迪昂突然发狂，抓起超市里的一把火腿刀，追上去将那名女子残忍杀害了。警察迅速赶到，制伏了迪昂，随后法院判处迪昂监禁在精神病院20年，并且要随时戴着手铐脚镣，以确保他无法对他人造成伤害。

谁都以为这件事情就这样过去了，但随着媒体对此事的传播，首相马里亚诺也颇为关注。他觉得，这件事情不仅仅关乎迪昂和受害者，而是一件事关国家的大事：迪昂沦为孤儿已经十五年，为什么一直没有一个机构去关心他、收留他？哪怕是在案发的前一天，有一个机构可以把他收留，那么这件惨案就完全可以避免。

这些问题萦绕在马里亚诺的脑海里，最终他认为，真正犯错的是西班牙政府。因此，他给被害人和迪昂分别写了道歉信，信中称："这一切是我们的错，是我们的过错造成了这一切。"他还在信中表示："我们会努力改变在这方面的不足。"

■ 故事的哲理

就事论事，基本上都是治标不治本。真正的领导力，来自高瞻远瞩而又不失人文关怀的自我担当。那一刻，问题也许还没有解决，但你已经重建了信任和尊敬。

在危难中读报纸的曼德拉
领导者必须包裹坚强的外壳

■ 哲理的故事

1990年，曼德拉出狱，重获自由，在狱中的这段时间，他的事迹令全人类感动。美国《时代》周刊的执行主编史坦格决定为他写一本传记，因此追随出狱之后的曼德拉到访各地。

一次，他们同乘一架六人座的小飞机在南非上空飞行。曼德拉看到桌子上有一份报纸，就拿起来浏览。看了一会儿，令史坦格有点吃惊的是，曼德拉开始朗读起来。原来，在狱中的许多年，他都被单独囚禁，为了磨炼和充实自己，尽管只有少量的书报被送进来，但他都一遍遍朗读，因此形成了这个习惯。

这天，阳光普照，曼德拉读报纸读到一半，忽然停下来，问坐在身边的史坦格："你看看窗外，那只螺旋桨引擎是不是坏了？"史坦格站起来一看，果然只有一边的引擎在动，他马上冲进驾驶舱。原来机师早已发现这个问题，正在紧急滑翔，准备降落。机师也很紧张，他告诉史坦格，自己已经通知最近能迫降的机场，并让他们准备好救护车和消防车。

史坦格赶紧回到座位上告诉曼德拉，再次令他吃惊的是，曼德拉一脸平静，说："很好。"然后继续朗读报纸。还好有惊无险，飞机终于安全着陆，曼德拉像什么事也没发生过一样，走下飞机。然而他们俩刚刚坐上汽车之后，曼德拉说："刚才在飞机上，我心里其实很害怕，吓死了。""是吗？但看起来，您特别镇静啊！我还以为您根本不怕呢！那么您是如何能够保持这么从容的呢？"史坦格对于曼德拉的反应和内心都非常好奇，连忙询问。曼德拉沉思一会儿，说："不，其实我很怕，但要感召千万人，站在他们的前头，枪炮和监狱、拳头和刑具，你无论心里多恐惧，都要摆出一副冷静无惧的样子，不然民众就不会追随你。"

■ 故事的哲理

最直接的反应，往往最真实，但也常常意味着平庸。既然作为领导者，在关键时刻的所作所为就注定有着旗帜作用。对自身角色与责任进行不断认知，对自身意志与品格不断塑造和锤炼，是优秀领导者必须做好的功课。反之，做不到，"民众就不会追随你"。

一个关键的橘子
领导者的"细节"辨识力

■ **哲理的故事**

威尔逊是假日酒店的创始人。一次,威尔逊和员工聚餐,有个员工拿起一个橘子直接就啃了下去。原来,那个员工高度近视,错把橘子当苹果了。为了掩饰尴尬,他只好装作不在意,强忍着咽了下去,惹得众人哄堂大笑。

第二天,威尔逊又邀请员工聚餐,而且菜肴和水果都同前一天一样。看到人都来齐了,威尔逊拿起一个橘子,像前一天那个员工一样,大口咬了下去。众人看了看,也跟着威尔逊一起吃起来。结果,大家发现这次的橘子和前一天的完全不同,是用其他食材做成的仿真橘子,味道又香又甜!大家正吃得高兴时,威尔逊忽然宣布:"从明天开始,安拉来当我的助理!"所有人都惊呆了,觉得老板的决定很突兀。

这时,威尔逊说:"昨天,大家看到有人误吃了橘子皮,安拉是唯一一个没有嘲笑他,反而送上一杯果汁的人。今天,看到我又在重复昨天的错误,他也是唯一没有跟着模仿的人。像这样对同事不落井下石也不会盲目追随领导的人,不正是最好的助理人选吗?"

■ 故事的哲理

  领导力关键体现在善于"识人",特别是在一些自然流露的细节中,要能细致观察每个人并发现真正的"人才"。

把碗卖出最高价的背后
领导者要善"借"他人智慧

■ 哲理的故事

有个一字不识的农夫,在清理自家的祖传宅基地时,挖到了两百多个"破旧碗盘"。他听人说,这些东西可能很值钱,但到底值多少钱,他心中一点底都没有。怎么办?农夫自有他的办法。农夫到市场上放出消息说,家里有刚刚挖到的一些碗盘,故意让那些专门到乡下去收旧货的商人听见。一个古董商就去农夫家看货,农夫把所有的碗盘铺在草席上,说:"你先挑。挑好了,我们再谈价格。"古董商精挑细选,挑了五件出来,问他:"你要多少钱才能出手?"农夫反问:"你出多少钱?"对方说:"这五件,我愿意每件出200元。"农夫听后说:"每件1000元我才卖。"古董商觉得太贵,没有交易成功,于是,农夫知道这五件应该是其中比较值钱的。后来,不断有人上门来挑,农夫又以同样的方法应对,由此他知道了哪些碗盘有人要、哪些是最值钱的、哪些是废品。后来,农夫把留下的碗盘都卖出了最好的价格。

■ 故事的哲理

领导者不可能成为百事通,但却可以成为智慧的信息处理器,积极汇聚各方专才的建议和思想,经过反复体会和研磨,最终获得最佳决策。

瘟疫"送来"1500万美元
二次决策出远见

■ **哲理的故事**

1975年3月,美国《华尔街日报》登载了一则消息:墨西哥发生了猪瘟疫并且波及牛、羊等动物。一般人看到这则消息时不会重视。然而,当时身为一家小型肉食加工公司老板的菲利博·默卡尔看到这则消息后另有所想,因为美国的加利福尼亚州和得克萨斯州都与墨西哥边境接壤,瘟疫很有可能会蔓延到美国境内,而这两个州都是美国肉食供应的主要基地。到那时,肉食供应一定会非常紧张,肉价当然会随之猛涨,这也许就是他做大公司的一次机遇。

想到这里,默卡尔马上派自己的私人医生到墨西哥实地考察去证实消息的真伪以及疫情的进展。一周过后,他的私人医生向他发电报证实,疫情确实正在迅速蔓延。默卡尔接到这个电报,果断做出了决策:集中公司全部资金,投放所有人力,去加利福尼亚州和得克萨斯州,大量购买牛肉和生猪,并将之迅速运到美国东部,该加工的加工,该贮藏的贮藏。不到一个月,默卡尔的公司就掌握了足够多的肉类食品。

很快,正如他所预测的,墨西哥的瘟疫蔓延到了美国边境并长驱而入。为了防止疫情进一步扩散,美国政府下令:严禁一切食品从这几个州外运,当然也包括可以用于制作食品的活牛和生猪。于是,美国国内肉类奇缺,价格暴涨。默卡尔的公司由于事先做好了准备，很快就获得了大量订单，仅用 8 个月就净赚 1500 万美元，一战成名。默卡尔趁机做大企业，并在之后成立了默卡尔集团，并成了美国的知名企业。

■ 故事的哲理

远见，来自决策者"联系"看似不相关事物的能力，进而对事件影响进行"二次决策"的能力。

如何修补心中的"花瓶"？
比惩罚更高明的奖励

■ 哲理的故事

一个热爱运动的小男孩在家里客厅玩篮球，不小心打翻了祖上传下的古董花瓶，瓶口碎掉一大块。孩子吓坏了，赶紧找胶水笨拙地把碎片粘回原处。

妈妈下班回家后很快发现了问题，问孩子："是你打碎了花瓶吗？"孩子灵机一动说："一只野猫从窗户外跳进来碰倒了花瓶。"妈妈笑了，她知道孩子在撒谎，因为每天上班前她都会把窗户关好。然后孩子被妈妈叫到了书房。

小孩本来以为要挨一顿怒骂，没想到妈妈拿出了一盒巧克力，挑了一块给孩子，说："这块奖励给你，因为你用神奇的想象力杜撰出一只会开窗户的猫，以后你很有可能会写出好看的侦探小说。"然后，拿出第二块，"这块巧克力奖励给你，因为你杰出的修复能力。不过修复花瓶需要更高的专业技术，明天我们一起去拜访专家吧！好吗？"妈妈又拿出了第三块巧克力，说："这一块代表我深深的歉意，作为母亲，我不该把花瓶放到容易跌落的地方，尤其是家里还有一个爱运动的小男孩，希望你没有被砸到和吓到。"到此，孩子已经感动得说不出话了，但从此以后，他再没有因为掩盖自己的错误而撒谎。

■ **故事的哲理**

　　一味责罚而忽视犯错的成因，很难再次避免失误和问题。作为领导者，应该善用宽容的心态和奖励的方法，并主动承担自我责任，给予下属积极的暗示，使得他们放下心结，可以从错误中真正认识到自己的不足从而不断改善。

贵族的冷烧饼
优秀的制度，不应该激发恐惧

■ 哲理的故事

辛亥革命之后的某一天，清朝末代镇国公之一爱新觉罗·恒煦早晨起来感到肚子饿了，决定自己到街上买点吃的。此前，他从来不需要自己做这样的事，什么事情都是下人给他安排好了的。但革命之后，他这个贵族的经济水平一落千丈，再不自己动手"劳动"，就只有饿肚子的份儿了。

恒煦拿着钱到了街上。街头小贩当然认得他，都热情地跟他打招呼。他来到一个烧饼摊前，买了两个烧饼。当小贩用纸把烧饼包好放在恒煦手里时，愣了，他吃了几十年的烧饼，头一次发现烧饼竟然是热的！他咬了一口，热烧饼的味道简直好极了，比他之前吃的烧饼好吃百倍。

原来，以前在王府里，规矩太多，责罚太严，正常生活逐步变得畸形，下人们为了省事，从小就欺瞒主子，买烧饼一定买凉的，因为如果买的是热的，万一哪一次有点凉了，主子怪罪下来，他们就难以交差。恒煦是乾隆皇帝的后代，是著名的"五阿哥"永琪的后代，虽然享尽了荣华富贵，但其实连一个热烧饼都很难吃到，的确让人觉得有点啼笑皆非。

■ **故事的哲理**

　　一个让参与者人人自危的制度，一定只会源源不断地催生假象和荒诞，欺骗的一定是设计这个制度并为此自鸣得意的人。一个优秀的制度，激发的应该是价值观，而不是恐惧。

一份迟到 161 年的更正声明
领导者，更要学会道歉

■ 哲理的故事

2014 年 3 月 2 日，第 86 届奥斯卡颁奖典礼在美国洛杉矶杜比剧院举行，备受瞩目的最佳影片由史蒂夫·麦奎恩执导的《为奴十二年》夺得。消息传出后，跟这部影片有关的人和事顿时成为人们街谈巷议的话题。

影片火了，人们关注的角度也多起来，有人甚至把关注的目光投向了这部影片的原著小说。更让人没有想到的是，一名推特（Twitter）用户在搜寻《为奴十二年》的信息时，偶然发现《纽约时报》曾在 1853 年 1 月 20 日发表过一篇讲述小说主人公诺瑟普的经历的文章，这位细心的读者还发现，文章中的诺瑟普的名字拼写为"Northop"，而文章的标题则是"Northup"，这可是个明显的错误。

这位读者随即把这个错误发布在推特上，众多网友看到后，纷纷饶有兴致地进行了传播。

很快，《纽约时报》管理层也在网上看到了这个错误，在进行查对后，于 2014 年 3 月 4 日专门在《纽约时报》上刊登了一篇更正声明。声明中陈述了这个错误，并就这个错误向公众道歉，向发现者表示感谢。

■ 故事的哲理

　　如何对待细微的错误，考验着领导者和整个组织的勇气与魄力。比起一味地嘴硬，真诚地道歉更能彰显领导力。

向镜子"借"阳光
管理即借力

■ 哲理的故事

墨西哥知名的科罗娜牌啤酒，以其清爽的口感和透亮的色泽赢得了广大消费者的青睐，并销往世界一百五十多个国家和地区。有一年，啤酒商为在加拿大魁北克扩大品牌影响力，特在一条繁华街道建造了一家餐厅，专门售卖科罗娜牌啤酒和一些经典搭配菜肴。这家餐厅建成后十分受欢迎。不过很可惜的是，由于建筑规划的问题，餐厅的户外日照不足，午后刚过不久，太阳就躲到建筑的背后去了。这多少让喜欢享受阳光的人感到不尽兴。

餐厅的负责人安琪拉意识到，尽管太阳光炽热，但人们总是乐于见到它，特别是在喝啤酒的时候，一边顶着灿烂阳光，一边举杯畅饮，感觉无比惬意。所以，她异想天开地琢磨如何延长太阳在餐厅前空地的照射时间。

安琪拉在征得餐厅对面建筑主人的同意后，找来专业的设计师，让其计算角度、面积等因素，然后找来工人，将一面巨大的镜子安装到那栋建筑的顶部。这一切完成之后，餐厅门口空地的日照时间大大延长，引得顾客们尖叫欢呼。之后，安琪拉的餐厅生意更加火爆，由于餐厅生意如此之好，很快科罗娜牌啤酒在当地被更多人熟知。

■ 故事的哲理

管理者要懂得通过借力改善系统环境,从而带动实现自己的核心诉求。

椰子壳上的求救信号
领导力来自权力之外

■ **哲理的故事**

1943年8月，美国海军少尉约翰率鱼雷艇拦截进犯的日本驱逐舰。交战中，约翰的舰艇被撞坏，伤亡两人，余下的11人中有5人伤势不轻。约翰和没受伤的队员拼命抓住舰艇的残骸，把伤员安置在上面。

九个小时过去了，援救船没有踪影，而舰艇残骸已经开始下沉，约翰只好下令撤离。他先拖着一名受伤的战友朝海岛的方向游去，其他的人陆续跟上。由于水流太急，他用力咬住战友的救生衣，一点点向前挪动。五个小时后，他们游上一座小岛，可什么都没找到。

大家都绝望了，约翰却没有放弃。他和一位战友向下一座岛游去。一天后，老天还是没有给他们惊喜。战友们彻底绝望了，约翰用最后的力气呼救。终于，他们被岛民发现了，可双方语言不通，没法交流。这时，约翰捡起不远处的椰壳，刻下一句话："当地人可以引路，11人活着，需要小船。"接着，他使劲比画着，终于让岛民把这个椰子壳送到了附近的美军基地。两天后，他们终于获救了。大家对约翰感激不尽，他却平静地说："我把你们带了出来，就一定要把你们带回去。"这位挽救大家生命的英雄叫约翰·肯尼迪，十七年后成为美国新一届总统。

■ **故事的哲理**

只有身处逆境时，才需要真正的领导者。而作为真正的领导者，重要的不是权力，而是责任；重要的不是威风，而是毅力；重要的不是忽悠，而是办法；重要的不是风口，而是火种。

必须亲自领取的"聘书"
"情境"领导力

■ 哲理的故事

许多年前，一个华裔年轻人在西雅图华盛顿大学拿到了博士学位。随后他在当地一个广告公司找到了一份大众传播的工作。幸运的是，与年轻人经常来往的三个重要客户——微软、星巴克、波音，很快发现他是一个可造之材，于是都伸出了橄榄枝，要聘他到自己的公司里。微软和星巴克很快给年轻人寄来了正式聘用文书，文书里特别说明了工作待遇多么优厚。当时，进微软是所有年轻人的梦想，因为进去就代表前途无忧。就在年轻人准备签下微软的聘书带着它去上班时，波音公司的一个服务人员打来电话，请他过去领取聘书。他很奇怪，认为寄过来就可以，何必再费时间跑一趟呢？但对方很耐心，告诉他一定要前往领取，还笑着表示，可能会有惊喜。

年轻人觉得盛情难却，于是去了一趟波音公司。他刚到公司门口，负责接待的人就领着他往公司的组装车间走去，一边走还一边说："我先带您参观一下，何为真正的波音。"

年轻人第一次见到全世界最大的车间。21架飞机同时组装的宏伟场景，看得年轻人既震撼又感动。要知道，从小到大，他都期盼着以后能在一个又大又好玩的环境里工作。眼前的波音公司，不就是最好的选择吗？年轻人向接待人员索要聘书，接待人员笑了："刚才的参观就是波音公司发给您的聘书！我们送给您这份特殊的聘书，请您相信，您的才华，在波音一定能得到施展！"年轻人再一次被感动。第二天，他就拎着行李箱走进了波音公司。果然，在波音大舞台上，这个名叫陈建德的年轻人得以施展拳脚，没过几年，他就成为美国波音（中国）公司副总裁。

■ **故事的哲理**

鲜活的情境，特别的感受，能让人从感官到心灵都受到震撼与撞击。不仅仅是在吸纳人才的环节，在整个管理流程中，领导者也要善于制造和利用各种情境，让决策真正深入人心。

惊动三星总裁的"一件小事"
领导者需要体制外"保鲜"

■ **哲理的故事**

朴康焕是三星公司的一名普通员工,负责在手机生产线做检验工作。他自己也很喜欢三星的产品,他习惯每天晚上同时给几部手机充电,以保证工作时不会因为手机没电而耽误事。

一天深夜,他喝酒归来,怎么也睡不着。正在烦恼之时,突然发现充电中的手机正发出刺眼、颤抖的光芒,明明灭灭,更加刺激人的大脑和神经,他更不舒服了,于是决定立刻拔掉充电器。第二天一早,他就这个问题询问了好几个同事,发现三星所有手机在充电时都会发出刺眼、颤抖的光芒。他特意走访了设计部,可得到的结论是:"没人会在意充电时的光芒,无须紧张。"

但朴康焕并没有放弃,他搜集了很多资料,并将自己的想法整理成报告,提出"睡眠灯光"的想法提交给设计部,可三个月过去了,还是没有任何回复。朴康焕没有泄气,他想到自己可以把报告直接发给总裁。因为在三星,总裁的电子邮箱一直是公开的。不过很多人觉得这样的事没必要惊动最高领导者,朴康焕却要试试。

一周后,他突然接到主管的电话,要他下午3点去公司第一会议室开会。令他万万没有想到的是,会议室里都是公司高管,总裁起身迎接他,并且让大家对他报以热烈的掌声。"你的创意很重要，可能会改变一个时代。"总裁表示，这个充电细节很关键，会导致人们的睡眠问题，非常值得关注，设计部门的疏忽是很不应该的，三星决定在这个领域进行技术攻坚。朴康焕非常感动，觉得自己的坚持终于获得了成效，而此后，不仅是三星，其他手机厂商也开始尝试改善手机充电灯光的效果，促使灯光人性化，有益于人们的睡眠。

■ 故事的哲理

当组织逐渐"高大上"时，也就一定意味着金字塔结构开始无情扼杀下层的创新，并反过来扼杀上层的企业家精神。越是严谨规范成为必需时，领导者越要有意识设计出一个与之相反的信息通道，从而制衡"体制"，并为自己"保鲜"。

李嘉诚换领带
用行动来保护员工的热情

■ 哲理的故事

一天,李嘉诚外出谈生意。在公司总部门口,一位员工拦住了他:"老板,我觉得您今天的这条领带有些问题。"李嘉诚愕然:"有什么问题?"员工说:"老板,您穿着一身黑色的西装,不应该系红色领带,这样看起来不是很协调,还可能影响到您谈生意的效果。"李嘉诚看了看胸前那条红色的领带,思考片刻,朝员工投去嘉许的目光:"你说得没错,谢谢你的提醒。"说完,李嘉诚转身回到办公室,换了一条黑色的领带。

当他再次走出公司大门的时候,那位员工还在那里。看到李嘉诚换了一条领带,他才满心欢喜地离去。可是,等到这个员工离开,李嘉诚就从手包里拿出原来的那条红领带,重新换上,而将黑领带放回包里。

一旁的保安将这一切看在眼里。他走上前来问:"老板,您为什么又要换上红领带?"李嘉诚笑着说:"我今天会见的是一位老朋友。每次与他会面,我都会系一条红领带,而他每次都会称赞我系红领带显得更精神。也就是说,他喜欢红色领带,而不是黑色的。"

"那您为什么不直接告诉刚才那位员工呢?"保安又问。"他不知道我那位生意伙伴的喜好,但他能细心地发现我身上的领带与服装搭配不协调,并热心地告诉我,我必须用行动来保护他的热情。"

■ **故事的哲理**

　　作为管理者，常常抱怨员工缺少激情和主观能动性，但殊不知可能就是自己的某些行为在无意中打消了员工的激情。要激发员工的热情，不应靠"搞运动""喊口号"，而应在日常的工作中，不断乐于听取他们的意见，并给予即时的认可和反馈。

Chapter 3

成功没有捷径

成功，往往比失败更令人难以承受。因为失败，可以让本来就坚强的企业家们更坚强；但成功，会使满怀雄心壮志的企业家们变得忘乎所以。因此说，成功之毒，在于毒害了成功者的心态。

——杨沛霆

深情的园丁
痴迷是成功必备的催化剂

■ 哲理的故事

在英国，有段时间一个74岁的叫布莱恩的老头儿，突然成了很多媒体报道的焦点。原因很简单，他中了大奖。这个默默无闻做了一辈子园丁的老人，突然在古稀之年被意外之财砸了个正着。2500万英镑的大奖即便是用于周游世界也绰绰有余。正在被人猜测他会怎样花掉这些钱的时候，这位白发苍苍的老者拉着自己的太太，一边微笑着一边给出了令人出乎意料的答案："我要用一部分钱雇一个胡萝卜种植专家，学习种植胡萝卜。"原来，他一直想在菜园子里种胡萝卜，但多年来，怎么种都没有成功。现在突然有了资金，他决定完成自己的终极梦想：找个特牛的专家，学会种胡萝卜，然后在自己的小菜园里种上一地的胡萝卜。老头儿幸福的微笑使得很多英国人感到意外之余，都认为布莱恩先生是最敬业的园丁。而他的敬业，正在于他对土地和植物的那份特殊的热爱。

■ 故事的哲理

对于一个人和一个组织来说，要想有所成就，痴迷（而非欲望）是必备的催化剂。因为痴迷，所以喜爱，所以深情，也所以执着，最终所以会快乐地成功（比如比尔·盖茨），抑或没有成功却依然快乐，从而获得另一种人生成功。

席卷全球的约拿情结
为了成功，必须包容失败

■ **哲理的故事**

"约拿"是《圣经·旧约》里的一个人物，他是一个虔诚的基督徒，一直渴望能够得到神的差遣。

终于，神给了约拿一个光荣的任务，让他去宣布赦免一座本来要被毁灭的城市——尼尼微城。约拿却拒绝了这个任务，逃跑了。他不断躲避着他信仰的神，神到处寻找他、唤醒他、惩戒他，甚至让一条大鱼吞了他。

最后约拿几经反复和犹豫，终于悔改，完成了使命。后来，人本主义心理学家马斯洛根据这个故事提出了所谓的"约拿情结"，用来指代那些渴望成功又因为某些因素害怕成功的人所处的纠结心理状态。心理学家认为，约拿情结反映了一种对"自身伟大之处的恐惧"，从而导致人们不敢去做自己本来能够做好的事情，甚至逃避发掘自己的潜能。

■ **故事的哲理**

渴望成功，却又深深逃避面对可能的成功，以及可能成功的可能路径——这显然是个世界性的悖论与尴尬。

为什么会这样？在组织中，至少一个现实原因是，一旦不成功，"后果很严重"。为此,一个矢志创新的企业,一定是那种能建立激励大家敢于成功,而且为了成功也敢于不成功的文化制度的企业。但现实中,我们有多少制度是围绕"争取成功",而非"不准失败"建立的呢?

玉米地迷宫
换个角度，失败就是成功

■ 哲理的故事

美国亚特兰大北部的一个乡村，有一个叫凯恩的农民，多年来一直继承家族的传统，靠种植玉米为生。由于玉米是一种比较廉价的农作物，凯恩一家一直生活在温饱线边缘。

后来，凯恩的儿子小约翰从学校毕业后，也帮着家里种玉米。有一天，他们从外面请来24名工人给玉米地锄草，天突然下起大雨，把24名工人都困在郁郁葱葱、半人高的玉米地里。由于十几亩地种得错综复杂，第一次来这里干活的工人根本找不到出口，还是凯恩父子把他们一一领了出来。

这件事情给了小约翰很大的触动，他决定改变祖先的传统，从城里请来了几个园艺高手，以及一些美术设计师，将玉米地变成了一个天然迷宫。很快这个创意吸引了众多的游客前来观光游玩，凯恩一家不仅经营迷宫，还出售相应的纪念品。如今他们每年要接待1.5万名游客，成了当地的致富新星。

■ 故事的哲理

有时要想获得成功，必须懂得颠覆当下的传统和定式，重新做出战略选择。而换个侧面和角度，才能收获惊喜的发现。

大师的锤子
要么耐心成功，要么耐心失败

■ 哲理的故事

著名的推销大师，即将告别他的推销生涯，应行业协会和社会各界的邀请，他将在该城中最大的体育馆做告别职业生涯的演说。那天，大幕徐徐拉开，舞台的正中央吊着一个巨大的铁球。为了这个铁球，台上搭起了高大的铁架。一位老者在热烈的掌声中走了出来，站在铁架的一边。这时两位工作人员抬着一把大铁锤，放在老者面前。主持人这时对观众讲："请两位身体强壮的人到台上来。"好多年轻人站起来，转眼间已有两名动作快的跑到台上。老人这时开口和他们讲规则，请他们用这把大铁锤，去敲打那个吊着的铁球，直到把它荡起来。一个年轻人抢着拿起铁锤，全力向那吊着的铁球砸去，一声震耳的响声，那个吊球一动也没动。这个年轻人就用大铁锤接二连三地砸向吊球，很快他就气喘吁吁。另一个人也不示弱，接过大铁锤把吊球砸得叮当响，可是铁球仍旧一动不动。台下逐渐没了呐喊声，观众好像认定那是没用的，就等着老人做出解释。

会场恢复了平静，老人从上衣口袋里掏出一把小锤，面对着那个巨大的铁球。他用小锤对着铁球"咚"地敲了一下，然后停顿一下，再一次用小锤敲了一下。人们奇怪地看着，老人就那样敲一下，然后停顿一下，就这样持续地做。

十分钟过去了，二十分钟过去了，会场早已开始骚动，人们用各种声音和动作发泄着他们的不满。老人仍然一小锤一停地工作着，他好像根本没有听见人们在喊叫什么。人们开始愤然离去，会场渐渐地安静下来。大概在老人进行到四十分钟的时候，坐在前面的一个妇女突然尖叫一声："球动了！"刹那间会场鸦雀无声。吊球以很小的幅度荡了起来，不仔细看很难察觉。老人仍旧一小锤一小锤地敲着，人们好像都听到了那小锤敲打吊球的声响。吊球在老人一锤一锤的敲打中越荡越高，它拉动着那个铁架子哐哐作响，它的巨大威力强烈地震撼着在场的每一个人。终于场馆内爆发出一阵阵热烈的掌声，在掌声中，老人转过身来，慢慢地把那把小锤揣进兜里。他只说了一句话："在成功的道路上，你没有耐心去等待成功的到来，那么，你只好用一生的耐心去面对失败。"

■ 故事的哲理

请记住这句话："在成功的道路上，你没有耐心去等待成功的到来，那么，你只好用一生的耐心去面对失败。"成功，是一种积累；而积累，来自坚持；坚持，又来自耐心。质的飞跃，都蕴含在一件件小事的积累过程中。

国王的秃头
求同的危险性

■ 哲理的故事

国王最近懊恼极了,因为他的头发一大把一大把地掉,御医束手无策,换各种秘方也不管用,眼看国王的头发就要掉光了。

"我身为一国之君,居然保不住头上的头发,岂不丢人?"国王对王后说,"每次看到比我年岁大、头发却浓密的臣子对我笑,我就觉得他是在嘲笑我,真想把他拖出去斩了。"

话传出去,满朝文武都不敢再笑了,只有几个人不怕,因为他们比国王秃得还厉害。王后看了灵机一动,对国王说:"你何不把那些秃头全升任高官?"国王照做了,而且自从秃头们升官了,国王也变得快乐起来,他心想:"秃头可以做高官,秃头走运,秃头有什么不好的?那些有头发的人,想秃还秃不成呢!"他恶狠狠地说道。

■ 故事的哲理

人们都喜欢与自己相同的人和事物,也喜欢统一认识求得一致。但过于陷入求同的思维,就会很难辨别事物的本质,从而导致判断和决策失误。在求同之外,全面思考问题才是关键。

用 51% 赢得胜利
把握最核心的目标

■ 哲理的故事

妙手，是围棋术语，指最精妙的下法。妙手可解开困境，可扭转败局，可一举制胜，堪称妙到极致的智慧。而韩国棋手李昌镐 16 岁就夺得了世界冠军，并开创了一个时代，却很少妙手，成了一个谜。

一次，记者问他这个问题，内向的他良久才憋出一句："我从不追求妙手。""为什么呢？妙手是最高效率的棋啊！""每手棋，我只求 51% 的效率。"

为什么每手棋追求 51% 的效率，却是世界第一？其实了解他的棋风就会发现，虽然每个回合他只比对手多得一点点，但一盘棋中，有一半以上的棋得到预期效果，结果就是赢。事实上，李昌镐最令对手们头痛的是"半目胜"，一局棋 300 手左右，赢半目，这是最细微的差距。要把握这个火候，比中盘获胜更难。人求胜欲最强的时候，也是最不冷静的时候。由于追求妙手，往往用尽了全部精力，妙手之后，浮躁的棋也来了。如果对手没有被击溃，你的破绽就容易暴露。全力之后，必有懈怠；极亮之后，必有大暗。这不是每个棋手都看得到的。在李昌镐眼中，极品的妙手，就是看破妙手的诱惑，落下的平凡一子。

■ 故事的哲理

　　好的企业常常是低调而内敛的，没有那么多精彩的故事桥段，因为每一步都走得准而稳。他们不是为炫耀自己的高明，而是把握最核心的目标，选择最理性和明智的道路，最终当然会获得满意的结果！

四指的距离
别那么快做出决策

■ 哲理的故事

一日朝毕，印度皇帝阿克巴突然给群臣出了一道题：用不超过三个字来说明真理和谬误的区别。群臣听罢，纷纷开始议论，但却无人应答。看到这种场面，阿克巴便对大臣伯博说："伯博，你怎么也沉默不语啊，这很少见呀。"

伯博并不谦让："陛下，我之所以沉默不语，是想给别人一个说话的机会。""别人都没有答案，你就快说说吧，真理和谬误之间的区别是什么？"令众人惊讶的是，伯博伸出自己的四根手指头，说道："四指。""四指？"众人大感，急不可耐地追问伯博这到底是什么意思。

沉吟片刻，伯博开始耐心地解释："常言道，眼见为实，只有自己亲眼看到的，才是真的。同时俗话说，耳听为虚，耳朵听到的东西常常不能算数，很可能就是无稽之谈。"

阿克巴赞叹说："不错，人人都长了一双眼睛，就是用来明辨是非和鉴别真伪的，可是这和你说的四指有什么关系呢？"

伯博微笑着说道："我所谓的四指正是眼睛到耳朵的距离，四指距离虽短，却是庸人和智者的差距！"

■ 故事的哲理

　　管理者的日常工作繁忙且充满不确定性，往往会根据对一时一事的感性认知就做出判断和抉择。而没有真正揭示和了解事物的真实情况就做出决策，往往可能会出现重大失误。这提醒管理者，必须穿越重重迷雾探究事情的本质和事件的脉络，做一个智者，否则就会被偏见所蒙蔽。

如何发动你的汽车？
直击问题的关键

■ 哲理的故事

赫伯特·杰克逊是一位优秀的年轻牧师。教区主教特意奖励给他一辆二手轿车。

虽是旧车，但经认真清洗后，看起来就像一辆状态不错的新车，只是美中不足的是，它必须借助外力推动才能发动起来。这的确是一件麻烦的事情，赫伯特决定想办法解决。

之后的两年时间里，赫伯特以他天才的创造力和想象力，因地制宜地总结了好多有趣的方法，保证了自己的轿车在任何地点和时间都能启动，这其中包括：由于家在学校旁边，他曾号召路边要去上学的十几个孩子来帮他推车；在乡村服务的时候，他故意将车子停在高坡上，离开时借助长而陡峭的坡道轻松将车发动；或者拦下一辆轿车，用一根结实的绳子，让前车拉动自己的车子从而发动汽车。这些创意一度让赫伯特感受到空前的自豪和欣慰。

当赫伯特要离开这个教区时，他热情地将车子钥匙交到了新牧师的手中，就在他毫无保留地向其传授自己启动车子的经验时，那位新牧师打开了发动机盖子，检查起来。"杰克逊先生，"新牧师打断赫伯特的话，说道，"其实唯一的麻烦就是这根缆线松了，送到修车厂几分钟就能解决问题。其实自己也能办到。"新牧师用力调紧了一下缆线，轻轻一拧钥匙，发动机立即发出了欢快的轰鸣声。

■ 故事的哲理

解决问题需要方法，不同的方法往往导致效果的巨大差异，如果总是围绕细节和周边问题做文章，不敢直面问题的本质，就会导致自己陷入拖延问题的泥潭。以最终结果为导向，直面问题的核心才能获得最好的解决之道！

从 1 亿美元到 5 吨大米
不要被对手的要求迷惑

■ 哲理的故事

苏丹叛乱分子曾经绑架国际红十字会的三名工作人员，并且提出了 1 亿美元的赎金要求！这时，国际组织派来的谈判专家是时任美国国会议员的比尔·理查森，而且所有人都不去主动回应叛乱分子的要求。很快，绑匪把赎金降到了 250 万美元。于是，比尔·理查森赶到了绑匪所在地，坐在一棵大树下和叛乱分子谈判，面对叛乱分子手中挥舞的手枪，他丝毫没有畏惧，而且坚信在任何谈判过程中，对方最开始的条件都是离谱的，所以绝不能太在意。

这样坚持的结果就是，奇迹发生了，比尔·理查森最终只用 5 吨大米、4 辆旧吉普车和收音机等救援物资就换回了人质！这真是一位老练的谈判专家，高超的谈判技巧最终把他送到了美国驻联合国大使的位置。

■ 故事的哲理

不管面对的是怎样离谱的条件和怎样急迫的情境，都要坚持自己靠谱的要求和沉稳的心态，如此，才有可能左右局面。

"黄金帝国"摧毁西班牙
财富不是梦想，而是追梦的结果

■ 哲理的故事

16世纪是西班牙的世纪，那时的西班牙流传着一个"黄金帝国"的传说。

1532年，西班牙人征服印加帝国后，大量黄金涌入西班牙。各式各样的传说迅速流传开来，而黄金帝国的传说则是其中最为诱人、影响最大的一个。在这个传说里，一个比印加帝国更为富裕的王国藏在新大陆，不但街道上铺满了黄金，建筑物上也镶着黄金。不久，激动的西班牙人就投入到寻找黄金帝国的征途中了。

其中最庞大的一支远征队在1541年出发，在南美大陆上一路询问土著印第安人，如果有印第安人无法指路，说没听说过这个虚构的王国，就会被急切的西班牙人施以酷刑。印第安人发现唯一能躲开灾难的方式就是开始"配合"捏造黄金帝国的故事，把远征队引得越远越好，直到西班牙人一步步被引入越来越深的南美丛林……

即使这样，寻找黄金帝国仍然是西班牙人执着的念头，更多的人投入到远征之中。无数男人跑去寻找黄金，西班牙人口锐减，农田荒芜，军队也无法补充新兵。到17世纪，整个国家人口减少了一半。而对于寻找黄金帝国的梦想，西班牙人虽付出很多，回报却越来越少，这一梦想加速了西班牙的没落，西班牙再没有恢复往日的荣耀。

16世纪强大的西班牙被另一个国家摧毁了，虽然这个国家并不存在！

■ 故事的哲理

扎实的致富之道，不是追求黄金帝国的梦想，而是稻盛和夫所说的："两只脚必须踩在土地上，一步一步地走。虽然无法一日千里，但一定可以爬升到自己都难以想象的境地……"企业家必然要创造财富，但永远不要让它成为萦绕你心头的梦想，它只是你追求梦想的结果之一。

二十年前的一颗纽扣
用"心"打动员工

■ 哲理的故事

在法国厄尔省的一个小城,有一个叫塞戈莱纳的老营销员到了退休的年龄。他找到经理说:"我要退休了,根据每个客户的性格和喜好,我整理了一份详细的客户资料。等我退休之后,你就把它交给接替我的同事,他们很快就会胜任我的工作,不会影响公司的业绩。"

半个月后,经理在下班之前宣布:今天晚上,公司在索里纳酒店召开酒会,届时,董事长将宣布一件很重要的事情。到了晚上,大家都齐聚在酒店大厅里,从巴黎总部赶来的董事长站在酒会的演讲台上,郑重地开始了自己的致辞:"我很感谢大家多年来的尽心工作。今天,正值和我一起见证公司成长的老员工塞戈莱纳退休之际,我要专门为他颁发一枚优秀员工的奖章。"颁发奖章之后,董事长转了一下身,从助理的手上拿过之前那份厚厚的客户资料,对在场的人说:"这不是一份普通的客户资料,而是一份责任和信任。只要他想把这份资料卖给任何一个同行,就会让公司损失至少八位数的销售业绩。在此,我要向他致以我的敬意,感谢他的敬业精神。"

之后,董事长又从自己的西服口袋里掏出一颗纽扣,对塞戈莱纳说:"你还记得这个吗?二十年前咱们公司刚刚创业,当你还是小伙子的时候,一次给公司搬运办公用品时刮落的,我一直保存着。我记得你当时穿的是灰色工作服，这是你衣服上的第四颗纽扣。"当董事长说到这里时，在场的人都安静下来。一份客户资料、一枚奖章和一颗纽扣，三个看上去似乎并无关联的事物，就被奇妙地联系起来了。

■ 故事的哲理

最好的福利和最佳的管理制度，就是能够让员工真切地了解领导者对自己的关心和爱心。这样，领导者和下属才能惺惺相惜。而做到这一点，领导者必须从起点就相信，进而做到：心，是比钱更重要的东西。

只输了 5 美元
不要纠结于失败

■ **哲理的故事**

一对新人来到赌城度蜜月。一次下注中,新郎无意将 5 美元的筹码押在了 "17" 这个数字上,他赢了 175 美元。第二局,他继续把筹码押在 "17" 上,好运继续,这一局他赢了 6125 美元。接下来的每一局,他都把筹码押在 17 上,好运气似乎就一直这样跟随着他,最后他赢的筹码已经累积到两亿多美元。

5 美元的筹码,赢来两亿多美元,这样的回报已经算是奇迹了。这两亿多美元足够夫妻俩尽情挥霍。可是那一刻,新郎的脑袋里只有一个念头,继续下注,这一次,他押上了全部。

结果这一局好运没有再次眷顾他,小球停在 "18" 上,"巨额财富"就这样被他瞬间输了个精光。新郎无精打采地回到酒店。妻子问他:"你到哪里去了?"他说:"去赌轮盘。"妻子又问:"运气如何?"他叹了口气:"还好,只输了 5 美元。"

■ **故事的哲理**

很多人都曾品尝过贪婪带来的苦涩。但天壤之别是,有的人"只输了 5

美元",能豁达地看待失败,进而给自己冷静反思和东山再起的机会;而有的人"输了两亿多美元",在虚幻的偏执和纠结中越陷越深,最终彻底输掉自己,而万劫不复。

挨打后找到的商机
营销你的想象力

■ 哲理的故事

  2010年11月的一个晚上，英国著名的富豪、世界一级方程式锦标赛的大老板伯尼·埃克莱斯下班后，遭到了四名歹徒的袭击。他们先对他进行了一顿拳打脚踢，随即夺走了他的钱包和手腕上的瑞士名表。很快，受伤的埃克莱斯被路人送入了医院。按照惯例，医生会在他入院之前为他拍摄脸部特写照片。照片上，埃克莱斯鼻青脸肿，成了名副其实的"熊猫眼"。

  一个星期后，埃克莱斯出院了，虽然身体没事了，可是他的心里一直对那块被抢走的手表耿耿于怀——这块表是专门为自己定制的，价值高达20万英镑。这个损失该如何弥补呢？

  突然，他灵机一动，想到了一个好主意。他马上与手表的生产厂商取得联系，告诉了他们整个经历，还奉上了自己挨打后的面部照片。在这张照片后面，他俏皮地写道："看看这些人干的好事，只是为了抢一块手表。"同时他还建议，可以用自己这张挨打的照片来做手表广告。

  厂商的董事会看到这张照片时，惊讶之余，也深深地被他的"英国式幽默"所折服。很快广告海报出来了，所有看到的人都记忆深刻，这款手表也迅速被社会所熟知，同时厂商也给了颇有勇气的埃克莱斯不错的"创意报酬"，价值已经超过那块被抢的手表了。

■ **故事的哲理**

在一个货品充裕的买方市场，要想打动客户并赢得他们的青睐，必须首先具有非凡的想象力和推销自己梦想的激情和勇气。同质化的时代，最缺少的不是梦想，而是实现和传播自己梦想的那种一往无前的精神。为实现目标最简单有效的方法之一就是创意广告。

令海洋馆起死回生的 12 个字
满足客户最在意的人

■ 哲理的故事

北方的某个小城市里，一家海洋馆开张了，50 元一张的门票，令那些想去参观的人望而却步。海洋馆开馆一年，简直门可罗雀。

最后，急于用钱的投资商以"跳楼价"把海洋馆脱手，黯然回了南方。新主人入主海洋馆后，在电视和报纸上打广告，征求能使海洋馆起死回生的金点子。一天，一个女教师来到海洋馆，她对经理说，她可以让海洋馆的生意好起来。

按照她的做法，一个月后，来海洋馆参观的人天天爆满，这些人当中有三分之一是儿童，三分之二则是带着孩子的父母。三个月后，亏本的海洋馆开始盈利了。海洋馆打出的新广告内容很简单，只有 12 个字："儿童到海洋馆参观一律免费"。

■ 故事的哲理

从客户那里获取利润的唯一办法，就是满足客户的需求。这是废话吗？可我们身边到处可见只想到向客户收费，却忽视其核心诉求的商家。满足客户的核心诉求，取悦客户最在意的人，虽然看似免费付出，但却会迎来滚滚财源。商业就是这样有趣。

最值得感激的"被落榜"
成功需要"火候"

■ **哲理的故事**

明嘉靖十六年（1537年），一场相当于现在高考的乡试在湖北武昌举行，主持考试的是时任湖广巡抚的顾璘。顾璘是一代才子，历史上说他"有知人鉴"，就是善于识人。

在这次考试中，有一个人就特别受他的关照。不过这次，他关照的方法不是提拔奖掖，而是让他"落榜"。这个人就是后来大名鼎鼎的张居正，当时他只有13岁。顾璘第一次见到张居正就对其不凡的谈吐感到震惊，并由此与他成为"忘年交"。这次考试，张居正也不负众望，虽然是考生中年龄最小的，考卷却答得很漂亮。然而正当考官准备将他录取时，却被顾璘阻止了。顾璘说："张居正不是一般的人才，将来一定会对国家做出重大贡献。但是13岁就让他中举，这么早入了官场，将来不过是多一个官场上风花雪月、舞文弄墨的文人，对国家其实是一种损失。不如趁他现在年龄还小，给他一点挫折，让他多经历一些。"

乡试结果公布，呼声最高的"江陵才子"落榜，一时成为轰动的新闻。这给此前早就习惯顺风顺水的张居正带来的打击可想而知。但张居正并没有抱怨，而是更加努力地学习。事实上，张居正的确没有辜负顾璘的一番苦心，后来成为一代名臣，主持了明朝历史上最重要的改革。而他一生最感激的人，正是顾璘。

■ 故事的哲理

  人生犹如熬汤，火候不到难免夹生；拔苗助长只能获得最初的惊喜，奖励不能随便挥洒。天将降大任于斯人也，必先苦其心志，劳其筋骨，饿其体肤，空乏其身，行拂乱其所为，所以动心忍性，曾益其所不能。

一道关卡两重天
阻碍他人，难以成就自我

■ 哲理的故事

清乾隆年间，新疆北部的阿勒泰地区发现金矿，关内的很多流民苦于生计，纷纷去那里淘金。清政府驻迪化（今乌鲁木齐）大臣知道后，与下属商议阻止流民淘金的办法。有幕僚表示，通往阿勒泰金矿区的路只有一条，派兵守住进出金矿的关口，不准往里运送粮食，里面的人没有了粮食，自然会乖乖出来。这位主管大臣采纳了这个建议。

矿区里有好几万人，粮食一短缺就出了乱子。这些流民翻山越岭出来后，生活无以为继，只好铤而走险，啸聚山林，成为危害一方的土匪，让清政府头痛不已。朝廷派兵去围剿，打了好几年仗，耗费大量银两，土匪反而越来越多。看来堵是堵不住了。

没办法，朝廷只能采纳另外一位大臣的建议：不如用疏导的办法，干脆放开，让人们去淘金，只需在出入金矿的要道设置关卡，淘金人照章给朝廷纳税就行了。而这个制度刚一颁布，土匪打家劫舍的情况就陡然减少，很快那里就恢复了昔日的宁静和祥和，而由于朝廷和淘金者都获得了不错的回报，这个地区日渐富庶起来。

■ **故事的哲理**

做资源的掠夺者,一家独大,将他人逼到角落,你就会因此而成功?从自利转向互利是成功者的必经之路,也是更加成熟和智慧的选择。

脚印的顶端
成功就是超越本我

■ **哲理的故事**

鹅毛大雪下得正紧,漫山遍野都履盖了一层厚厚的雪。有一位樵夫挑着两担柴吃力地往山上爬,他要翻过眼前的大山才能到家。樵夫深一脚浅一脚地走在山地雪路上,寂静的山头只听见脚踩着雪发出的吱吱的响声。肩挑沉重的柴,头顶凛冽的北风,樵夫每走一步都十分费力。好不容易爬了许久,满以为离山顶近了,可是抬头仰望,前方仍然看不见尽头。

樵夫沮丧极了,跪在雪地上,双手合十乞求佛祖现身帮忙。佛祖问:"你有何困难?""我请求您帮我想个办法,让我尽快离开这个鬼地方,我实在累得不行了。"樵夫疲惫地坐在地上。"好吧,我教你一个办法。"说完,佛祖把手向农夫身后一指说,"你往身后瞧去,看见的是什么?""身后是一片茫茫白雪,只有我上山时留下的脚印。"樵夫不解地说。

"你是站在脚印的前方还是后方?""当然是站在脚印的前方,因为每一个脚印都是我踩下去后才留下的。"樵夫理所当然地回答。

"这就是重点!你永远站在自己走过的路途的顶端。只是这个顶端会随着你脚步的移动而变化。你只需记住一点,无论路途多么遥远,多么坎坷,你永远是走在自己路途的顶端,至于其他的问题,你无须理会。"说完,佛祖便消失了。樵夫照着佛祖的指示,果然轻松愉快地翻过山头回到了家。

■ **故事的哲理**

　　竞争时时刻刻都在发生，是和他人去比，还是与自己去比，是一种人生哲学。而和谁比、怎样比，往往决定着你怎样看待周围的一切，决定着你最终能承受和收获多少。

幸亏有个冒牌货
追求成功的"本质"

■ **哲理的故事**

卡尔·威尔海姆·舍勒是18世纪瑞典著名化学家。14岁起，他就在一家药店当学徒，业余时间获得了很多化学领域的技术成就。虽然很有实力，但由于他为人低调，很多人并不知晓他的存在。这些人中当然也包括高高在上的瑞典国王。一次偶然的机会，国王得知原来自己的国家里还有这样优秀的科学家，便决定授予勋章嘉奖他。

消息很快传到了舍勒工作的药店，同事们都感到无比荣耀，而舍勒只是简单地报以一笑。半年过去了，见勋章迟迟未到，同事们一打听，原来瑞典国内还有一个同名同姓的舍勒，糊涂的国王竟然把勋章颁发给了他。大家愤愤不平，想要去找国王要回勋章，被舍勒阻止了："不就是一枚不值钱的勋章吗，何必去计较？"

之后，每当遇到一些陌生人慕名来找舍勒讨论化学问题，他就会介绍他们去那个冒领勋章的家伙那里，甚至一些官方发来的会议邀请，他也转交给那个人代劳。他自己则把全副精力都用在研究上，并在32岁就破纪录成为瑞典科学院院士。这时，国王前来祝贺，才知道自己当年发错了勋章，于是恼羞成怒地要惩罚那个冒领者。舍勒笑了笑，说："正是因为他替我领了勋章，才让我可以不受干扰地从事科学研究，国王陛下应该代表我感谢他才对呀！"

■ 故事的哲理

成功的意义不是追求浮名。真正的成功者，始终明白自己的目标，心无旁骛，并能在纷乱芜杂中明确哪些是本质、哪些是假象，进而围绕目标做减法。

把对手留下
有多包容就有多成功

■ **哲理的故事**

2006年，百事公司前任 CEO 卸任后，时任首席财务官的因德拉·努伊女士，与几位候选人竞争 CEO 职位。其中呼声最高的要数副董事长迈克尔·怀特，因为他资历最深，经验也很丰富。但最终，努伊凭借出色的表现胜出，成为公司历史上首位女掌门。怀特落选后，无心留在公司，就去了科德角度假。努伊顾不上庆祝自己荣升，匆忙坐飞机去找怀特。二人见面后，沿着海滩漫步，闲聊了很久。回到怀特的别墅后，努伊看到房间里有架钢琴，便提出想唱首歌，请怀特伴奏。

一曲唱罢，努伊真诚地对怀特说："你看我们不是配合得很默契吗？留下来好吗？你提任何条件，我都会考虑。"怀特迟疑了一下说："让我再考虑考虑吧。"

努伊没有放弃。接着，她让前 CEO 去做说客，但怀特还是没松口。随后，她又给怀特涨了薪，享受和自己同样的待遇。努伊还在公司会议上说："怀特是公司最出色的经营人才，也是我最亲密的伙伴，有他的帮助，我才能干得更出色。"怀特终于被感动了，决定留下来。他对努伊说："以后我弹琴，你唱歌，我们就一直这样合作下去。"

之后，凡是重要的会议，努伊都会坚持让怀特坐在她右边紧靠她的位子上。努伊不仅以诚意留住了竞争对手，更以"尊奉贤人"的魄力让三位前任都成了她的智囊团队的成员。而她的大度与包容，也让她与怀特之后的合作真如演唱者和伴奏者一样和谐。在上任之初，她的多项重要决策都是因为获得了怀特的支持，才最终打动整个董事会。

■ 故事的哲理

所谓的对立只是暂时的，所谓的冲突只是片面的，你内心的容量决定了你的格局，也最终导致你的成败。

都是我们的"错"
想成功，先丢弃所有借口

■ 哲理的故事

某建筑工地要装40部电梯。因为项目比较大，引来许多商家竞标，最后确立了甲、乙两家有实力的大公司。两家公司首先进行样机实验，并且都很仔细地安装好了第一部电梯。不巧的是，由于建筑物没有完全封顶，夜间下了场大雨，两部电梯淋雨后都出现了故障。于是两家电梯公司都在第一时间赶来，检修自己的设备。

甲公司很快就得出了结论，不是电梯自身的问题，是建筑和天气的原因，使电梯的控制电脑进了水，才出现了故障。这一切很符合实际情况，业主也认同他们的结论。

乙公司随后也给出了自己的结论，第一句就是："都是我们的错。"业主不解，供应商代表解释说："是我们的错。我们只考虑了设备运行的平稳，只考虑了控制电梯的电脑一般是放在室内的，没有考虑到会遇到大雨这个问题。若我们考虑得更全面些，不仅遇上下雨不会出问题，就是遇到建筑物内自来水管和暖气漏水也不会损坏到电脑和其他设备，不就不会发生类似的问题了吗？我们一定会好好地纠正这一缺点，并进一步估计所能遇到的各种意外事件的发生，真正做到安全运行。"听完这番解释，工地负责人十分欣慰，立刻决定，电梯工程全部由乙公司来承担安装。

■ **故事的哲理**

遇到问题，多从自身找原因并给出解决方案，必定能为企业赢得信任与利益。

客户最需要的可能不是最完美的产品，而是企业的服务意识和诚恳的态度。

弯腰捡到两个亿
洞察力才是核心决胜力

■ **哲理的故事**

2012年5月的一天,毛利元新到岗亭去交停车费。他的钱包里刚好有一把硬币可以用来交费。但他一不小心,在拿出硬币时,硬币掉进排水道里了。由于排水道是用铁锁锁上的,他只能无奈地摇摇头。下班后,他去停车场开车,一路上他惊奇地发现,每条排水道里都散落着一些闪亮的硬币。他心里一亮,在东京,每天都有人像他一样把硬币掉进排水道,这些硬币累积起来,可是笔不小的财富。回到家里,他开始利用业余时间做相关的咨询和调查,发现很多人都和他有类似的经历。东京的行政管辖区有2158平方千米,人口大概1300万,加上紧密相连的横滨与琦玉以及千叶所组成的都市圈人口,有3500万人口。这样的人口密度,决定了整个东京的排水道将是一条"黄金水道"。做完调查,他决定成立自己的打捞公司,并拿到了政府颁发的"打捞许可证"。多数排水道里面十分污浊和肮脏,但毛利元新乐在其中,他和员工们一起勤奋工作,一边帮政府疏通排水道,一边捞取排水道里的硬币。经过一年的努力,他已经成功从东京的排水道里捞出硬币90万枚,价值超过两亿日元(约合人民币1200万元),可谓大获成功。不过他并不满足仅仅在东京打捞,他还把目光转向了日本其他的大型城市,如大阪和名古屋等,在那里继续拓展自己的黄金水道。

■ 故事的哲理

从风向看到风口，从当下理解未来，抓住一切可能的机会，是领导者最重要的工作和能力。

催生大师的一份"书单"
成功来自识别"把手"和善于借力

■ **哲理的故事**

　　1930年的一天，清华大学教授刘文典到北大图书馆，借校勘古籍用的参考书。他一进图书馆，便把书单给了一位年轻的管理员。只见书单上列的都是些珍贵的古书，末尾还备注着"为校注书籍所需，请馆长准予借取"。管理员一看一位大学者亲自跑来借书便不敢怠慢，赶紧去请示馆长。馆长很担心这些古书一旦外借就有可能会遗失，便让管理员找借口回绝了刘文典的请求。无奈，刘文典只好悻悻地离开。

　　这时，管理员突然想到了什么，连忙抓起一张废纸，凭记忆把刚才的书单写了下来。之后，他一有时间，就找来书单上的书学习，结果受益匪浅。这位年轻管理员就是金克木，只有小学学历的他，靠着自学后来成为著名学者。

　　多年后，金克木向刘文典提及此事，感慨道："当年，我没有老师指导，也不知道该读哪些书，是您的书单给我指明了方向。"

■ **故事的哲理**

　　张瑞敏说："管理就是借力。"其实任何成功都需要借力，而借力就要抓住"把手"。但"把手"出现的形式千差万别,往往并不一目了然,你是否能够敏锐识别和意识到"把手"已经出现了,并及时抓住它,将决定你是否能够由此走向成功。

小和尚买米
不前进就是等死

■ **哲理的故事**

在一座寺庙里，住着一老一小两个和尚。这天，老和尚对小和尚说："我们的米不多了，你出山到集上买些米吧。"小和尚答应一声，第二天就出发了。可是走了没多久，小和尚就回来了。他告诉老和尚，出山过河的那座桥，木头朽坏了，人不能走。老和尚问："不是可以从别的路绕过去吗？"小和尚说："绕过去那得多走几倍远的路。我听附近的山民说了，他们马上就修那座桥，还不如等桥修好了再出山。"老和尚沉默不语了。

几天后，老和尚又派小和尚去买米，几个时辰过去后，小和尚背着袋子又回来了。看到老和尚，小和尚立刻说："师父，那座桥正在抢修，现在还没修完，等他们修好了再去买米吧。我想，修这座桥不会用太长时间的。"老和尚看看已快见底的米缸，叹口气："好吧，就按你说的等吧。"

估摸着桥该修好了，这时米缸里的米也已吃得干干净净了，老和尚说："去吧，赶快去吧，再买不到米，咱就该饿肚子了。"小和尚收拾收拾东西，上路了。可是这一次，小和尚去得快，回来得也快。一见面，小和尚就着急地对老和尚说："师父，不好了，桥是修到头了，可是被上游突然暴发的山洪冲坏了，连那条绕过去的路也被洪水淹没了，我们该挨饿了……"

老和尚叹了口气："其实，这种状况是一开始就注定了的。当初桥朽坏了的时候，你如果早下决心，从绕过去的路出山，虽然费些体力，但米应该是早已买回来了。可你不想费力，又心存侥幸，结果，一而再，再而三，造成了今天的困境，你说，这能怨谁呢？"小和尚不由得低下了头。

■ 故事的哲理

面对生存和发展，很多时候，我们犹豫不决，是因为存有侥幸心理，这意味着我们心里潜藏的那一份懒惰。果断地付诸行动，只会离机遇更近。反之，一味被动等待机会，其结果却往往变成恶性循环。

大翅膀，或者爬行
极致才有机会

■ 哲理的故事

一百多年前，英国博物学家达尔文在马德拉群岛科格伦海岛上考察时，发现了这样一个奇怪的现象：岛上无数的昆虫中，只有极少数生有巨型翅膀，能够飞翔，而绝大多数则完全没有翅膀，只能在地面上爬行。为什么会出现这种截然相反的两极分化现象呢？中等翅膀的昆虫为什么完全见不到呢？

达尔文经过反复观察和思考，才找到答案。原来科格伦海岛上的气候条件十分差，常年飓风不断。在这种极其恶劣的环境中，只有极少数长有巨型翅膀的昆虫才能够迎风飞翔，艰难地存活下来；而那些生有中等翅膀的昆虫，在飞行时则极易被强大的海风吹落进大海，被海水淹没而遭淘汰。相反，那些翅膀退化了、放弃了飞翔、在地面上匍匐爬行的种类，反而得到了更大的生存机会，飓风奈何它们不得，它们成了进化的成功者、竞争的胜利者，最终也成了海岛的主宰者。

有一项调查结果显示，有将近80%的人并不喜欢自己所从事的职业，如果有机会重新选择，他们肯定会改行，去干自己喜爱的事业。他们中大多数人承认，因为不喜欢，所以没有尽力于本职工作。在改行无望的情况下，他们把较多的时间和精力花费在业余爱好上。事实上，这些一心二用、鱼和熊掌都想兼得的人，不仅本职工作业绩平平，业余爱好也始终处在业余水平。

■ 故事的哲理

这是一个飓风不断的时代，因此这也是一个只有做到极致才能生存和发展的时代。互联网时代，水桶理论已然过时，必须把自己的长处做到无出其右，自己的短板才不会是致命的。

汤姆斯布鞋"卖一捐一"之后
商业与慈善须产生化学式双赢

■ 哲理的故事

在美国,汤姆斯品牌布鞋"卖一双,捐一双"的故事几乎家喻户晓。2006年1月,一个名叫布雷克的年轻人到阿根廷的乡间旅行,看到当地孩子多半没鞋穿,心生怜悯,于是创立汤姆斯品牌,开了一家鞋店。他立下规定:鞋店每卖一双鞋子,就送一双给阿根廷乡间的孩子。布雷克的善心感动了无数人,媒体争相报道后,汤姆斯品牌迅速被消费者熟知,订单如雪片般飞来。

之后,全球许多制鞋商纷纷效仿汤姆斯品牌,施行"卖一捐一"的经营策略。德国柏林一家小制鞋企业的老板兰伯特,因为长期经营不善,也想效仿一下汤姆斯品牌,卖一双捐一双。可这个念头刚冒出五天时间,就被掐灭了。因为他发现,汤姆斯品牌的"卖一捐一"模式并非人们想象中的那样美好。

因为村民知道过一段时间会有免费的鞋子送来,就再也不去当地的鞋店购买鞋子了。家长们常常这样哄孩子:"多等一等,或许过几天就有免费的鞋子穿在你脚上了。"同时,受捐地的制鞋业发展也受到了严重阻碍。

兰伯特感慨万分,穷人之所以穷,并不是因为缺乏物资,而是缺乏能够创造财富的基础设施。所以,如果自己的企业只单纯地模仿汤姆斯品牌去卖一双捐一双,一定会出现更严重的问题。

因此,兰伯特认真调整了做法:每卖出一双鞋子,就捐出一双鞋子的钱给德国一些贫困村庄,但这些钱都是累积到一定程度后再捐赠出去。每一笔捐赠都有不同的用途,有的用于盖学校,有的用于盖福利院,有的用于资助孩子上学。每一次捐赠,兰伯特都要亲自去跑,并且,对村庄受捐后的一些情况他一直持续关注。如有需要,他会再从企业的捐款中拨出钱来继续援助。

兰伯特的企业赢得好口碑之后,也在几年间快速发展了起来。

■ 故事的哲理

越来越多的企业开始将慈善与商业相结合。但是,这种结合并非简单相联,而是令捐助企业与受捐地区各自独立的商业生态产生化学反应。

一代球星的重生
有时示弱是为了示强

■ 哲理的故事

2009 年，皇家马德里俱乐部花 3500 万美元巨资引进本泽马，希望他能挑起前锋线的大梁。起初，本泽马很惬意，一来久负盛名的皇马是职业球员梦寐以求之处；二来自己颇受重用，事业如日中天。

2010 年，皇马主席为了让球队重夺欧洲冠军，斥巨资请来穆里尼奥担当主帅。穆里尼奥带队以铁腕著称，他最喜欢充满霸气、不可阻挡的前锋。本泽马虽才华横溢却斯文有余，不入穆帅的眼。本泽马很不服气，认为穆里尼奥对自己有偏见，抵触情绪渐浓，甚至连日常训练都不参加。双方的矛盾日趋公开化。

俱乐部高层也劝穆里尼奥："给本泽马一点机会吧。"穆里尼奥笑言："我带队踢球好比打猎，要的是老虎、狮子，小猫最好离远点。"这句讽刺被媒体广泛传播，人们猜测本泽马再无出头之日。

就在本泽马心灰意懒时，一个队友劝他："和穆帅强辩当然会不欢而散，换种方式沟通呢？"那天，本泽马沉思良久。

转眼就到了和马洛卡队比赛的前夜。晚餐后，穆里尼奥正在房间冥想破敌之术，本泽马敲开了他的门。穆里尼奥大为惊奇："我现在很忙，如果发牢骚或找麻烦，换个时间吧。"本泽马诚恳地说："我想认个错。"穆里尼奥说:"我们只是理念不同,没有对错。""不,您是教练,掌管全队,我个人当然应该服从集体的安排。"听了这句话,穆里尼奥冷峻的脸上绽出了笑容。聊了一会儿,两人的心结渐渐解开。

这时,本泽马突然恢复了傲气与自信:"我知道您想带队称霸欧洲,这也是我的理想。但球队缺少给对手致命一击的利剑。"穆里尼奥眼前一亮。本泽马继续说,"这把利剑就是我。如果您不给我机会试一下,不仅是我的悲剧,也是您的遗憾。"

第二天,沉寂多时的本泽马赫然出现在球队的首发名单中,而且在比赛中打进制胜一球。从此,本泽马频频出现在主力阵容中,成了欧洲进球效率最高的前锋之一。

有媒体问穆里尼奥:"你再次重用本泽马,是因为他示弱了吗?"穆里尼奥回答:"他的示弱是带'针'的。"

■ 故事的哲理

在职场上,处于僵持不下的局面时,学会适当放下尊严示弱,也许才可能获得能力示强的机会。在无可辩驳的成功之前,自以为是的尊严并不是最重要的。

反自然的另类品牌
成功源于敢于试错

■ 哲理的故事

1920 年，在法国康邦街 31 号有一个时装设计沙龙，一个叫可可的女孩已是时尚界赫赫有名的人物。

可可一直希望能够拥有一款独特的香水。可纵观市面上几种品牌香水，千篇一律，都是靠鲜花里的花香来调制。为此，可可有了一个想法：何不自己研发一种独特的香水来扩展自己在时尚界的版图呢？

确定目标以后，可可找了巴黎香水界著名的"鼻子"恩尼斯，告诉他她想要做自己的品牌香水。她给恩尼斯提出了要求："我的香水里不要一丝玫瑰的味道，我要一种完全人工合成和设计的香水！"听到这样的要求，恩尼斯吓了一跳："人们都追求自然的香味，为什么你偏要人工合成的呢？你的想法简直太奇特了！"

刚好，恩尼斯正在研究乙醚，它是一种极易挥发的合成物质，可以用来麻醉。如果少量用乙醚，可以让植物香气轻灵地散发。可可大胆地建议：何不用乙醚来调制香水？恩尼斯把头摇得像拨浪鼓："还从来没有人敢用乙醚来制作香水呢！"

"为什么我们就不能打破这个常规呢？"看着这个倔强又认真的女孩，恩尼斯终于答应她尝试一下。

没过多久，恩尼斯就创造出了一种没有单一主导香型的香水。乙醚，也首次按特殊的比例与多种高级香精一起混合，这令不下八十种成分在嗅觉中获得提升，从而使香水拥有一种十分魔幻的诱人香味！

1921年的一天，恩尼斯把研制出的几种香水样本交给可可，让她挑选一款比较满意的。细细闻过之后，可可挑出了其中的第五款，兴奋地说："就是它了，它就是我想要的香水！我要把它命名为香奈儿5号！"

■ 故事的哲理

很多时候，创新就是要敢想敢尝试。没有什么是不可能的，不试一下怎么知道呢？

Chapter 4

创新的魅力

> 管理就是要使民众或员工在事业与理想的追求上一致,和向新的、好的、进步的价值观转换,从而达到事业稳定发展的目的。
>
> ——杨沛霆

失而复得的钻石项链
与其拼命盯着远方，不如细察灯下

■ 哲理的故事

巴尔的摩的一位女士参加完舞会之后，发现自己弄丢了一条价值连城的钻石项链。她怀疑项链是被人从她的大衣口袋中偷走的。

多年以后，她沦落到一边清洗皮博迪学院的台阶，一边思量着怎样才能赚钱养家糊口的地步。一天，她把一件破旧的大衣剪开，想缝一顶帽子，天哪！她惊奇地发现，在大衣的夹层里有一条钻石项链，就是她曾经以为丢了的那条！经历这么多年的苦难，她却没有觉察到自己一直随身带着当时堪称巨款的 3500 美元。

■ 故事的哲理

我们都知道"灯下黑"的道理，但往往只是知道而已。更多的时候当我们急于眺望远方，寻找财富和机会时，总是忘记看看自己的四周和脚下。

当我们哀叹缺乏机会的垂青时，很多机会一直都在向我们招手，只是我们茫然不知。

几乎所有企业家都感慨资源不够，其实很多珍贵的资源就在我们身边，就看我们能不能发现。

小报童的"大心愿"
幸运的转折，都由自己创造

■ 哲理的故事

多年前，一位报童怀揣着 65 美分，走进美国威斯康星州的一家银行。银行出纳员告诉他，至少要有一美元，才能开个账户。小男孩低垂着头，离开了银行。

有人看到，小男孩走出银行侧门时，一滴眼泪滴落在大理石门槛上。但不到五分钟，小男孩又回到了银行。他径直走向那个银行出纳员的窗口，摘掉了自己的帽子，说："嘿，先生，等有一天我拥有这家银行时，不管他手里有多少钱，他都能开个户头。"

多年之后，有人应邀参加当年那个小男孩举办的一场宴会，那时他已经 66 岁，已拥有这家银行的控股权二十五年，并从银行的董事长职位上退了下来。从他流下眼泪、感到愤怒并下定决心拥有这家银行开始，仅用了十四年时间，就在这家银行得到了高级职员的职位，并拥有了大量股份。

■ 故事的哲理

只要你的愿景足够清晰，你的努力足够执着，小报童也会成为银行董事长，并制定整个银行业更人性化的规则。

古人说："取乎其上，得乎其中；取乎其中，得乎其下；取乎其下，则无所得矣。"成就个人或组织的，都是一个坚定的目标和梦想。没有信仰的激励，就没有激情、没有动力，内心也很难受到鼓舞，不顾一切去求索。当今，中国企业和企业家，大多缺少的不是外在的财富，而是内在的追求。财富，永远应成为企业和企业家终极追求的副产品。

打不开的弹药箱
做不到的，往往根源于看不到的

■ 哲理的故事

"二战"时期，在中非，意大利军队五百多人奉命防守一个野战机场。他们拥有坚固的混凝土工事、充足的弹药，甚至得到了两门德国人支援的威力巨大的重炮。而进攻方英军只有四百多人，甚至连像样的重武器都没有。

英国指挥官对这次战斗不抱有任何希望，甚至已经做好了撤退的打算。但奇怪的是，进攻刚刚打响，意大利人就放弃抵抗，打出了白旗。

当询问意大利军官为什么投降时，对方竟然气呼呼地说："我们没有撬棍，没有办法打开那些该死的弹药箱！"

■ 故事的哲理

真的是撬棍问题吗？一个组织的竞争力，往往看似表现为那些看得见的硬功夫，实则真正起决定性的是背后看不见的软实力。

比如：一个组织日常管理设计的严谨程度，好比封闭的弹药箱就应配备开箱的器具；比如：一个组织日常管理执行的精细程度，好比战前不断检查武器的完备程度；再比如，一个组织面临异常管理时的意志力，和继而的创造力，好比弹药箱打不开时，有没有不服输、不慌乱的勇气和士气，以及非常规迅速打开弹药箱的智慧。

我们是不是已经看到我们软实力的差距和提升的空间？

在恶作剧中树立标准
创新，就是始终好奇于"物"

■ 哲理的故事

奥利瓦·史穆特是国际标准化组织（ISO）的主席，作为全球信息化社会标准的制定者，人们一般会觉得他肯定是一位正儿八经的严肃人，需要时时刻刻拿着游标卡尺丈量一切。

不过，事实上，这位老兄的丈量也有离经叛道的时刻。一天，他和堂兄乔治在连接着麻省理工学院和波士顿的一座桥上散步，史穆特突发奇想，要用自己的身体丈量一下大桥的长度。想到做到，于是史穆特直挺挺地躺在桥面上，在乔治的协助下，一"史穆特"、一"史穆特"地丈量，最后量出大桥的长度为364.4"史穆特"——事实证明，误差仅为其一个耳朵的长度。

表面上看，这的确是一个有点搞笑的恶作剧。然而就是这么一次随心所欲的"恶作剧"，日前却被正式承认了——被"谷歌地球"选为长度计量单位，一"史穆特"等于奥利瓦·史穆特的身高。可以说，"一史穆特"这一长度计量单位是在"恶作剧"中诞生的一个创新。

■ 故事的哲理

历史上一位罗马皇帝也曾将自己的双臂长度作为度量单位。但可惜，今天已经没有人采用。都是"以身量物",但两者巨大的区别在于:一种是基于天然的好奇,一种则是基于权力的自恋。成功的创新,一定是将一切身心投诸这个世界,而绝不是领导者自己。而持续的成功创新,则取决于领导者一种持续好奇于物而非逐渐陶醉于己的"免疫力"。

为大漠偷渡客送水的人
什么才是做事的准则？

■ 哲理的故事

美国和墨西哥之间有几千公里长的边境线，每天都有来自墨西哥的非法越境者穿越边境，进入美国。

一个名叫胡佛的美国人，却为那些"招人恨的非法移民"建了若干供水站。原来，越境者偷越边境线进入美国，面临的是浩瀚的亚利桑那大沙漠，很多人因为承受不了高温而渴死，侥幸存活下来的人，也会患上肾衰竭等疾病。

所以他在沙漠里建起了一个水站网，还绘制了沙漠地图，将水站的位置以及经常发生意外的危险地段都清楚地标明，然后散发到墨西哥和其他中美洲国家。

但这些善意的举动引起了美国国内很多人士的批评和反对，他们认为水站会直接帮助非法移民，他们里面也许有危险的恐怖分子。对此，胡佛淡定地表示："作为一个美国人，我也非常痛恨偷渡者。但恨和尊重是两回事。偷渡者也是人，我有义务尽自己的力量尊重他们生存的权利！"

■ 故事的哲理

伟大的领导者都不仅仅是制定和执行规则的人，也是能够超越常规是非，直接遵从那些因为过于基本反被忽略的做人道理的人。严格执行规则，同时能够尊重破坏规则者的人格与人权的人，往往能获得更多人的拥护。领导要想成功，就要塑造自己一种超越是非的人格魅力。

门的悬念
自律，来自被信任

■ 哲理的故事

学校大厅的门终于被踢破了。可怜的大门，自打安上那天起，几乎就没有一天不挨踢。十五六岁的少年，正是撒欢尥蹶子的年龄。用脚开门，用脚关门，早就成了不足为奇的普遍行为。学校教导员为此伤透了脑筋，他曾在门上张贴过五花八门的警示语，什么"足下留情""我是门，我也怕痛"，诸如此类。可是，不顶用。

大厅门破的那天，教导员找到校长："干脆，换成大铁门，他们脚上不是长着牙吗？那就让他们去'啃'那铁家伙吧！"校长笑了，说："放心吧，我已经定做了最坚固的门。"很快，旧门被拆下来，新门被装了上去。

新装的大门似乎挺有"人缘"，装上以后居然没有挨过一次踢。孩子们走到门口，总是不由自主地放慢脚步。阳光随着门扉旋转，灿烂的金色洒了少年一身一脸。穿越的时刻，少年的心感到了爱与被爱的欣幸。这道门怎能不坚固——它捧出一份足金的信任，它把一个易碎的梦大胆交到孩子们手中，让他们在对美丽的忧惧中学会了珍惜与呵护。

这是一道玻璃门。

■ **故事的哲理**

优秀的企业管理制度往往都有一个共性，那就是相信人！相信人都有求善之心、怜弱之情，进而相信人越是被信任时，这些求善、怜弱的积极光辉越会迸发，并转化为强烈的自律。反之，如果一味依赖外在的约束和防范，除了防不胜防，我们只能收获疲惫不堪。

拿破仑海战失败之谜
创新，从归零开始

■ 哲理的故事

1804年12月，拿破仑加冕为法兰西皇帝，史称拿破仑一世。他缔造了法兰西第一帝国，并以其赫赫战功，粉碎了五次反法联盟，使得法国成为欧洲大陆上真正的霸主，其控制地域从比利牛斯山延伸到涅曼河，从北海延伸到亚得里亚海。

可这位新皇帝虽然在陆地战场上所向披靡，但一提到海战，则立马泄气。之前法国海军一度被英国海军打得丢盔弃甲，如枯枝败叶，惨不忍睹。就在拿破仑一筹莫展之际，一位工程师突然求见。

他拿着图纸认真地向拿破仑讲解道："海战要获胜，关键在于必须改造现有的船只，将木质战舰改成钢制铁甲舰，将原来的布帆换掉，改成蒸汽机涡轮发动机。"刚开始还饶有兴趣的拿破仑一听到这两个建议，不禁勃然大怒。在他看来，木板改成钢板，船还能在水上漂着吗？砍了布帆，船靠什么前进，就靠图纸上那个长得像大茶壶的发动机，这不是疯了吗？他命令立即把他眼中的这个疯子带出去，并且进行处罚。

拿破仑最终也没能改进自己的战舰，在之后的岁月中，他遭遇了很多次海上战役的失败，并最终逝世于海上的一座孤岛上。而历史，的确因为他的判断改写了。

■ **故事的哲理**

昔日的冠军如果一直紧握老旧的武器当然很难战胜新的对手。商战竞争之激烈，使得很多曾经的巨人纷纷倒下，究其原因还是他们不愿意挥别昔日的所谓成功"模式"。

暖被悟禅
激励是一种艺术

■ 哲理的故事

寒冬夜，破旧庙宇中，小和尚沮丧地对老和尚说："这座小庙只有我俩支撑，周围的人都似乎不怎么支持，每次我下山去化缘，他们都对我很冷淡。看来，我们菩提寺要想成为大寺恐怕很难了。"

老和尚只是闭着眼睛静静打坐，过了一会儿，听到小和尚还在抱怨便说："你是不是很冷啊？不如我们早些睡觉吧！"

吹了灯，钻进被窝，一小时后，老和尚和小和尚对话如下：

"暖和了吗？""当然，像睡在阳光里！""你说是棉被把人暖热了，还是人把棉被暖热了？""当然是人把棉被暖热了啊！""既然棉被不能把人暖热，我们又为何要盖棉被呢？"小和尚想了想："虽然棉被给不了我们温暖，但可以保存我们身体的温度，这样就让我们睡得很舒服啊！"黑暗中，老和尚会心一笑："芸芸众生就是棉被，只要我们一心向善，就会把冰冷的棉被暖热，而这份温暖也会被'棉被'保存下来，那时睡在被窝里岂不很温暖啊？庙宇千顷、钟声不绝的大寺庙绝不仅仅是梦想！"

此后，小和尚还是坚持每天去化缘，不管遇到什么恶劣情况，他都耐心对待每一个人。十年后，菩提寺成为远近闻名的大寺庙，小和尚也成为庙中的住持。

■ 故事的哲理

如何能激励员工在资源条件不匹配的情况下超额完成任务？这需要的是管理者艺术性地改变员工的心智模式。美好的愿景以及坚定的组织信仰，是员工真心投入和付出不可或缺的前提。

赵无恤空手接班
不在于是什么，而在于看到什么

■ 哲理的故事

战国开启前夕，一个重要的立储事件正在进行中——晋国赵氏之主赵简子，正从儿子中选拔接班人。

一日，赵简子说："我在常山藏了宝贝，你们去好好寻找。"于是，儿子们赶到常山，几乎要挖山三尺。

随后儿子们拿回来的收获中，有名贵药材，有珍稀动物，也有人在山上发现了异石。但只有出身低微的儿子赵无恤两手空空，说道："我找到的宝贝大得很，实在拿不了。"赵简子道："愿闻其详。"赵无恤道："常山临'代'，'代'可取也！"可是如何取得？赵无恤说："占据常山，居高临下，四面出击，不停袭扰，待敌疲劳，聚而歼之。"

赵简子满意地点头，原来别人低头挖山寻宝时，只有赵无恤站在山顶，抬头遥望代国。继位后，赵无恤果然先取了代国，拿到了老爹藏好的"宝贝"。

■ 故事的哲理

同样的东西，不同的人看到的会完全不同。管理者如能经常反思："我能看到什么？还能看到什么？"就是最好的自我认知和自我测验。

学英语的老人
没有条件，恰恰具备"最好"的条件

■ 哲理的故事

清明节期间，我在路边突然遇到一位老人来问问题。这是一位特殊的老人，穿着一身洗得发白的老式蓝色工作服。意外的是，老人开口却问："我想问您一个英语单词。"

随后，我一边回答，这位老人一边从兜里拿出一小沓纸片，开始认认真真地记录。更意外的是，老人写的英文竟然也是用汉字替代——把单词的汉字谐音字仔仔细细地写上去。

看到笔者有问必答，老人开始接连发问，记录了二十个左右才心满意足。而且更让人惊讶的是，老人已能熟练地背出两百来个单词了！要知道，这可是一位最不可能学英语的人：按人们平常的认知，会认为这是一个没有英语学习条件的人，没有教材，没有底子，连汉语拼音也不会。但是，老人已经能熟练地说出他生活环境里的许多常用单词……

■ 故事的哲理

《把情商当回事》的作者曾莉认为，中国管理者群体最突出的特点是执行力弱。"因为中国管理者普遍爱论证。如果什么都要论证好才着手的话，那乔布斯的那些'不是人做的产品'就不会诞生了！"其实，这位"最不具备"学英语条件的老人，比许多管理者都具备了一样重要素质：没有任何多余的论证和负担。

不够沧桑不出手
颠覆性创新，来自沉淀和时机

■ **哲理的故事**

1981年，美国著名演员兼导演、牛仔精神的代言人克林特·伊斯特伍德花重金购买了一部电影剧本名叫《不可饶恕》。由于一直以来他的拍片速度很快，很多影迷纷纷期待这部电影杀青。

可让外界感到奇怪的是，从此以后，克林特这位红极一时的明星导演却淡出了公众的视线。他不仅将剧本束之高阁，也拒绝了很多邀请和演出。没有人知道他到底要干些什么，一晃十年就这样过去了，克林特已经65岁了，就在大家快将他遗忘之时，他突然带着《不可饶恕》剧组出现在加拿大的荒原上。

作为影片的导演和主演，伊斯特伍德一改曾经的快节奏，对每个细节都一丝不苟，他要求片场的所有场景、道具都要与美国19世纪西部的真实历史一致，这也使得影片的拍摄进度很慢，直到两年后才杀青。不过付出总会有回报，1992年，当克林特带着新作品横空出世时，很快就获得了影迷和影评人的一致推崇，特别是他自己在其中出演的那个落魄沧桑的老牛仔，更是颠覆了西部片中传统的牛仔形象。影片在当年一举拿下了第65届奥斯卡金像奖最佳影片、最佳导演、最佳男配角、最佳摄影4项大奖。有人表示，这是给他迟到的荣誉，十几年前就该获得了。克林特的回答则十分有趣：

"那时的我还不够老,不够沧桑,难以出演剧中的人物。"后来,他不止一次对外界表示,如果过早拍摄那部电影,就是一次简单的自我重复,长达十年的等待和蛰伏,消磨掉那些浮躁和青涩,他才能和剧本中的老牛仔形象真正合二为一。

■ 故事的哲理

创新,来自沉淀,来自时机。在一个争先恐后的时代,以为"创新"必然基于"频率",是一个误解,特别是对于真正颠覆性的创新。

搬个凳子做演讲
授人以"渔"

■ **哲理的故事**

20世纪50年代,他就读于印度维得亚沙格大学历史系。与其他学生相比,他身材瘦弱而且矮小,这让他有点自卑。但很快他的班主任就发现这个小个子聪慧过人,就鼓励他参加学校的演讲比赛。

临近比赛前一天,他突然找到班主任,表示要放弃比赛。老师追问原因,他吞吞吐吐地解释:"我个头太矮了,刚才在讲台上试了试,即使站得笔直,脸也不能全部露出讲台,如果大家连我的表情都看不到,我还怎么演讲呢?"

老师看了看他,微笑着说:"你可以搬个凳子去,站在凳子上演讲不就行了吗?"他愣了一会儿,说:"可是这样,大家都会嘲笑我的。"老师拍了拍他的肩:"你比的是演讲而不是身高,别人嘲笑算什么?因为在意小事而耽误了正事,这不是明智的选择。"

正式比赛时,他迎着大家诧异的目光,站在凳子上,淋漓尽致地完成了演讲并获得了第二名。正在他兴奋不已,准备要和老师一起庆祝时,老师却严肃地说:"刚才,你犯了一个不小的错误,你演讲完后怎么能把凳子留在台上呢?这样会给下一位选手带来麻烦,也会让观众看出你是一个不负责任的人。"他窘红了脸,这才意识到自己的错误,并深有感触地说道:"老师指导我带凳子上台，提醒我不要被小事所扰；老师指导我带凳子下来，提醒我不要事后留尾巴。"

他把这两条教训牢记于心，此后每次上台演讲都把凳子垫在脚下，演讲完后再把它带回座位。他就是印度前总统慕克吉，身高仅 1.52 米，却被誉为印度政坛的"搞定先生"。

■ 故事的哲理

最好的教育和培训都是开放式的，不仅仅是针对一两件小事，而是可以最终影响其价值观和方法论，使得学员和员工可以在此后漫长的岁月中，依然可以从中获益，而不仅仅是在当下修正了所谓的错误行为。

让毒蛇告诉你
从 Say No 到 Say Why

■ **哲理的故事**

迪梅普莱是法国 20 世纪 80 年代著名女高音歌唱家。她在郊外有一片私人园林，里面的景色非常优美，也特别宁静。每年，迪梅普莱都会抽出一两个月的时间去那里休闲度假，调节身心。

可不知从何时起，有人发现了这片园林，并且开始不请自来，结队前来拍照，甚至野炊和露营，把园子糟蹋得一塌糊涂。这可把平时负责照顾园子的老管家给急坏了，他向前来的游人宣称，这是私人园林，请他们离开。但这招一点也不管用。最后，他只能在园林里竖起了多块告示牌——"私人园林，严禁踩踏！""私家属地，非请莫入！"可游人丝毫没有把告示牌放在眼里，园林里依旧熙熙攘攘。

不得已，管家只好打电话把情况告诉在外面演出的迪梅普莱，请她想办法制止一下不守规矩的游人。迪梅普莱听后，沉思了几分钟后说："这事很好办，你把告示牌上的内容全部换掉就行了。""怎么换？"管家急切地问，同时拿出笔和纸来记录。迪梅普莱说："你在告示牌上这样写：'园林里的毒蛇繁殖很快，因此请千万注意脚下。如果不幸被咬到，请迅速驾车朝西行驶 30 公里，那里有一家距此最近的医院。但要切记，出发前务必先给他们打一个预约电话，该医院的抗毒血清经常短缺，常需要紧急从别处调运。'"

管家听后，先是一愣，而后明白过来，高高兴兴地去照做了。果然，自从这块告示牌竖出去，就再也没有人愿意到园子里来了。一个棘手的难题就这样被轻易解决了。

■ 故事的哲理

管人的艺术在于不仅仅制定规则，还在于真正影响他人的内心，使他人从强制遵守到自愿自觉，关键之处就在于紧抓本质，把管理目标和人们的切身利益捆绑在一起。

一张入场券开启的"新人生"
机遇都是"制造来的"

■ 哲理的故事

已故的香港著名实业家和亿万富翁霍英东先生，年轻时也曾经贫穷困顿。一个偶然的事件扭转了他的人生。

1945年，抗日战争结束，大批的战后遗留物资堆积在香港岛上，当时的港英政府准备拍卖这些剩余物资。霍英东对其中的40台轮船机器很感兴趣，他的朋友嘲笑他说："就凭你，能买下那40台轮船机器吗？"

霍英东摸摸口袋，身上只有15港元，只能买一张拍卖会的入场券，但霍英东在心里告诉自己："我并不是一无所有，我还能买一张入场券！"霍英东找到一些开工厂的朋友，向他们推荐这40台机器，结果一个渔船修理厂的朋友愿意出4万港元购买。这样一来，霍英东有了底气，用15港元买了一张入场券，以1.8万港元的价格拍下了这批机器，随后他收下了朋友的4万港元，霍英东获得了平生的第一桶金——2.2万港元。后来霍英东不管遇到什么困难，总是这样告诫自己："哪怕我的所有财产只够买一张入场券，但这张入场券足以开启我的新人生。所以说，只要保持积极的心态，你就永远不会陷入绝境！"

■ 故事的哲理

　　怀才不遇是懒惰者和怯懦者的托词。机遇绝对不是只给有准备的人，而是给积极去争取的人。更进一步，能调动全副武装发挥自己的能动性去制造机遇，才是真正的成功者。

把行李穿上身
创新力，是想象力，更是实践力

■ **哲理的故事**

约翰·鲍尔是爱尔兰一家公司的工程师，妻子和女儿居住在比利时的安特卫普，他每周都要搭乘飞机回家两次。每次回家，他都会带很多礼物和玩具。

鲍尔会选择搭乘一些比较经济的航班，但是每年乘坐飞机的费用累加起来，依然让他觉得难以承受，因为航空公司往往会针对乘客的行李收取额外的托运费用。鲍尔开始琢磨，如何才能节省行李的托运费用。经过细心观察，鲍尔发现一些经常搭乘飞机的"空中飞人"会想方设法把物品装在衣服口袋里。鲍尔灵机一动，如果设计出一款能装下更多东西的行李服，把行李携带在衣服里面，不就可以省下行李托运费了吗？

他买来轻质结实的聚酯纤维布料和裁剪工具，很快，一款名为Jaktogo的行李服问世，这款衣服里面有14个大小不同的口袋，能把15千克的行李"穿"在身上。更妙的是，脱下来一折叠就能变成一个挎包。从此以后，鲍尔就穿着自己设计的多功能服乘坐飞机，由于物品都被隐藏在衣服里，让他省了很多托运费用。很快就有乘客询问这件衣服是从哪里买的，鲍尔觉得这是一个大好商机，马上申请注册了国家专利。然后他买来一套制作衣服的设备，让赋闲在家的妻子按照他的设计图纸缝制，然后建立了网店专门售卖，很快这件售价 56 英镑的特殊外套掀起了前所未有的销售狂潮。

■ 故事的哲理

　　创新绝不是空想，更不能停留在最初的创意阶段，根本还在于果断再造产品和流程，用全新的视角看待固有的业务，夯实每一个细节才能获得真正的成功。

单腿站立的"时间"
自省力也是创造力

■ 哲理的故事

儒勒·凡尔纳是法国著名的高产作家，写出了 104 部科幻小说，其代表作《海底两万里》《地心游记》等，一直深受读者青睐。许多人都很好奇他为何能这么高产，对此他的妻子总是这样回答："所谓的奥秘，就是他从不放弃时间。"

不过，年少的时候，凡尔纳并不懂得珍惜时间，总是喜欢和人滔滔不绝地聊天，常常忘记时间。久而久之，人们渐渐不愿意和他聊天，甚至看到他的身影就急忙躲开。对于人们的反感，凡尔纳有些摸不着头脑。直到有一天，他遇到了一位大学教师，当他准备和这位学识渊博的学者聊天时，忽然发现对方微微抬起左脚，只用右脚单独站立着。

凡尔纳好奇地问："您为什么要这样做呢？"老师回答说："我是为了提醒自己，有些谈话，最好能在自己能够单腿站立的时间里结束。因为人生这样短暂，还有更多重要的事要做。"

老师的一番话，如同当头一棒，让凡尔纳羞愧不已。他决心要改变自己，于是开始认真学习，每天都将事务安排得非常紧凑。后来当凡尔纳成为知名作家之后，有位记者跑来采访他。当记者反复追问其成功原因，凡尔纳立刻俏皮地摆出单腿站立的姿势，笑着说："这就是我成功的秘诀。"

■ 故事的哲理

　　创造从改变自我开始，顿悟之后就是升华的开始，思维模式决定了你的人生会走向何处。与时间赛跑，比的不只是速度，还有每秒钟为了迈出那一大步而激发出自己能量的因素。正确把握自己与时间的关系，取得成功只是早晚的事情。

从 1 美元的吻到啤酒帝国
发掘创意，而非创意本身

■ 哲理的故事

越战期间，美国好莱坞曾经举办过一场募捐晚会，由于当时民众们的反战情绪比较强烈，募捐晚会以 1 美元的收获而收场。

在这场晚会上，一个叫卡塞尔的小伙子一举成名。他是苏富比拍卖行的拍卖师，这唯一的 1 美元就是他募得的。在晚会现场，他让大家选出一位最漂亮的姑娘，然后由他来拍卖这姑娘的一个吻，最后他募到了难得的 1 美元。

当好莱坞把这 1 美元寄往越南前线的时候，美国的各家报纸都进行了报道。这场募捐无疑是对战争的嘲讽，多数人也都把它当作一个笑料。然而德国的猎头公司认为卡塞尔是个天才。

他们认为卡塞尔的奇思妙想会是摇钱树，谁能运用他的头脑，谁必将财源滚滚。于是他们建议日渐衰落的奥格斯堡啤酒厂重金聘请卡塞尔为顾问。1972 年，卡塞尔移民德国，受聘于奥格斯堡啤酒厂。在那里，他果然不断有奇思妙想，甚至开发出美容啤酒和沐浴用啤酒，这使得奥格斯堡一夜之间成为全球最大的啤酒厂。此后，卡塞尔最引人注目的举动是在 1990 年，他以德国政府顾问的身份主持拆除柏林墙。这一次，他让柏林墙的每一块砖都变成了收藏品，进入全世界两百多万个家庭和公司，创造了城墙售价的世界纪录。

■ 故事的哲理

独具慧眼地挖掘出一个看似与己无关的创意，是一个优秀领导者的重要创举。

把第一部 iPhone 6 丢进啤酒里
发明家与创业家的区别

■ 哲理的故事

2014年9月18日，澳大利亚幸运地成为全球首批发售 iPhone 6 手机的国家和地区之一，全球的狂热"果粉"更是在几天前就聚集在澳大利亚的各个苹果旗舰店门口。其中，有一个名叫迈克尔的中年男子，他希望能抢到第一部 iPhone 6 手机。可惜的是，当他早早赶到位于布里斯班的苹果旗舰店时，他的前面已经有了一个年轻人在排队。迈克尔判断这家旗舰店应该会最早发售手机，可他似乎不能成为第一个拿到 iPhone 6 的幸运儿了。为了让小伙子让出第一的位置，他和小伙子讨价还价起来，最终以 3000 美元成交。大家都觉得他太疯狂了。

正如他所期待的，这家店的确最早开始出售 iPhone 6 手机，迈克尔也如愿拿到头彩，门口很多记者都准备采访这个疯狂的"果粉"。谁知他很快打开盒子，开机，用新手机给自己拍了一张照片。接下来，他从行李包里取出一瓶啤酒和一个大啤酒杯，然后他将啤酒打开倒入杯子，最后把手机扔了进去。

旁观的人都惊呆了。迈克尔却非常淡定，还端着泡有手机的啤酒杯喝了几口，这才慢悠悠地从行李里中拿出一包密封的液体物质。接着他从啤酒杯中拿出手机，打开这包神秘的液体包向大家展示，进而拆下了手机电池，然后又把手机丢了进去，浸泡了好几分钟，才再次拿出来。周围的人开始起哄，认为他真的疯了。

迈克尔终于开口说："现在，我在空气中把手机晾干 24 小时，明天就可以再次开机，大家就可以看到我的自拍照了。"周围的人们更加惊奇了，开始围着迈克尔要问个究竟，但迈克尔一言不发就离开了。第二天一早，迈克尔就主动联系起围观的几个记者，向他们展示之前的那部手机。神奇的事情发生了，那部手机真的可以开机了。这时，迈克尔才直言：自己其实供职于一家手机维修公司，他们发现液体本身并不会侵蚀手机，导致浸湿手机出现问题的其实是其中的矿物质。于是他们公司经过长期研究研制了一种化学溶剂，当手机被液体浸湿时，只要拿掉电池泡上 7 分钟，再烘干 24 小时就能成功重启。记者们恍然大悟。最终，迈克尔的苦心并没有白费：神奇的维修溶剂修复苹果手机的视频被全球广泛传播，他还没有起程离开澳大利亚，世界各地的产品订单已像雪片一样飞向了他们公司。

■ 故事的哲理

再好的创意，再好的产品，如果没有一个足够吸引眼球的平台，也只能是自娱自乐。懂得借势，是发明家与创业家的重大区别。

小橡皮圈拯救轰炸机
设计决定品质

■ 哲理的故事

第二次世界大战期间，美国军方为"起轮事故"的频发头疼不已。许多飞行员在降落后，总会在收起侧翼时误将轮子收起。可以想象，飞机在陆地上滑行时收起轮子，有多么危险。

为了解决这个问题，军方请来一位心理学专家——阿尔方斯·查帕尼斯中尉。查帕尼斯中尉提出了自己的疑问：为什么这些飞行员会如此粗心？他们太过疲劳吗，还是他们太早放松警惕，觉得完成艰巨任务后可以就此"放手"？或者是在培训他们时出了什么岔子？

很快，一条线索浮出水面：问题只出在驾驶 B-17 轰炸机和 B-25 轰炸机的飞行员身上，而运输机飞行员不会犯这样的错误。这条线索帮助查帕尼斯中尉打破了自身的偏见：他决定不再从飞行员的大脑中找原因，而是去看一看他们的驾驶舱。

在这些轰炸机的驾驶舱里，机轮控制杆和侧翼控制杆紧挨在一起，看上去一模一样。相比之下，运输机的控制杆布局就非常不同。

发现这一问题后，轰炸机的驾驶舱从此改头换面。在此之前，军方的关注点一直在飞行员培训和如何确保飞行员时刻保持警觉上，并且着重于培养那些不会出错的"优秀飞行员"。而查帕尼斯中尉，仅仅在着陆时变速杆的末端安装一个小橡皮圈，就解决了轰炸机存在的问题。

■ 故事的哲理

很多时候，人们常常将过错归咎于一个非常复杂的原因，比如改变人的行为。而事实上，一些看似复杂的问题，通过一个小小的改变就可以得到改善。

出租"公主"
从满足"自我需求"觅商机

■ 哲理的故事

丽贝卡·拉塞尔是美国华盛顿州的一名民间歌手。有一天,她受邀参加了一个女孩的生日派对,女孩的姑姑是一位印第安公主。有公主参加的派对,场面热烈而隆重,令在场所有参加派对的小朋友都羡慕极了。

几天后,拉塞尔也在家里为 8 岁的女儿举办了一场生日派对。那天女儿邀请了很多同学和邻居。派对现场很热闹,孩子们都身着礼服,享受着美食,翩翩起舞或做游戏。派对结束后,拉塞尔本以为女儿会很高兴,岂料女儿竟不满足:"要是白雪公主能来参加我的生日派对,那就再好不过了!"

这让拉塞尔一下想起有印第安公主参加的派对,只因公主出席一下就堂皇无比……这不正是巨大商机吗?美国很多家长都会在家中为子女举办类似成年人舞会的派对,如果孩子们的派对能有一位公主光临,孩子们岂不更感快乐?

可毕竟真正的公主没几个,何不专门出租"公主"赚钱呢?拉塞尔很快开办了一家名为"弗吉尼亚公主派对"的服务公司,专门为派对提供出租"公主"的业务。具体业务是:"职业公主"扮成灰姑娘、白雪公主等小朋友喜欢的童话故事中的热门角色,上门陪小朋友开生日派对。一般一次派对按两小时收费 220 美元。

拉塞尔在美国各大网站上打出"出租'公主'"广告后，很快就迎来了第一单生意。客户要求拉塞尔扮成英国路易丝·温莎公主，去参加女儿 9 岁生日派对。在两小时里，拉塞尔带领 9 个女孩和 4 个男孩，在家中唱歌、跳舞、在脸上画涂油彩、做魔法棒……

自此，拉塞尔的名字在华盛顿州"一炮走红"。经过孩子们的口耳相传，很多家长都知道了出租"公主"业务。有时一个周末她就要赶 4 场派对，拉塞尔又雇了 5 名"公主"。

公司开业两年多来，拉塞尔参加了 800 多场派对，给孩子们带去快乐的同时，也为自己带来了源源不断的财富。

■ 故事的哲理

很多时候，商机就在我们周围，关键在于如何洞察和抓住这些灵感，并在不断发现需求和满足需求中获得创意。只是人们常忘了，自己恰恰也是一个最挑剔、最了解用户需求的消费者。

可口可乐瓶的"快乐重生"
关注身边的微创新

■ **哲理的故事**

2014年5月,即将走出校园的小伙子安德鲁被全球著名广告公司奥美公司录用。

一天,奥美公司接到了可口可乐公司的一个订单:设计一期以环保为主题的创意活动。安德鲁接到了这项任务。很快,一份以"废旧瓶换饮料"为主题的活动方案出炉了。

但这份设计方案并没有得到上司的认可。午饭期间,安德鲁要了一瓶可乐。拧开瓶盖后,由于餐馆温度高,加上安德鲁开瓶时晃荡了几下,瓶盖一开,可乐便从瓶口喷射而出,他急忙用手去堵瓶口,谁知瓶内的压力更大,喷了他满身的可乐渍。午饭后,安德鲁不禁拿出那个可乐瓶琢磨起来。

"这简直就像一个喷壶,难道就不能在这上面做点创意吗?"突然,安德鲁眼前一亮,如果给瓶子设计一个合适的盖子,那么瓶子不就可以改造成一个喷壶了吗?如果给那些废旧瓶子加上相应的盖子,那么,那些废旧的瓶子不就都可以变成新的工具了吗?

回到单位后,安德鲁马上开始就这个创意进行策划。他通过查阅资料发现,好多人在喝完可乐之后都会将废旧瓶子重新利用。还有一些小饭馆甚至在瓶盖上钻一个孔,用来盛放食用醋等调味品。

受到启发后,安德鲁试着设计了几款不同的瓶盖,将这些瓶盖安到旧可乐瓶子上,旧可乐瓶瞬时就变成水枪、笔刷、照明灯、转笔刀等工具。试验成功之后,方案很快就策划好了,当安德鲁拿着这个方案再次给主任看时,主任惊讶地竖起大拇指,给予了很高的评价。

几天后,公司会议通过了这个方案,并得到了可口可乐公司的高度赞许。2014年12月,可口可乐联合奥美中国在泰国和越南发起了"快乐重生"的活动。在活动中,可口可乐免费提供16种功能不同的瓶盖,只需拧到旧可乐瓶子上,就可以将瓶子变成各种各样的工具。

■ 故事的哲理

其实,生活中只要有了创意,即使是一个被丢弃的塑料瓶子,也可能变废为宝。同时,这也是一个顾客创造的时代。很多时候,与其自己去思考如何创新,不如发动消费者去成为设计师,可能会产生意想不到的创意。

种出来的家具
跨界联系决定创新空间

■ 哲理的故事

英国青年加文是一位著名的家具设计师。2005年的一天，一位年轻顾客来到加文的家具店，转了一圈后露出失望的神情。加文问他想要什么样的家具。顾客说他在自己的庄园里开了个露天餐厅，想买几套具有自然情调的桌椅，可惜一连跑了几家，都没买到。望着顾客的背影，加文陷入了沉思。

不久，加文到公园参加朋友的婚礼。他看到公园里经园艺师精心修剪的沙发、孔雀、猴子等造型各异的观赏植物，突然想到，如果能够直接把树木种成椅子的形状，再加工成家具，其独特的造型、纯天然的质地，一定会很受消费者欢迎。

经过考察，加文在德比郡威克斯沃思附近租了一大片荒地，购买了几百棵适宜塑形的柳树、橡树、榛树等树苗进行种植。为了尽快达到预期目标，加文尝试着用化学方法控制树苗长势。当看到树叶变得发黄枯萎时，加文意识到"欲速则不达"，于是果断放弃了化学方法，继而寻求其他途径控制树苗的生长。

就在加文日夜思索该采用何种办法塑形最有效时，加文的牙病犯了。牙医拿出制牙模具，为加文量身定制假牙。看到模具的那一刻，加文意识到这正是解决树苗塑形的办法。

很快，加文根据家具的类型设计了 150 个扶手椅塑胶模型、100 个柱状灯罩和六边形镜框塑胶模型，分别安置在相应的树上。

附近村民看到加文怪异的植树方法很不理解并嘲笑他："这真的能长成椅子吗？不会搞错吧？"还有的村民认为他是个疯子、怪人。加文不理会别人怪异的眼神，严格按规定时间塑形，让树木在阳光、空气、土壤中吸收养分，茁壮成长。在加文的苛刻要求下，一把精致的树椅，从栽种到收获，要历时 4 到 8 年时间。

10 年后，加文"种"的家具终于成形，收获后加以打磨加工即可出售。消息一传出，订单便源源不断。目前，加文的首批产品已在法国和美国预售。其中，椅子售价 2500 英镑，灯罩售价 900 英镑，镜框售价 450 英镑。这种"一体成形"的家具，一经问世便供不应求。

■ 故事的哲理

所有的创新都是依据客户的需求。看准市场，并付诸行动，虽然不能立马获得成功，但若加上独具一格的欲望与恒心，再加上跨界联系的意识与能力，往往决定变革创新的边界与空间。

企业为何"倒贴钱"做环保？
共享时代倒逼"供给侧"

■ 哲理的故事

2015年1月，戴姆勒（奔驰）集团和重庆市政府联合推出一个汽车即时共享项目。在这个项目里，"主角"Smart汽车散布停放在重庆各大街区。用户只要下载"即行car2go"的手机客户端，就可以随时查看身边哪儿有可以租赁的Smart汽车，用户通过充值的方式激活汽车的使用服务。奔驰公司通过定位技术在后台统一管理这些Smart汽车，用户可以随时开。项目是按用户使用汽车的时间计费，用户也可以随时停，项目后台的工作人员会协调好汽车的资源分布。这个项目推出后，已经得到了一个可喜的数据——一辆"汽车即时共享"的车，可以替代十三辆私家车。

同时，欧美一些发达国家近年来也纷纷流行起付费使用的洗衣机，高喊要"环保"。这样的洗衣机，是厂家低价租给用户，或者直接免费提供给用户。用户每洗一次衣服，需投一欧元硬币。对用户来说，付费使用的洗衣成本与自己购买的洗衣机的洗衣成本差不多，对洗衣机的生产厂家来说，他们通过收费赚的钱与之前直接卖洗衣机赚的钱也差不多。

可为什么他们非要做这样的改变？这和环保又有什么关系？其实理由很简单：厂家免费提供给用户洗衣机，不赚钱反贴钱，他们要想赚与原来同样多的钱，甚至赚更多的钱，就要将洗衣机生产得非常耐用。那样一来，他们生产的洗衣机大大减少，能源消耗就少，也自然达到了环保效果。

■ 故事的哲理

具有可持续发展眼光的企业，对于"环保"的理解，其实就是要摆脱生产大量垃圾产品的现状，做到产品"少而精"，让每一件产品都最大限度地发挥出使用价值，同时，尽可能减少对自然能源的消耗。

没有大师的"大师级摄影"
外行技术成就内行颠覆

■ 哲理的故事

一家摄影机构,没有绚丽的实景影棚,也没有专业的摄影师掌镜,背景不过是四白落地的墙面,工作人员逗逗孩子、点点鼠标就可以完成拍摄,这听上去是不是有些不可思议?

智能摄影系统的发明人王凯,看到很多二、三线城市影楼拍摄水准十分落后,就萌生了利用IT技术把摄影智能标准化的念头。很多业内人士认为这是异想天开,讲究个性和艺术的摄影怎么可能标准化?王凯找到美国管理信息系统博士戴瑞帮忙解决技术问题。他虽然不懂得摄影,却深知怎么把想法变成现实。

经过一千多天的反复设计、实验、调试,王凯和戴瑞终于发明出世界上第一套智能摄影系统,取景、构图、用光、焦距、背景全部由计算机控制。它用电脑模拟出国际顶尖摄影师的用光技法,通过分析、组合,将灯光数据提前预置进相机,在现场只需按动快门,就能将拍摄对象与背景的光影完全契合,呈现出大师级作品。

王凯将智能摄影系统顾客定位为儿童,大获成功。家长在电脑上看示例照片作参考,选择喜欢的背景套系,再帮助孩子换上符合情境的服装;小顾客可以与非洲野生动物合影,可以进入微观世界和昆虫一起舞蹈,甚至可以骑着火烈鸟去看超级月亮，孩子可以与虚拟背景中的环境真实地融合在一起。拍摄中，孩子只要跟着引导员玩耍就行，另一位工作人员坐在电脑前，随时调整固定着相机的机械臂高度，只要轻点鼠标，就能完成拍摄。

这套智能摄影系统汇集了顶尖摄影大师的技能，还有超过15项专利技术。王凯使商业摄影大规模、高品质复制成为可能。

■ 故事的哲理

一个产业的颠覆，往往来源于新技术应用下的创新。跨界看似很难，事实上是创新的思路和意识很难。而当你把创新的思路与技术结合起来，所产生的化学反应可能谁也无法预料。

巴瑞尔的"一人"餐厅
极致出商机

■ **哲理的故事**

美国纽约州有一家需要提前五年预约的餐厅。

餐厅的老板达蒙·巴瑞尔是个 40 多岁、开朗的中年男人。他生活在美国纽约州厄尔顿小镇,这里极其偏僻,很多人都搬走了。一年前,镇上的最后一家餐厅也搬走了,巴瑞尔面临失业。

一个大雨滂沱的日子,纽约某大公司业务员科林外出谈业务,却因坐错车到了厄尔顿小镇。被淋透的科林又冷又饿,巴瑞尔便请科林回自己家,让他洗个热水澡,自己则烹制菜肴与他共享。

科林被厨房的香味吸引,便一边同巴瑞尔聊天,一边参观他的烹饪过程。巴瑞尔的脸上始终洋溢着灿烂的笑容,他非常熟练、细致却又慢悠悠地做着每个动作。科林为巴瑞尔的精湛厨艺感到震惊,更被他从容的生活态度所感染。

一个小时后,科林吃到了一顿精致、美味的午餐。"这是我工作后吃到的最美味的一餐。大都市里的生活节奏太快了,人们多需要释放一下自己的胃和身心!巴瑞尔,你开一家餐厅吧!"科林说。

巴瑞尔却摇摇头:"但我希望每天只接待一个顾客。"科林鼓励他:"那就开一家只有一个店员和每天一个顾客的餐厅!"

第二天，巴瑞尔就行动了。他家有一个 4.8 公顷的院子，在这里种着各种蔬菜、水果和香料。除海鲜类原料需外购，其他食材均可自己种植和加工，这里有最新鲜、最原汁原味的佳肴。

巴瑞尔接待的第一个顾客，就是科林的上司黛西。之后，巴瑞尔的餐厅在顾客们口耳相传中有了知名度。尽管餐厅消费额人均高达 250 美元，但顾客络绎不绝。在长达五个小时的用餐时间里，顾客可以听音乐、欣赏小镇风景、观看烹饪全过程，甚至学上几招烹饪秘诀，之后再慢慢享受大餐，顾客能暂时远离都市的快节奏生活，充分享受"慢食"的乐趣。

■ 故事的哲理

当产品创新本身已很难形成持续卖点时，在基于场景的极致服务层面加以大胆创新，往往事半功倍。

从痰盂工起步的成功
相比于拥有什么，更重要的是你接触到什么

■ 哲理的故事

西德尼·温伯格是著名投资公司高盛的前掌门人。16岁时，身无分文的他和好友雷恩一起到美国华尔街求职。接连受挫后，两人约定，哪怕有清洁工的岗位也要争取。他们走进一栋宏伟的交易大厦，然后挨个办公室询问是否招人，但是从早上一直问到晚上，都没有结果。最后高盛公司的一位员工告诉他们："明天你们可以再来问问，好像大堂需要个清痰盂工。"两人疲惫地离开了大厦。雷恩抱怨起来："我们竟然只能去替人清理痰盂，这活打死我也不干！"温伯格叹了口气，宽慰道："这里环境不错，估计痰盂也不会太脏吧。"雷恩摇摇头说："当清洁工是我的底线，比这再低档的活，绝对不行！"

第二天，温伯格独自来到高盛，果然当上了清痰盂工。这个工作虽然让人瞧不起，但有许多空闲时间。每天早晨温伯格忙完后，便跟着公司的人学习金融知识，还结识了很多朋友。没多久，他被推荐到传达室当了领班，此后青云直上，38岁就当了高盛总裁。

这时，还在当清洁工的雷恩来拜访，看到温伯格的办公桌上摆着一个铜质的痰盂，便说："你都是总裁了，还留着它干吗？"温格伯说："为了纪念我的职场第一步。有时，人生的转机就藏在我们降低的预期中，哪怕只是一小格。"

■ **故事的哲理**

什么是机会？不是现在拥有的薪酬与职位，而是你现在能够接触到的环境是不是能够影响你的未来。

在"麻烦"中找商机
为图方便而创新

■ 哲理的故事

治疗跌打损伤的"虎油",其疗效早被证明,但其销量一直停滞不前,厂商也从来没有想过为什么。

涂抹虎油这种液态药品时,如果不使用棉球,用量就会失控,药物在身体上随意流淌,在衣服上留下难以清洗的污渍,其难闻的气味非常浓烈,令年轻女子宁愿忍受疼痛也不愿涂抹。外地游客本来想购买带回家,但因飞机上禁止携带这种气味难闻的药,只好放弃购买。

就在原厂商对这种麻烦浑然不觉时,一家日本公司看到了商机。这家公司开发出了一款唇膏式虎油产品。它看上去像一管唇膏,药油由液态变成了固态,使用时只需拧开管套,像使用唇膏一样涂抹至损伤处,不用担心药油四溢,固态油挥发性远低于液态油,只有轻微的异味,而且飞机上不禁止携带。此产品一推出市场,销量就很大。

任何一个产品都是因某个或某些麻烦做出来的,或者说任何一个产品都是某个或某些麻烦的解决之道。懂得了这个道理,才能开发、设计出一款有竞争力的产品。

■ **故事的哲理**

　　创新真的有那么难吗？一定是要从无到有吗？事实上，可能只是一点点形式上的改变，就可能开创出一片大市场。

比"小"的比利时啤酒文化
比规模更重要的是独特

■ 哲理的故事

　　荷兰小伙子卢卡斯极其钟爱邻国比利时的啤酒。五年前，卢卡斯辞掉工作，去比利时安特卫普市创办了一家啤酒酿造坊。卢卡斯虚心、刻苦地向当地人学习酿造技艺，加上天资聪颖，他酿造出的啤酒口感极佳，吸引了不少顾客。

　　每年10月上旬，比利时都会举办一次与众不同的啤酒节。三年前，有个老客户建议卢卡斯带着自己的啤酒去参加。卢卡斯心想，自己的啤酒酿造坊规模太小，还不够资格参加。

　　经过三年的苦心经营，卢卡斯的啤酒酿造坊发生了天翻地覆的变化——它已经发展成为安特卫普市一家规模不小的啤酒制造企业，年产量在100万升以上。

　　有一年8月底，卢卡斯带着自己的许多啤酒样品，来到啤酒节报名处。工作人员奥金看到卢卡斯在"年啤酒产量"一栏填写上"100万升+"时，却皱起了眉头。"是不是这个规模不够大？"卢卡斯忐忑地问道。"不，这个规模是太大了。我们有规定：只有年产40万升以下的小啤酒商才能参加。所以，您无法参加本次啤酒节。"

　　原来，很多比利时小厂商都"胸无大志"。他们不仅将酿造啤酒作为一项营生,更将其视为一门珍贵的手艺。所以他们拒绝大批量生产,坚定地生产出"口味独一无二"的啤酒,以至于一位驻比利时的外交官,每天坚持品尝一款啤酒,直至三年后离任时依然没能尝遍。

卢卡斯对比利时人的啤酒酿造精神更加敬佩,想起自己创办啤酒坊时的初衷——找出比利时啤酒香浓的奥秘,即拒绝大品牌。比利时人酿造啤酒是对传统的守望、对品质的笃定、对创新的鼓励。

■ 故事的哲理

什么土壤诞生什么行为,产生什么结果。美国式思维的资本正在孵化诸多个性化企业的同时,也在扼杀很多企业主成长中的个性。而欧洲,对于价值评判的多元化,正是守望品质与个性的重要土壤。

Chapter

5

从"为我所有"
到"为我所用"

"你可以不知道下属的短处,却不能不知道下属的长处。"张瑞敏如是说。因为用人是用其长,而不是用其短。只挑缺点、不挑优点的人,不适合担任管理工作。

——杨沛霆

猴子与表
没有哪种资源是多多益善的

■ 哲理的故事

森林里生活着一群猴子，每天太阳升起的时候它们外出觅食，太阳落山的时候回去休息，日子过得平淡而幸福。

一名游客穿越森林，把手表落在了树下的岩石上，被猴子"猛可"拾到了。聪明的"猛可"很快就搞清了手表的用途，于是"猛可"成了整个猴群的明星，每只猴子都向"猛可"请教确切的时间，整个猴群的作息时间也由"猛可"来规划。"猛可"逐渐建立起威望，当上了猴王。

做了猴王的"猛可"认为是手表给自己带来了好运，于是它每天在森林里巡查，希望能够拾到更多的表。功夫不负有心人，"猛可"又拥有了第二块、第三块表。但"猛可"有了新的麻烦：每只表的时间指示都不尽相同，哪一个才是确切的呢？"猛可"被这个问题难住了。当有下属来问时间时，"猛可"支支吾吾，回答不上来，整个猴群的作息时间也因此变得混乱。过了一段时间，猴子们起来造反，把"猛可"推下了猴王的宝座，"猛可"的收藏品也被新任猴王据为己有。但很快，新任猴王同样面临着"猛可"的困惑。

■ **故事的哲理**

　　对于战略的制定，简单的明确往往是比繁复的准确更重要的。而对于资源的拥有，多多益善的想法往往是狂妄的幻觉和悲剧的发端。

索罗斯的糖果
永远不要掏空自己的口袋

■ 哲理的故事

"二战"时,金融大亨索罗斯还是个小孩。那时他们一家都生活在匈牙利首都布达佩斯,属于德军占领区。作为犹太人,为了避免纳粹屠杀,躲藏就成为索罗斯一家生活的主题。

但他们找来找去,一直没有合适的地方。直到有一天他们发现了一个隐蔽的地下室,一家才暂时安定下来。

可是很快,地下室的沉闷生活就令小索罗斯感到乏味。为了让儿子开心,老索罗斯就建议大家一起来玩游戏打发时间,而奖品就是那时候很珍贵的糖果。

第一局小索罗斯胜了,赢到了一些糖果,他兴高采烈地立刻吃了几块。接着一局,他再胜一次,又赢得了一些糖果,他干脆高兴地把所有糖果一下子吃光了。因为这时他坚信,自己的好运气会一直持续下去。

很快,小索罗斯就发现自己错了。之后父亲赢了一局又一局,而索罗斯只能看着别人吃香甜的糖果。

最后父亲语重心长地教训他说:"孩子,你为什么要将糖果全吃掉呢?幸好这只是一个游戏,如果这次是你和别人赌钱,可能一双手都会输掉!"

■ **故事的哲理**

　　这是索罗斯受用一生的信条：即使你口袋里有再多的糖果，也不要一下子全吃光。因为那些永远存在的未知突变，会让你不知所措。不论是游戏还是人生，我们在做决策时，必须给自己留下退路。商业之路注定充满冒险，但冒险绝不是孤注一掷，而要随时察看自己的口袋，知道自己和组织的底线究竟在哪里。

跳舞与税官
"找对人上车"是用人真谛

■ 哲理的故事

大文豪伏尔泰在作品《查第格》里曾讲了这样一个故事：国家想物色一名清廉的税务总监，想请查第格帮忙出主意。

于是，查第格建议：在一条阴暗狭窄的走廊里放满金银珠宝，首先让应聘者依次通过这条走廊，然后再让他们跳舞。那个舞姿最轻盈的人，就是税务总监的最佳人选。因为偷了金银珠宝的人，是不敢放开手脚跳舞的。

果然，在数十名应聘者中，只有一个人迈出了轻盈的舞步，其他人都因为偷了走廊里的金银珠宝藏在身上，而个个舞姿笨拙，丑态百出。

■ 故事的哲理

一句"人心隔肚皮"的感慨，使得不少企业对新员工的甄选缺少信心，进而寄希望于培训和运气。殊不知，即便是挑选基层员工，也必须在最初环节就对其职业素养、品格特征进行严格筛选。上岗后培训固然重要，但找对人上车才是更高效的用人真谛。当然，这一切都有前提，企业首先要清晰地知道所招聘的岗位究竟需要什么样的人，有了清晰的诉求，才会找到有效的工具。

流浪汉的需求
"人",意味着差异

■ 哲理的故事

从 2005 年起,每年冬季一到,德国汉诺威警察局便会出动警员四处巡逻,劝说街道上的流浪汉们搬到政府提供的救济站里去,以防他们冻伤。可让这些警察感到无奈的是,这些流浪汉似乎并不领情,依然席地而睡。

时间一晃到了 2011 年的新年,在警察局局长和媒体记者的共同陪同下,汉诺威市长准备了一些红包,准备亲自分发给这些街头流浪汉,并希望帮助他们更好地度过寒冷的冬天。可是让市长感到尴尬的是,他走到一个年迈流浪汉地铺前嘘寒问暖一番后,那个流浪汉似乎根本不为所动。市长急了,最后问道:"你到底最需要什么?我们一定想办法满足!"出乎所有人预料的是,答案只简单两个字——"安宁"!原来,对这些露宿街头的人来说,每晚由于川流不息的车辆以及汽车的鸣笛声而被吵得难以入睡,是他们感到最痛苦的事情。

第二天,这条新闻震撼了整个汉诺威,原来这些流浪汉需要的不是红包,不是棉被,更不是问候,而是能够睡上一个安心觉。由此市长向全体市民发出呼吁:夜间出行,请开车族避开那几个流浪汉聚集的街区。如果实在避不开,请尽可能保持安静。而同时,这些街区的商场橱窗在晚间 10 点之后必须熄灯,这样才能使那些露宿街头的人享受一夜好眠。

■ 故事的哲理

不论产品研发,还是内部管理,当我们高喊"以人为本"时,往往会含糊那个"人"是谁,而下意识地"推己及人",因而出现即便我们用心良苦却终因没有真正抓住对方的需求而事倍功半的尴尬。以人为本,恰恰意味着要学会关注不同的人截然不同的需求。

甩不掉的"强盗"
魔鬼的一部分，就是你自己

■ 哲理的故事

一个年轻人赶山路，走在一条偏僻的小道上。太阳下山了，黑夜降临，忽然他感到害怕，因为附近过来了一群人。他想："这些人可能是强盗，现在就我自己，怎么办呢？"于是他翻过附近的一道墙，发现自己来到了一个墓地。那儿有一个新掘的坑，他就躲了进去，闭上眼睛，让自己冷静下来，等着那批人过去。

但那群人也看见了他，而且看到他突然越过墙头，这不禁使他们紧张："怎么回事？有人躲在那干什么见不得人的事吗？"于是他们全都越过墙头。

现在年轻人肯定了："我是对的，他们很危险，但现在毫无办法，只好装死了。"于是他屏住呼吸。那群人围在坟墓四周，说："你在干什么？"年轻人睁开双眼，看看他们，确定没危险后笑了："看，这是个问题，你们问我为什么在这里，我还想问你们为什么在这里呢？我在这里是因为你们，你们在这里又是因为我！"

■ 故事的哲理

如果你觉得自己的事业和生活成了一张难以挣脱的"网"，那么织这张"网"的手，至少有一只是你自己的。

禅师的甜瓜
拿什么驾驭乖张另类的新一代

■ 哲理的故事

广正禅师在寺院门外的山坡上种了两亩甜瓜。瓜熟蒂落的季节,除了寺里的众僧受用,他还把大量的甜瓜分给前来烧香拜佛的施主和信众。可是,夜深人静,常有山下村里的几个孩童前来偷瓜。让村人意外的是,广正禅师对此似乎并没有在意。他想到的却是另外一个问题,孩子们怕被发现,常常夜里光顾,可是夜间田地里往往会有毒蛇横行。怕孩子们不安全,他总是提前将瓜摘下来,放在地头。前几次,孩子们很高兴就将广正禅师准备的瓜拿走了。

三番五次之后,不知是否被禅师的行动所感染,孩子们竟然不再来偷瓜了。再后来,让广正禅师感到分外欣喜的是,他常常在自己的地头或者寺院门口"捡到"一些红枣、黄梨什么的,这分明是知恩图报的孩子们给他的回馈。

■ 故事的哲理

管理者拿什么感染那些看似乖张另类的新一代员工,进而实现主流的纠偏求正?绝不是指责,有时也未必是赞美。而是那些无声胜有声的正面行动,并且不断反复,直到"善"终于获得了"真"的印证,才能成为管理之"美",并让管理者获得坚实的领导力和积极的正能量!

扔掉千万元

最昂贵的成本，是让人才失而复得

■ 哲理的故事

抗日战争后期，在福建汀江机场，放着英美政府为中国印制的钞票，共79箱，7900万元。美军"美人鱼"机组负责将这笔钞票运到重庆。那天下午两点飞机起飞，不久就钻入了云层。起初是碰上了小雨，后来一大块黑云扑来，飞机的视野越来越差，之后更是下起了冰雹。飞机的各个部件，从无线电天线到螺旋桨都开始结冰。

飞机的重量突然增加一两倍，发动机承受不了了，缓慢开始下坠，情况十分危急。地图上标明沿途都是海拔 3000 米左右的无人区，飞机下坠后，即便机组成员成功跳伞也未必会安全生还。危难中，机长威尔逊灵机一动，想到了扔掉货物减轻重量的办法。他先让别的飞行员驾驶飞机，并阻止了那些急于跳伞的士兵，之后他则迅速赶到货舱，用手枪把冰封的舱门打开，接着组织机组人员，把一箱箱钞票扔出机舱。

箱子终于被扔完了，飞机穿出了云底，又可以拔高了，机组人员的安全也可以保证了。但由于 7900 万巨款被"空投"，返航后，威尔逊做好了接受军事法庭审判的思想准备。见到上司汤姆斯将军后，他简要介绍情况后径直说道："扔钱是我下的命令，与机组任何人无关。"没想到将军连头都没抬，也没停手中的工作："您做得对，机长先生，只要人平安就好，钞票可以再印，飞行员却印不出来！"

■ 故事的哲理

　　一个资源的价值，不是在你拥有或失去时，而是在你失去又希望重新拥有它时，才能充分彰显出来。因为，失而复得所需花费的成本，永远是异常昂贵的。而在各项资源的失而复得中，能引发最高成本的，永远都是人才。所以，支撑"以人为本"的，不是绚丽的标榜，而是切实的成本，以至于"钱"根本不是问题。

无所不能的鼹鼠
"通才"的悲剧

■ 哲理的故事

鼹鼠十分自豪地宣布，自己掌握了五种技能：飞翔、游泳、爬树、掘洞和奔跑。它认为自己可以称霸整个森林。它心里想，雄鹰飞得高，但它会游泳吗？老虎跑得快，但它会飞翔吗？它把自己和各种动物比了个遍，觉得自己真的太厉害了。

有一天，鼹鼠正在向几只老鼠炫耀自己的五大技能，一只老虎突然出现在它面前："小兄弟，你在说什么？"鼹鼠吓得魂飞魄散，撒腿就跑。但是它用尽力气跑了半天，老虎几步就追上来了。没办法，它慌忙爬上一棵树，刚感到安全一点，谁知一只金钱豹又蹿了过来，三下两下就蹿上了树顶。情急之中，鼹鼠张开四肢飞到空中，但是它的"翅膀"并不能像鸟的一样扇动，只能滑翔。一只雄鹰轻轻扇了两下翅膀眼看就要抓住它了，它往下一看正好有湖泊，因此顺势就钻进了水中。它正想喘口气，一只水獭已经埋伏在那里了，箭一样向它扑来。鼹鼠赶快逃命，就在它狼狈不堪地想爬上岸掘洞藏身时，水獭已经牢牢抓住它："兄弟，我想要领教领教，你还有什么妙招啊！"此时的鼹鼠早就昏死过去了。

■ **故事的哲理**

通才不是万能胶。如果不能将自己的各项优势加以整合发挥,形成独到的综合性竞争力,而只是单项比拼、就事论事,那么在一个专业化成为竞争基础的时代,作为在每一个领域都是二流而看似无所不能的所谓"通才"(包括人才,也包括企业),等待它的一定是死亡。

白费功夫的"御膳"
谁来监管你的"看门人"?

■ **哲理的故事**

1751 年,乾隆皇帝下江南来到扬州。当地大盐商程明然听说后,找来最好的厨师烹制了一大桌淮扬名菜,请太监送给皇上享用。可皇上品尝过后,并未觉得这些菜肴有何过人之处,自然也没有召见赏赐程明然。

程明然非常失落,只好重罚厨师作罢。六年后,乾隆再下江南,程明然又请了当地有名的十位厨师,让每人精心制作了两道拿手菜。这次他吸取了上次的教训,在进献前亲自品尝,满意后才交给太监。没想到,这次的结果还是一样。

程明然又白花了一番功夫,他怎么也想不明白问题到底出在哪儿。他花钱买通了一位负责端菜的太监,打听道:"我花了那么多心思去准备菜肴,却得不到皇上的认可,莫非皇上本就不喜欢吃淮扬菜?"太监笑了笑,凑上前说:"你还担心菜不好吃?我们都担心皇上太喜欢你的菜,回到宫里还想吃,到时就难办了。所以我端每道菜上去前,总管就会往里面加上一大勺白糖。"程明然此时才恍然大悟,感叹道:"一大勺白糖加进去,就是再好的菜也变了味,难怪皇上一直没召见我!"

■ **故事的哲理**

当所有信息汇聚于一个端口，那个负责过滤与分拣、加工和汇总，最终向决策者汇报的人或团队，就是组织的"看门人"。而一旦看门人缺少第三方监管，必然为私利本能所左右，最终只会让很多变形信息误导决策。

收藏最宝贵的"心意"
除了钱，你还能给什么？

■ 哲理的故事

2013年，荷兰一个老头儿想转让一批数目庞大的藏书票。得知消息，著名收藏家、观复博物馆馆长马未都立即乘坐飞机赶往荷兰海牙，希望购得这批藏品。一路上，马未都想的不是要出多少价格收购，而是在反复查看那个荷兰老头儿的生活资料。对马未都而言，足够了解收藏家本人才能做到出手成功。资料显示，这位收藏者之前是一位心理医生，已经70多岁，虽然收入不错，但其生活一直简朴、低调，只有藏书票是其终生热爱。之前，听说老人要出售手中的12万张藏书票，不少财大气粗的藏家找上门，出高价想收购一部分藏书票，荷兰老头儿都没点头。老头儿会将藏书票转让给自己吗？马未都其实也没信心，毕竟自己是个外国人，语言和文化不同，从感情上来看，老人不一定愿意将这些藏品托付给一个异乡人。可他分析，因为那些藏书票是老人的毕生收藏，据说这些藏书票的背后还有老人亲笔题写的游览和生活经历，他一定想把它们完整地托付给一个会珍惜它们的人。

为此，马未都见到荷兰老头儿第一面就先说了一句话："我会购下全部藏书票。"紧接着，他又讲下承诺，"未来，我将建一个专门的藏书票馆，用来存放这些藏书票。"就是这两句话，马未都征服了这位收藏家。

完成转让后，荷兰老头儿对马未都说了一句话："你真心爱惜，我才放心托付，谢谢。"说完，老人已经泪流满面。

■ 故事的哲理

　　一个空降领导者凭什么迅速赢得一个成熟团队的信任？如同马未都的成功不全在于报价，其实赢得信任也不全在于利益的许诺。须知，一个优秀的事业平台，一定有利益之外的价值观诉求。空降者，你摸准这一诉求，并与之共鸣了吗？

替朋友还钱的"妙招"
解决"事",也要平抚"心"

■ 哲理的故事

第一次世界大战结束后,美国作家海明威作为加拿大多伦多《星报》的记者常驻巴黎。在这里,海明威结识了很多文友,其中就包括作家乔伊斯。当时,海明威只是一个按稿计酬的编外记者,收入有限。尽管日子过得清贫,但只要稿费有节余,他就会约上朋友,去酒吧喝一杯。海明威是丽兹酒吧的常客,因为这里美酒香醇,而且老板为人也很厚道,对于经常光顾酒吧的熟客,他总是非常信任地允许他们赊账。

有一次,海明威正独自一人在丽兹酒吧喝酒,无意中听到了老板的抱怨:"那家伙都已经到瑞士苏黎世定居了,可还欠着我50法郎没给呢。"海明威细心听下去,才知道老板说的那个人正是自己的好朋友乔伊斯。海明威当即就掏出钱来,准备替朋友还上,但他随后想了想,又觉得现在不怎么合适,于是就结完自己的账离开了。几天后,海明威再次来到丽兹吧,他刚进门,就把攥在手里的50法郎递给老板:"我的朋友乔伊斯走得太急了,没有及时结清账,他特意从苏黎世寄了钱过来,让我替他还上。"老板接过钱,脸上露出了舒心的微笑。

后来,乔伊斯听说了这件事,他在感激海明威的同时,又觉得有些不理解:"为什么你要等第二次去酒吧才替我还上呢?"海明威微笑着回答:"如果我当时就把钱还上,老板不一定会相信。虽然老板知道我是在做好事,但你会在他的心里留下阴影。"乔伊斯听了,感动地和海明威拥抱在一起。

■ 故事的哲理

不够成熟的管理者,往往会好心却没办好事,问题就在于,只关注于事务,而忽略了人心。你能让各方在获得利益平衡的同时,收获信任与维护尊严吗?这个答案决定了你的智慧格局。

朱元璋烧船
好制度就是为了规避人性之恶

■ 哲理的故事

明太祖朱元璋初定天下时，需要多造些船只来运送粮食。有一件事情，让朱元璋十分头疼，那就是造船需要很多钉子，但负责造船的工匠往往会利用造船的时机，虚报所用钉子的数量。因为船已经造好，钉子全部钉到了木头里面，到底用了多少钉子，根本没有办法计算，只能任凭工匠们说了算。

一次，朱元璋又下令让工匠们造船。为了从中牟利，这些人在造好船之后，照例又像往常那样多上报了很多钉子。这次，朱元璋却不同意补偿钉子，而是率领文武百官来到河边，让工匠们把刚刚造好的船拉到岸上，然后下令把这只船放火烧掉。当时，大家都十分吃惊，谁也不明白朱元璋这样做究竟是什么意思。

可是，没有人敢违抗朱元璋的命令。很快，大火将这只船上的木头烧得干干净净，只落下一堆铁钉。这时，朱元璋又命人将这些钉子收集起来全部过秤，得出的重量仅仅是工匠们所报数量的十分之一。这下，工匠们害怕了，他们一个个吓得胆战心惊，急忙磕头求饶。朱元璋没有处罚他们，却定下了造一只船所需钉子的数量，以后就按照这个标准造船，再也没人敢从中牟利了。

■ **故事的哲理**

有时，采取极端的办法，短期看这样做会造成一些损失，但从长远看意义深远，甚至影响整个团队的文化和风气。同时，好的制度会让坏人变好，而坏的制度可能会诱使好人变坏。

勤俭皇帝治下的贪官
制度漏洞会让组织文化扭曲

■ 哲理的故事

道光帝的"节俭",在历朝帝王中都很出名。他很少吃肉,甚至有时派太监出宫去买烧饼,与皇后就着白开水啃嚼,就算是一餐。

道光帝继位后首先就把"节俭"施于内廷,规定内廷用款每年不得超过20万两白银。过惯了奢侈生活的内廷嫔妃们只好忍痛终年不添置新衣,甚至连皇后都穿着破旧衣衫坐在破旧的椅垫上,过着缝缝补补的日子。而后,这位皇帝又把节俭之风吹向了朝堂。几乎每次朝堂之上,他都表达做人需节俭之意。"上有所好,下必甚焉"。在道光年间,满朝大臣都学皇帝的样,个个穿着破旧袍褂。许多官宦大家把崭新的袍褂拿到旧衣铺子里,去换一套破旧的穿上。后来,京城破旧袍褂越卖越少,价格飞涨,一件破旧袍褂竟比做两套新袍还贵,还有些官员把新袍褂打几个补丁。

继位多年,道光帝只给妻子庆祝过一次四十整寿的生日,在那个时代算是一个大日子。而这一次皇后"千秋"宴席,历史上大大地记了一笔:面对成百上千的王公大臣及内眷、后宫嫔妃、宫女、太监,道光帝只给了御膳房宰杀两头猪的指标。于是,佟佳皇后的整寿千秋宴,只能以肉片卤面款待。

皇太后万寿那一年,道光很害怕花钱,便下旨说:"天子以天下养,只须国泰民安，便足在尽颐养大道。皇太后节俭垂教，若于万寿大典过事铺张，反非所以顺慈圣之意。"

圣旨一下，大臣们都明白了皇帝省钱的意思，便跟皇帝说，所有万寿节一切花费，都由臣民孝敬，不会花内务府一分钱。道光听了自然大悦，便让大臣们自己去操办。

道光皇帝遂下谕成立一个皇太后万寿大典筹备部，而穆彰阿就是这个部的头儿，穆彰阿以皇太后万寿为借口到大衙门勒索孝敬。最小官员"孝敬"的银两都是 100 两白银起，仅这一次，穆彰阿就足足得了 1000 万两白银的好处。

■ 故事的哲理

看似很好的初衷，却被想钻制度空子的人占尽了便宜。很多时候，矫枉过正往往是管理常进的误区，而管理者更需要理性地塑造企业文化。

让别人为你排队
做游戏规则的制定者

■ 哲理的故事

一个年轻人准备好了简历，去一家著名的广告公司应聘。广告公司的名气很大，仅仅在报纸上登了一个广告，应聘者就趋之若鹜。

当这个年轻人走进招待大厅时，大吃一惊，整个大厅挤满了人，乱哄哄的。他站在人群的最后面，看着前面围了一圈又一圈的人，想着不知道要等到什么时候才能轮到自己。

人群很乱，乱得连公司的工作人员都挤不进去。年轻人看到几个工作人员被堵在了外面，灵机一动，走到那几个工作人员的前面，昂首挺胸，勇敢地对着人群大喊一声："所有应聘的人排成两队！"人们立即循声而来，将目光投到这个年轻人身上，众人看着他和工作人员站在一起，以为他是应聘的组织人员，一个个立即动了起来，一下子便排成两条长长的队伍，让出了一条宽敞的通道。

那几位工作人员冲年轻人微笑着。年轻人将大家的简历收在一起，然后抱着上百份简历，第一个走进了应聘室，整个过程俨然一个工作人员。他将那些简历放在桌上，从包里掏出自己的简历放在最上面。

主考官几乎只是象征性地看了一下这个年轻人的简历，就对他说："你从今天开始上班，你今天的工作就是协助我们完成招聘工作。"

外面，没有人怀疑这个年轻人的工作人员身份，更没人知道仅仅在十几分钟前，他还是排在队伍最后的一名普通应聘者。

■ 故事的哲理

遇到什么便接受什么，这就是在接受平庸。但遇到什么就思考什么，进而创造什么，那就是在重塑命运。改变命运的第一条守则便是临事有勇。

"富贵病"里藏严谨
规则执行成就商业文明

■ 哲理的故事

日本的流浪汉众多，据说数以万计。有一次，日本大阪市市政府开展活动，为流浪汉免费体检。没想到，活动竟检查出一个有趣的病症——很多流浪汉患有高血糖、高血脂等"富贵病"！综合这些症状，医师总结道："营养过于丰富，心情却极度抑郁，搭配很不协调，此为病因。"

很多人不解：说流浪汉"心情抑郁"，这能理解，因为他们多为无家可归或有心理障碍的人，可为什么还会"营养过于丰富"？原来，在日本，流浪汉吃饭有保障，完全不必沿街乞讨。快餐店、大型连锁超市，每天都有很多卖不掉的快餐盒饭、油炸食品，这些食物，往往会被送到流浪汉聚居地。餐馆橱窗里天天都陈列有各式菜肴样品，第二天都要换上新的，所以，处理下来的这些样品菜也是流浪汉免费享用的佳肴。

而餐馆、超市又何以做到如此大方，将没有过期的食物送到流浪汉手里？折价卖掉不是很好吗？这是因为，日本的《食品卫生法》颇为严格，它规定：餐馆食物若销售不出去，15小时内如不倒掉，将处以很重的罚款。于是，各餐馆和超市的老板便想：反正食物要处理掉，不如做个顺水人情，送给周遭的流浪汉，博得一个好名声。于是，流浪汉的三餐都有着落了。但是，因为食物都是不同的人送的，营养搭配极不协调，且多是"大餐",所以很多流浪汉吃后容易患上高血糖、高血脂等"富贵病"。

很多人讨论这件事时,多是各种抨击。有一个评论专家对这则新闻却加以赞赏:"流浪汉的'富贵病',其实折射出了日本人的一种严谨——若不是他们严格遵守《食品卫生法》,餐馆、超市的剩余食物能流到流浪汉的肚子里吗?"

■ 故事的哲理

商业规则和企业利益发生冲突时,该如何选择?答案体现着一个企业乃至国家的价值观和文化。任何文化并非一蹴而就,只有不断严谨认真地对待商业规则,才能形成良性的商业环境乃至民族文化。

咖啡盒上的报纸头条
让用户"看"到你的优势

■ 哲理的故事

巴西著名的咖啡品牌贝利咖啡，前不久开发出一种即时冲调盒装咖啡。这种咖啡由厂家每天现磨出咖啡粉，然后即时打包发货，主打"新鲜"，价格实惠。这款咖啡还能像鲜奶那样供用户征订。贝利团队起初都认为这款产品会卖得不错，可产品推出数月，征订用户还是寥寥无几，超市的销售也是看者多、买者少。营销主管莱蒂西亚分析，尽管盒装咖啡盒上印着"每天即时打包发货"的字样，但终究难以证明咖啡粉是刚磨好、刚包装的。

一次，莱蒂西亚看到一名妇女拿着贝利盒装咖啡，旁边一位正在看报的妇女说："超市里的咖啡，能新鲜到哪里去？还能像报纸一样，一见头条新闻，就知道是刚出的？"

莱蒂西亚大受启发：人们看报纸，多数先看头条，头条就是"当天"和"新鲜出炉"的代名词。如果每天销售的贝利盒装咖啡，外包装替换成当天某个报纸的头条，不就一目了然了，人们都会知道咖啡是刚刚包装好的。

莱蒂西亚找到巴西利亚当地最有影响力的日报社，提出合作。贝利咖啡盒和报纸头条就此"碰撞"在一起。

每天晚上，贝利咖啡包装设计师第一时间获得刚刚编辑好的报纸头条版面，然后快速重新设计，加上贝利咖啡的产品信息、广告词，就作为外包装图印在咖啡盒上。第二天凌晨，印有当天报纸头条的盒装咖啡便开始销售。原先订咖啡的用户，还会同时收到当天的报纸。"贝利盒装咖啡是今天刚刚真空包装好的，盒子上的报纸头条就是证据！"贝利咖啡的订单量一下子增长了72%，超市销售量也猛增。

一个月后，虽然"报纸头条"活动结束，但消费者已然信任其品质了，巴西利亚的市场被顺利打开。

■ 故事的哲理

任何产品的主打卖点，都一定要让消费者能瞬间感知到，哪怕这意味着一定的成本。而视觉的作用，永远不可替代。

巨额奖金怎么分？
与其信任，不如驾驭

■ 哲理的故事

英国广播公司 BBC 举办过一档叫《金球游戏》的节目。最终，剩下两名选手尼克和亚布拉罕争夺 13600 英镑奖金。

游戏的最后一轮，是对人性的终极考验：主持人给每人两个球，各写着"平分"和"全拿"，两人需要从中选择一个球。如果两个人都选择了"平分"，那他们可以平分奖金；如果其中一个人选择"平分"、一个人选择"全拿"，那么选"全拿"的人可以拿走全部奖金，而选"平分"的人一分也拿不到；如果两个人都选择了"全拿"，那么谁都拿不到一分钱。

两位选手选哪个球，对方是看不见的。在选择前，主持人给两名选手几分钟时间沟通，商量奖金的拿法。

尼克坚决表态：会百分之百选择"全拿"。但他同时保证：游戏过后，会跟亚布拉罕平分奖金。亚布拉罕觉得不能理解，为什么不一起选择"平分"，两人能公开分享奖金。可尼克坚持自己会选"全拿"。

亚布拉罕吼道："如果我选'全拿'，我们半毛钱也拿不到！最后都会空手而归！"可尼克依然不改初衷。

主持人开始催促了："'平分'还是'全拿'？请选择！三、二、一，开！"三秒钟后，全场观众都看到了结果：尼克和亚布拉罕都选了"平分"！

他们各自赢得 6800 英镑的奖金！

尼克和亚布拉罕拥抱在一起，场下掌声一片。捧回奖金后，亚布拉罕对尼克说："你是我遇到过的最差劲的人。为什么不直接跟我商量好，我们一起选择'平分'？"

尼克回答："理由很简单，我不信任你，你也未必信任我。与其如此，不如我当一次坏人，把你先逼到信任的角落。"

"信任的角落？""对。如果我坚持选'全拿'，再许给你平分奖金的承诺，那么你就只能选'平分'。因为你选了'全拿'，我们什么都得不到；而选'平分'，或许真会得到我分给你的一半奖金！"

■ 故事的哲理

与其信任人性，不如驾驭人性，这就是组织管理所需要的智慧。

Chapter

6

减法管理

为了实现事业成功，就要有组织。领导者是组织的主导，被领导者是组织主体，他们为了一个任务、目标聚合在一起，这就要求保持权力稳定。有时即使是不公正的，由于是权力关系，也要不懈追求。领导的核心是掌好权、用好权，实现责、权、利统一。

——杨沛霆

登山队员的"祈祷"
化解风险的，往往是常识

■ **哲理的故事**

英国登山队员约瑟曾经攀登过阿尔卑斯山主峰。但不幸的是，他所加入的这支野外登山者队伍并无实战经验，在向主峰发起冲锋的时候，遭遇了暴风雪和局部雪崩。同行的七人中有六人遇难，唯有约瑟活了下来。这件事发生在二十一年前，约瑟平常很少提起。多年后，有一次，约瑟接受英国一家登山爱好者协会的邀请，讲述当年的那段经历。但谈到如何在冰峰上自救时，约瑟有点荒诞的答案让在场的人都笑了起来，他说："伙计们，发生危险时，你们什么也不要做，闭上眼睛就行了。"

众人都以为他在讲笑话，谁知他继续严肃地说道："是的，只要把眼睛闭上，站在原地祈祷。你们也许并不相信，当年我们七人遭遇暴风雪时，我们一起后撤，当走到半山腰时，突然发生了雪崩，我们已经无处可逃，那时我闭上了眼睛，开始祈祷，因为已经无计可施。但是幸运的是唯一站在原地的我活了下来，雪只盖住了下半身。而其他队友却都没有逃过劫难。但请注意，他们不是被雪埋没的，而是由于缺氧导致的衰竭。因为雪崩发生的时候，他们迅速狂奔，他们所携带的氧气很快就被耗尽了。"

听到这里，台下一片寂静，许多人瞬间就愣在了那里。

■ 故事的哲理

　　资讯爆炸的社会，充满了不确定性，因而每个人都会有自己的判断和看法。但我们在各显其能时，常常忽视最基本的常识和法则。在找到基本的解决问题的准绳之后，也许再复杂的麻烦也能迎刃而解。正如稻盛和夫所言，要学会用最基本的道理来判断那些看似最复杂的事物。

拆迁的术与道
不该被忽视的"乙方利益"

■ 哲理的故事

明朝首辅申时行退休之后,回到苏州养老。当他扩建自家宅院时,邻居王某家的房子恰好影响到申府的扩建布局。申时行与邻居商量,要出高价请他搬家,王某死活不搬,成了申府扩建的"钉子户"。申府管家急了,要率几个家丁搞"野蛮拆迁",被申时行及时拦阻了,他摸摸胡须,笑道:"你们别急,老夫自有办法!"

原来,王某是个卖梳子的商人,他不想搬家是怕这样会破坏自己的生意。申时行看出了他的顾虑,赶快派人去订购了大批王某的梳子,逢人就送,还对自己的故友亲朋大力夸赞,搞得苏州城里一时间竞相谈论王某的梳子,他的店生意好得不得了,可谓供不应求。这时,王某发现自己原有的地方已经不能再扩大生产了,遂决心搬迁到更大的房子,他也十分友好地将房子卖给了申时行,此举可谓两边都满意的结果。

■ 故事的哲理

怎样才能在合作中取得双赢?首先不能忘记必须要利益双赢。反之,即使是作为强势的"甲方",如果不关注合作者的意愿和利益,也很难达到理想的目标和效果。面对客户与下属,企业家必须常常做换位思考,有的时候主观"利他"正是能够实现客观"利己"的方法。

长在心里的眼睛
细节中见关爱

■ 哲理的故事

　　这次相亲，其实让小月的姨娘不那么有底。已经好多次了，她带着小月出来吃饭，结果总是不好，小月的挑剔让她很恼火。姨娘想，不就是开了间医疗按摩诊所吗，生意是很红火，可女孩子到了这个年龄，自己的视力又不好，还挑来挑去，怕真是很难嫁出去了。

　　为什么她就是看不上以前那些英俊帅气的小伙子呢？"唉。"姨娘又叹息了一下。这次的小伙子叫富贵，人倒是不错，很热心，一直给小月夹菜，但就是腿脚不大好。看着他一瘸一拐去结账的身影，姨娘心里七上八下的。正在犯愁时，她突然发现小月似乎没有像之前几次那样挠自己的手心——好像小月还没有拒绝，因此转头拍了拍小月的肩膀。

　　"你觉得怎么样？就是腿不大好！"姨娘直白地说道。"我倒不在意，我觉得很好，他很可靠。"小月突然抬起一直低着的头，羞涩地说道，"我觉得他比之前的小伙子都好。以前和他们见面，他们都只顾着说话，从没有人给我夹菜。只有富贵一直惦记着夹菜给我，还变着花样。我的眼睛不好，否则又要只吃白米饭了，哈哈！"

　　看着微笑着的小月，姨娘的喉咙哽咽了。谁说这孩子看不见？她心里的眼睛比谁的都明亮！

■ 故事的哲理

"爱"在不言中，在细节的沟通和相处中。我们用心给予，别人才能诚心回馈。但是我们身边很多的关爱和诚意，只是写在纸上的文字，员工感受不到，顾客体会不到，只有管理者一味地强调，流于形式。所谓以人为本，一定是以细节为本。

无人喝彩的世界级小提琴手
洞察力之殇

■ 哲理的故事

星期五早上 8 点前,一个衣着休闲的年轻人步入华盛顿特区位于地铁站外的朗方广场,打开小提琴盒,开始认真演奏起来。

可是似乎收获并不那么理想。六十三个人走过之后,才有一名男士在经过时短暂回头望了望他,又过了一会儿,才有一位好心肠的妇女给了这名小提琴手 1 美元。但令他感到安慰的是,演奏了一会儿,竟然有人在附近的墙边站着听他演奏。此后的近一个小时内,有七个人停下脚步听了大概 1 分钟,有二十七个人投了钱。但遗憾的是,大多数的人匆匆而过,没有注意到他的存在。其实要听到这位小提琴手的演出,本来要耗费更多的金钱。作为享誉世界的小提琴手,约书亚·贝尔在以往的演出中演奏费用高达每分钟 1000 美元,但此次他演奏了四十三分钟,只挣到了 32.17 美元。这是发生在 2007 年 1 月 12 日的一次随机街头测试,由知名媒体《华盛顿邮报》出资主办。与之前构想的不同,绝大多数的人都没能感受到自己身边这位世界级音乐家演奏的美妙之处!

■ 故事的哲理

商业社会的城市人群仿佛辛劳的蚁群,忙似乎成了常态。过度的忙碌,容易导致了一定意义上的"失明",即不再愿意花费时间细心体会周遭的一切。而这种状态其实也意味着创造力和发现力的缺失。生活不止苟且,还应有诗和远方。

开普敦的断桥
伤疤，只有暴露才能痊愈

■ 哲理的故事

南非的开普敦是一个拥有各种特色建筑的美妙城市，很多外国游客都为其美丽的景色而流连忘返。

不过，在这些漂亮的建筑中，有一座矗立在市中心的断桥着实碍眼，桥面在到达最高点时戛然而止，手腕粗的钢筋张牙舞爪地露在外面，大大小小的混凝土块零散地横躺在路面上，像刚发生过一场地震。

原来这是发生在十五年前的豆腐渣工程遗址。由于建筑材料弄虚作假，导致桥建到一半时轰然倒塌了，三名工人不幸遇难。不久，设计师也因为内心羞愧而跳楼自杀，当时的项目负责人——开普敦建设局局长，被判三年徒刑。

事情到这里，本来可以告一段落，开普敦政府也准备尽快清理掉这个建筑垃圾。但在狱中的建设局局长立刻写信恳求，不要拆掉这座断桥，以警示后人。同时，遇难工人的家属也向全市人民发出了一封信，希望保留断桥，不要忘记这道伤疤。这封信打动了开普敦政府，最终他们保留了这座桥，此后每一任建设局局长宣誓就职时都会选择在断桥下，开普敦也在之后的十多年里，成为世界上工程事故率最低的城市之一！

■ 故事的哲理

面对错误和事故,是选择逃避还是面对,其实不仅仅是态度的问题,还关乎一个组织的未来!一味地掩盖错误和问题,只能使问题明晃晃地不断恶化,并迟早走向无可救药的失控和毁灭。既然是伤疤,只有暴露,才能痊愈。

不能被定价的"善行"
"有效的逻辑"不等于"唯一的逻辑"

■ 哲理的故事

美国经济学家丹·艾瑞里曾经做过一个有趣的实验：请人帮忙推陷在土坑里的小汽车。他随机向路过的行人求助，发现半数以上的人都乐于出手相助。后来他改变了求助策略——他告诉行人，如果有谁帮忙推车，他将给予对方10美元作为报酬，但这次竟然只有几个人愿意帮助他。他甚至遭到了一些人的白眼："我没有时间，你用10美元去雇用别人吧！"第三次，丹·艾瑞里改变了答谢策略——车被推出土坑后，他赠予每个施助者价值1美元的小礼物，这次他发现，施助者不但愉快接受了他的小礼物，还反过来对他表示感谢。

而经过调研，丹·艾瑞里发现，我们同时生活在两个市场里：一个是社会市场，一个是货币市场。市场不同，规则和回报也完全不同。当某种行为处于道德考量时，人们通常不会考虑其市场价值，即使没有任何报酬，人们也乐于帮忙，因为人们觉得这种行为有道德和精神意义上的价值。如果此时盲目对引入货币市场的行为进行"定价"，反而会受到人们的厌恶和抵触。当然，对于帮助过我们的人，我们应该感谢，但不是给钱，给予小礼物会让施助者更加开心，因为礼物的意义不是对他们的善行进行"定价"，而是一种精神层面的感激和褒扬。

■ 故事的哲理

决策往往并不完全依据外在的事实，还来自潜伏在我们内心的逻辑。但值得决策者警惕的是，我们万不可以为自己行之有效的逻辑就等于大家都必然会遵循的唯一逻辑。

为什么非要等天黑？
与其控制，不如顺应

■ 哲理的故事

第二次世界大战期间，苏德双方激战正酣。一天，苏军统帅朱可夫接到斯大林密电，必须在一周内的某个夜晚，对人数远远超过己方的德军发起袭击，彻底摧毁他们的防线。接到密令后，朱可夫马上开始筹备，当他发现天气预报显示下周有一天晚上是阴雨天时，他决定就将偷袭定在那天。

但就在一切准备就绪的时候，当天晚上却并没有下雨，月光反而照亮了整个天空，此时苏军如果出击，肯定会立马被德军发现，而一旦正面交火，德军人数众多，苏军无疑是以卵击石。就在一筹莫展之际，朱可夫突然说道："为什么要等天黑才进攻呢？""因为德军看不见我们啊！"大家异口同声说道。"那么，让对方看不清是关键，而不是天黑才成，对吗？"朱可夫反问道。"那么，用什么方法才能让对方看不清呢？"有人问道。朱可夫思索良久，命令手下将全军所有的大功率探照灯集中到一起，然后将这些探照灯分配给打前阵的冲锋连。

当天晚上，苏军偷袭的战役正式打响。刚开始，德军以为苏军不可能有所行动，因为月光如此皎洁，什么都能看到。但当苏军的冲锋连将几百盏探照灯同时打开，射向德军阵地时，形势一下子发生了逆转——防御工事里的德军被照得什么也看不见,更别说开枪了。就在此时,苏军一拥而上,很快便赢得了胜利。

■ 故事的哲理

在领导的过程中,我们常常希望控制众多外界因素从而实现最终的管理目标,却忘记了市场和环境本就瞬息万变,自身有时难免会陷入刻舟求剑的窘境。作为决策者,应该时刻铭记目标而不能拘泥于路径。

上帝的望远镜
信仰比制度更有效

■ **哲理的故事**

在台湾地区苗栗县头份市，魏女士摆了一个蔬菜自助摊。摊上摆满了各种时令蔬菜，任人自取，随意投钱，所得钱款全数捐给当地红十字会。自助摊一开办，附近的居民就都来捧场。不久，魏女士发现，大部分人取己所需后，能自觉地向钱箱里投钱，可是也有一些人取菜之后，没有投钱，偷偷溜走了。

魏女士很郁闷，就把这种情况告诉了自己的舅舅——台湾著名漫画家刘兴钦，希望他能帮自己想想解决的办法。

第二天，刘兴钦把一幅题了字的漫画交给魏女士说："把这幅画挂在菜摊旁，也许能管用。"魏女士将信将疑，把漫画挂了出去。没有想到的是，效果出奇地好。来取菜的人越来越多，而且所有取菜的人都自觉地向箱子中投钱。

原来，刘兴钦在漫画上题写了这样两行字："这里没有监视器，只有上帝的望远镜。"

■ **故事的哲理**

许多领导者总是期待制度可以解决一切问题，殊不知，建立组织信仰比制度本身更加有效。一个有信仰和有愿景的企业，其员工总会自发完成目标和任务；而一个制度满天飞的被动性组织，员工没有约束和引导就很难履行职责，原因就在于员工害怕犯错，害怕出问题，根源在于管理者没有给予员工自我成长和放飞的机会。

帮禅师穿鞋

不"端着"的沟通更有效

■ 哲理的故事

日本江户时代，有一位名叫大愚良宽的禅师，一生致力于参禅修行。他年老之际，一日，家乡捎来消息，说他的外甥成天吃喝玩乐，快要倾家荡产了，家乡父老希望他能救救这个外甥，劝他重新做人。于是，良宽禅师不辞辛苦，走了三天的路，回到久违的家乡。外甥看到舅舅回来，十分高兴，恳请他留宿一晚。良宽禅师在俗家的床上禅坐了一夜。第二天清晨，他准备告辞离去，坐在床边穿鞋，两手却一直在发抖，很长时间都系不好草鞋的绳带。外甥见状，蹲下帮舅舅把草鞋绑好。这时，良宽禅师慈祥地对外甥说："谢谢你了。你看，人老了真是一点用也没有，你好好保重自己，趁年轻的时候好好做人，把该做的事情做好。"说完，禅师头也不回地走了，对外甥之前放荡的生活没有一句责备。从那天起，他的外甥似乎有所悟，真的就改过自新了。

■ 故事的哲理

沟通有很多模式，可以写信也可以开会，但最好的沟通模式还是人际心灵之间的。管理者与下属要想实现无障碍沟通，不妨先走出自己的办公室，放下端着的架子，和他们开诚布公地聊聊"心事"，也许影响力更加惊人！

女王的考题
排除貌似与目标有关的干扰

■ 哲理的故事

16世纪末，英国女王伊丽莎白一世打算派最亲密的顾问塞西尔到各地巡视，为了保证他的安全，女王决定从王宫众多卫士中挑选出最得力的人。

那天，上千名体格健壮身怀绝技的卫士聚集在伦敦威斯敏斯特教堂的广场上，他们摩拳擦掌，都非常渴望能被女王选中，从此出人头地。女王的随从宣布比赛开始的话音刚落，顷刻间远处就有上百匹脱缰的骏马奔腾而来。女王指着他们，兴奋地说道："我的勇士们，你们表现的机会到了，去征服这些发疯的骏马吧！"

卫士们觉得表现机会来了，一个个迈开大步，奋不顾身地跑向奔马。没一会儿工夫，上百匹骏马就被他们生拉硬拽地制服了，只是因为人多马少，每匹马前后左右都被七八名卫士牢牢围着，没有哪个肯远离半步。

女王望见他们，迟疑了片刻，说道："马是大家合力拦住的，我该怎样判定谁才是真正的勇士呢？"面对女王的疑问，大家纷纷窃窃私语，不知怎么判定。这时，女王突然转身指向一名卫士说道："你怎么没去拦骏马，而是一直站在这里，站在塞西尔的旁边，难道你不想当勇士吗？"令女王惊讶的是，那位卫士摇了摇头，严肃地答道："我保护了大臣的安全，才是真正的勇士。"女王听后,非常高兴,她对塞西尔说:"对你来说,他才是最合适的选择。"

■ 故事的哲理

勇士们大多没想清楚:我的目标是为了保卫大臣,还是为了自我表演?优秀的人才,是始终明确自己的工作使命与目标,而不会为外界其他因素所牵绊和游离的人,哪怕那些因素更抢眼诱人,貌似与目标也有关。

一个法国邮差的石头城堡
明确并遵循属于你的目标

■ 哲理的故事

　　一位名叫薛瓦勒的乡村邮差每天徒步在乡村之间。有一天，他在崎岖的山路上被一块石头绊倒了。他起身拍拍身上的尘土，准备继续走。可是他突然发现绊倒他的那块石头的样子十分奇异。他拾起那块石头，左看看右看看，便有些爱不释手了。

　　于是，他把那块石头放在自己的邮包里。村子里的人看到他的邮包里除了信，还有一块沉重的石头，感到很奇怪，人们好意地劝他："把它扔了，你每天要走那么多路，这可是个不小的负担。"但他没有听从。他回家后疲惫地睡在床上，突然产生了一个念头——如果用这样美丽的石头建造一座城堡，那将会多么宏伟壮丽！于是，他每天在送信的途中寻找石头，每天总是带回一块。不久，他便积攒了一大堆奇形怪状的石头，但建造城堡还远远不够。于是，他开始推着独轮车送信，只要发现他中意的石头就会往独轮车上装。

　　白天他是一个邮差和运送石头的搬运工，晚上他又是一个建筑师。他按照自己天马行空的想象来垒造自己的城堡。对于他的行为，其他所有的人都感到不可思议，认为他的神经出了问题。二十多年的时间里，他不停地寻找石头，运输石头，堆积石头。在他的偏僻住处附近，出现了诸多错落有致的城堡，当地人都知道有这样一个性格偏执、沉默不语的邮差，在干一些如同小孩筑沙堡的游戏。

1905年，法国一家报纸的记者偶然发现了这群低矮的城堡。这里的风景和城堡的建筑格局令他叹为观止。他为此写了一篇介绍薛瓦勒的文章。文章刊出后，薛瓦勒迅速成为新闻人物。许多人都慕名来参观这群城堡，连当时最有声望的毕加索也专程参观了薛瓦勒的建筑。现在，这群城堡成为法国著名的风景旅游点，它的名字就叫作"邮差薛瓦勒之理想宫"。

■ 故事的哲理

想别人不敢想的，树立别人没有的目标；做别人不敢做的，带着别人没有的执着与乐趣，最终把不可能变为可能。这是企业家精神，也是创新之所以产生的原动力。关键是，时刻知道并遵循自己内心所想要的。

只为了美丽的萤火虫
尖叫是"磨"出来的

■ 哲理的故事

20世纪50年代初期,在筹建迪士尼乐园时,创始人华特常常去现场检查细节。乐园竣工后,他要求从普通电工到高级管理人员在内的所有员工都得参与到对乐园的测试活动中,以便发现问题。虽然华特追求完美的行事风格早已广为人知,但乐园开业在即,这么做无疑会浪费不少时间和钱财。

华特的要求似乎不着边际,但事实证明他的做法收到了奇效。有个建筑工人叫约翰,来自路易斯安那州的港口地区。他很勤奋,也很有耐心。最初的几次测试都没显示什么问题,可他却总觉得有什么不对劲。他汇报给华特,华特毫不犹豫地说:"继续测试吧,直到你找出问题在哪里。"

后来,约翰在加勒比海盗景点来回转悠了好几圈,终于发现了问题所在:在热带地区,夜晚总会有萤火虫飞来飞去,他感觉特别浪漫和富有童趣,孩子们肯定会很喜欢,但根据原有设计,迪士尼乐园的景区灯光、噪声都太强,完全没有星星点点萤火虫才能营造的浪漫氛围。约翰发现了这个问题,很快就找到了解决办法,"萤火虫"开始闪亮在加勒比的童话世界里。华特知晓后非常高兴。因为在他眼里,迪士尼对于任何纰漏和不完美都是零容忍,虽然这样做也许会推迟开幕时间且所费不菲,但一切都是值得的。

■ **故事的哲理**

没有企业对完美产品的偏执，怎么会有客户对惊喜的尖叫？用无懈可击的逻辑思维升级企业发展思维，赢得市场占有率还会远吗？就像稻盛和夫主导的思想那样：用燃烧的斗魂、坚强的意志，并付出不亚于任何人的努力经营京瓷。

最特别的第 26 轮面试
将无知变为求知

■ 哲理的故事

2008 年，在 IBM、惠普等 IT 公司摸爬滚打了十几年的王桂生跳槽到任仕达集团，担任中国区猎头业务总监一职。他工作三个多月之后，公司突然派他到荷兰总部，与各个部门的负责人进行一次面谈。实际上，这是公司看中王桂生的工作能力强，有意安排 26 个部门的负责人对他进行面试，如果面试合格，公司将委派更重要的职务给他。

总部前 25 个面试官问王桂生的，都是与人力资源相关的一些问题。对于人力资源的功课，王桂生虽然早已准备充足，但坐在面试官前，他一点也不侃侃而谈，而是秉持一种"双向面试、平等交流"的态度，从容应对 25 场面试。

王桂生的第 26 个面试官，是任仕达集团全球市场推广部的经理。这个经理并不按常理出牌，他与王桂生谈论的是欧洲各个国家宗教派别的优缺点以及历史渊源。

面试官谈的不是自己熟悉的领域，这让王桂生暗暗叫苦。不过，他很快调整了自己的情绪。他想，既然面试官愿意问这个问题，一定是他很得意他在这方面的积累，眼下，当个倾听者或许是最好的选择。于是，他对欧洲各国宗教表现出了浓厚的兴趣，尽量创造话题，然后把话题抛给面试官，让他来讲。有几分钟，面试官刚讲完意大利的某个宗教就接着讲法国的某个宗教，王桂生马上接过话题问："刚才您所讲的意大利宗教与法国宗教是否有些关联？"这样的问话，立马就让面试官表示出极度的愉悦。在他看来，王桂生是一个积极主动的倾听者。

26轮面试过后，王桂生就坐上了返程的飞机。可他还没下飞机，一封升任他为中国区董事总经理的任命通知邮件就已从总部发送到中国。正是从那一刻开始，任仕达这家财富500强公司出现了第一个亚洲人高管。

■ 故事的哲理

要想抓住机遇，不应该只是充分展示自己既有的能力。因为成长总是在挑战人的极限，所以必然会触及自身能力的边界之外。既然注定如此，那么不妨大方展示自己的无知，关键是将无知变成求知。

赔本买卖里的商业"天机"
要在隔膜中看到未来会产生的联系

■ 哲理的故事

澳大利亚北部地区的爱丽斯泉市盛产一种红色沙岩,是澳大利亚各地建筑装饰必备的材料,需求量极大。格里费尔和迪斯卡两人都看准了这一商机,他们各自投资 300 万元,分别在爱丽斯泉市东西两端同时建立了采石场。一年下来,炸石山卖石头,两人当年就收回了本。五年以后,他们各自拥有了 1500 多万元的财富。此时,随着城市建设的发展,很多房地产商开始把眼光瞄向市郊,格里费尔和迪斯卡各自的采石场周围的地段都成了房地产商虎视眈眈的目标。

格里费尔很快做出了一个令人惊讶的决定:拿出全部积蓄将采石场周围两公里范围的土地都买下来,而这两公里范围的土地上并没有沙岩,买下这片地没有什么所谓的商业价值。迪斯卡觉得格里费尔太冲动,嘲笑他乱花钱。但格里费尔并不生气,还劝说他也买下自己采石场周围的土地。

此后的两年里,格里费尔并没有在那片新买的土地上盖工厂或者进行其他投资,很多人都非常不解。其间有房地产开发商出高价要购买,他也没有同意,依然努力经营自己的采石场,生意也越做越好。

可迪斯卡就没有那么幸运了。他采石场周围的土地都被开发商买走了，房地产商在那片土地上盖起了商品房。很快，迪斯卡就意识到自己没有听格里费尔的劝告是一个严重的错误。等商品楼盖好，业主纷纷入住，迪斯卡的采石场因为噪声和污染让住在附近的人们非常反感，因此人们纷纷向政府投诉关闭这家工厂。政府由于收到了很多投诉，最终只能强制关闭迪斯卡的工厂。于是迪斯卡的客户都转到了格里费尔那里。这个结局让他懊悔不已。

■ 故事的哲理

商业社会其实是一个多重关系网络，所谓的弱关系，因为环境和时间的改变也能成为强因素，作为领导者，需要有更深的洞见和前瞻的战略以及资源储备，预防各种可能的风险和暗礁。

买水请走 200 步
体验，而非说教

■ 哲理的故事

近来，意大利首都罗马地铁里出现了多台"骗人"售水机。许多路人买了矿泉水，拿到的却是一个贴有醒目标签的"空瓶子"。标签上写着："请您向前走 200 步，到下一台售货机上输入以下数字，投入空瓶，领取矿泉水。"

路人有的好奇，有的恼火，为了不浪费已经投入的硬币，他们只好按照标签指示做。可当他们领到第二个瓶子时，都笑了，并纷纷掏出手机发信息。原来，第二个装满水的瓶子上也贴了一张醒目的标签："感谢您购买。可您知道吗？在非洲，很多家庭需要步行 20 公里才能取到干净的水，许多人因为缺水而失去了生命。公益组织 AMREF 致力于非洲缺水救援，请您奉献一份爱心，发送短信到以下号码，即为非洲医学和研究基金会捐款 5 欧分。"原来，"买水难"是公益组织 AMREF 有意为之的，用来提醒大家：多走 200 步，体验一下取水的辛苦，才能对非洲缺水居民的生活产生同情。

■ 故事的哲理

推广与传播最妙的模式，在于让人能够真正感同身受，心悦诚服，而非简单的说教。在体验的过程中轻松传达概念，接受就会自然而然，顺理成章。

另类宣传
让广告成为风景

■ 哲理的故事

英国一家名为"海洋"的马术俱乐部近日生意非常糟糕。虽然投入了大量的广告费，但根本无济于事。俱乐部老板一筹莫展，他在俱乐部内部发告示悬赏：谁能让俱乐部生意好起来，奖金1万英镑。

员工们七嘴八舌地议论什么点子好。一位叫马克的职员想，一味地投入广告费也不见效，说明消费者对广告已经麻木，如果自己能够避开恼人的广告，以独特的方式吸引消费者的眼球，或许能收到不错的宣传效果。

马克找到繁华中心的一条人行道，穿着俱乐部的服装，骑着一匹白马悠闲地在上面走。这道独特的风景线很快吸引了人们的注意。大马路上，因为堵车，好多汽车无法前行。司机们注意到了骑着白马的马克。

他们惊叫起来："快看，那里有个人骑着白马，真帅气！"媒体们以为马克骑马上街是为了避开拥挤的交通，于是争相报道了这个趣闻。马克骑马的照片很快出现在第二天各大报纸的重要版面，他的衣服上清晰印着的"海洋马术俱乐部"的字样也因此被人熟知。

不少人看过报纸后表示海洋马术俱乐部的骑马装很帅气，想前去体验一番。这些报纸，无疑成了免费宣传单。所以，海洋马术俱乐部一下火爆起来。马克如愿以偿拿到了那1万英镑奖金。

■ 故事的哲理

很多时候，看似简单的营销策略反而可能会非常奏效。很多时候，我们常常重视技术的难度，而忽视了实战的效果。事实上，好的广告可以成为一道风景。

唐太宗"颁奖惩腐"
奖惩的方式比力度更有效

■ 哲理的故事

有一次，唐太宗宴请开国元勋。在宴席上君臣行起了酒令，唐太宗连输几次，按规矩，谁输了就得罚酒。可唐太宗贵为天子，怎么办？这时，长孙无忌站起来说："主公今日行酒令表现上佳，众臣弟要'奖'您几杯酒如何？"唐太宗心里明白，别管是罚还是奖，这个酒都得喝下去。

唐太宗回到后宫想起刚才在酒席上被开国元勋们"颠罚为奖"的情景，忽然想，近来屡有奏折诉官员受贿，他何不效仿此法也来个"颠罚为奖"？你贪什么，我就当朝奖你什么，并让你自己当着文武百官的面拿回去，不许别人帮忙。

唐太宗看到有奏折反映长孙顺德收了贿赂——绢绸数十匹。于是，他立刻要求五品以上文武官员到金銮殿里"开会"。各位大臣急忙赶到，听唐太宗作"重要讲话"。然而，唐太宗只是"通报"长孙顺德的受贿情况，唐太宗问大家："长孙顺德受贿数十匹绸缎，这说明了什么？……众爱卿，我问你们，这说明了什么？"众臣不敢作声，唐太宗便大声说："这说明长孙顺德家里缺绸缎啊！好，你家缺绸缎，我就奖给你绸缎。"唐太宗叫人搬来许多绸缎，一股脑地压到长孙顺德的背上，叫他亲自背回去。长孙顺德脸色一阵白一阵红，他欲卸不敢，欲背不能，恨不得钻地缝。周围百官看到他这模样，窃窃私笑，真是让长孙顺德颜面尽失。百官看到唐太宗的这种奖法，都害怕自己当众丢丑，再也不敢贪污受贿了。

■ 故事的哲理

领导艺术的高低，往往就表现在奖惩上。最有效的奖惩，未必是力度，而往往是方式与时机。这背后，是对人性的深刻洞察。因此，奖惩在人力资源部属于科学，而在真正的管理者手里，却更多是艺术。

"烂苹果"考试
放弃，有时也是一种进取

■ 哲理的故事

一家大公司要招聘一名高级财务主管，竞争异常激烈。公司副总在每名考生面前放一个有溃烂斑点的苹果、一些指甲大的商标和一把水果刀。他要求考生们在十分钟内对面前的苹果做出处理，即交上"考卷"。

副总解释说，苹果代表公司形象，如何处理，没有特别的要求。十分钟后，所有考生都交上了"考卷"。

副总看完"考卷"后说："之所以没有考查精深的专业知识，是因为专业知识可以在今后的实践中学习。谁更精深，不能在这一瞬间做出判定，我们注重的是，面对复杂事物的反应能力和处理方式。"

副总拿起第一批苹果，这些苹果看起来完好无损，只是溃烂处已被贴上的商标所遮盖。副总说，对于任何公司，缺点和错误都在所难免，就像苹果上的斑点，用商标把它遮住，遮住了错误却没有改正错误，一个小小的错误甚至会引发整体的溃烂。这批应聘者没有把改正公司的错误当成自己的责任，被淘汰了。

副总拿起第二批苹果，这些苹果的斑点被水果刀剜去了，商标很随便地贴在各处。副总说，剜去溃烂处，这种做法是正确的。可是这样一剜，形象却被破坏了，这类应聘者可能认为只要改正了错误就万事大吉了，没考虑到形象和信誉度是公司发展的生命,这批应聘者也被淘汰了。

这时,副总的手里只剩下一只苹果,这只苹果又红又圆,竟然完好无缺!上面也没贴商标。

副总问:"这是谁的答卷?"一个考生站起来说:"是我的。""它从哪儿来的?"

这个考生从口袋里掏出刚才副总发给他的那只苹果和一些商标,说:"我刚才进来时,注意到公司门前有一个卖水果的摊子。而当大家都在专心致志地处理手上的烂苹果时,我出去买了一个新苹果,十分钟足够我用的了。当一些事情无法挽救时,我选择重新开始。"

结果副总宣布:"你被录用了!"

■ 故事的哲理

放弃,其实也是一种"处理"。这是人们在"进取"正能量的熏陶下很容易忽略的。而有时候只有学会放弃,全新的开始才会出现。

对许多企业来说,有组织地放弃、改进、挖掘成功经验等原则更有效。如果不遵循放弃、改进和挖掘等原则,任何组织都不能奢望成为成功的创新者。

左宗棠请"美食家"吃饭
体验比说教更有效

■ 哲理的故事

　　清朝重臣左宗棠在担任陕甘总督时，曾经很赏识一个姓吴的部下。这人是世家子弟，非常有才华。一次，左宗棠打算将一件重要的差事交给吴某完成，却有好几个人表示反对，因为他们都发现吴某有一个怪毛病，那就是他在饮食方面非常挑剔。无论身处什么样的环境，他对饭菜味道的要求都很苛刻。自称美食家的他，甚至对吃饭使用的餐具也十分讲究。一旦有什么地方不合心意，他就会对下属大发雷霆，弄得人心惶惶。对这样的人怎么可以委以重任呢？

　　左宗棠听完，什么也没说。第二天一大早，天还没有亮，左宗棠就派人去找吴某，说是要请他吃饭。当时，吴某还没起床，听说左宗棠要请自己吃饭，急忙胡乱穿了一身衣服跑了出来。

　　吴某来到左宗棠的住处，侍卫将他领到一间空荡荡的房子里说："总督大人让您在这里等他。"吴某从早晨等到中午，连左宗棠的影子也没等到，他饥饿难耐，却又不敢走开，只好硬着头皮继续等。傍晚时分，外面终于传来脚步声，走进来的却还是一名侍卫，他拿来一壶水，又放下一只做工非常粗糙的茶碗，然后很快就离开了。吴某已经渴得嗓子冒烟，他顾不得挑剔茶具，一口气喝了两大碗水。

过了一会儿，侍卫又来了，这次他端上来的只有糙米饭和青菜，吴某饥不择食，狼吞虎咽地吃了三大碗。当吴某打着饱嗝放下碗时，左宗棠终于走了进来，他用十分抱歉的语气对吴某说："临时有紧急公务需要处理，让你久等了，真不好意思呀。"说着，左宗棠吩咐侍卫将山珍海味送上来，满满地堆了一桌子，然后很热情地劝吴某吃菜。吴某已经吃饱，再也咽不下一口食物，只好连连辞谢。这时，左宗棠才笑着说："一个人在饥饿的时候，不管多么糟糕的食物也能吃。一旦吃饱了，就算山珍海味当前也无法品尝出味道。可见食物的味道并没有一定的好坏呀。"吴某听完，感到十分惭愧，从此他不再自称"美食家"，也不再因为食物是否可口而责骂下人了。

■ 故事的哲理

给他讲道理，不如让他去体验。有了深刻的体验，浅显的道理才会真正进入他的内心。

丢失的绝版书

规则是为了约束，而非服务

■ 哲理的故事

1760年年初的一天深夜，一场大火烧毁了哈佛大学的图书馆珍藏馆。这里面有当年哈佛牧师遗赠的250本书，是真正的珍品。就在大火发生前一天，一名叫作杰克的学生恰巧将一册名为《基督教针对魔鬼、俗世与肉欲的战争》的书带出了馆外，打算空闲时在宿舍阅读。他得知发生火灾后，内心开始纠结。他想："这本书已是250本里唯一存世的了，如果我不告诉学校，保存下来一定能卖很高的价钱！可不交出又会陷入精神折磨里……"

经过一番思想斗争，他找到了当时的校长霍里厄克，把书还给了学校。霍里厄克校长接过书说道："太感谢你了，你真是一个诚实的学生。可是我还是要告知你，你被开除了，因为你违反了校规……"原来，学校规定，图书馆珍藏馆里的书，只能在馆内阅读，不能携出馆外，违反者立即开除。

杰克惊愕极了，他以为交出了书就可以免除责任，哪知还是躲不过。最后，杰克向校长道歉道："不管怎么说，我让这本书躲过了一劫，可以给我一次改正错误的机会吗？保证下不为例！"霍里厄克回答道："你将书归还给学校，说明你有良好的道德品质，但违反了校规，是不可宽恕的，规则面前没有下不为例！因为，'让校规看守哈佛的一切，比让道德看守哈佛更安全有效',这是哈佛一直以来的行事态度。"

杰克听后低头无语,最终遗憾地离开了校园。

■ 故事的哲理

每个企业都应该有属于自己的灵魂原则,并严格执行。这不仅仅是为了约束每个人的行为,而是能够不断发现问题并解决问题,从而不断进化升级,让整个企业走向正轨,能够在复杂环境中胜出。

用香烟"买"时间
"利诱"带来变革

■ 哲理的故事

近来，在巴西首都巴西利亚一个商场的公共区域出现了一台奇怪的售货机。这台售货机上闪亮着二三十根香烟形状的标志灯，还写着一句话："想用你手头的香烟购买连金钱也买不到的时间吗？那就行动起来吧！一根香烟=11分钟。"

经过的路人中不少正抽着烟。有个中年男子抱着试试看的态度往机子里投进了一根香烟。结果，机子上第一盏香烟标志灯就自动灭掉了。他又投进第二根、第三根、第四根、第五根。他每投进一根香烟，机子上的香烟标志灯就跟着灭掉一盏。第五盏香烟标志灯灭掉的时候，屏幕闪现出一句话："恭喜你，你的人生额外获得了55分钟，享受这些时间看一本书吧！"然后，机子的出货处就跳出了一本书。

看到这台售货机如此有趣，一旁的路人也纷纷跑来操作使用。一个年轻的姑娘用她手头的10根香烟"买"到了110分钟，兑换了一张电影票；另一个小伙子用他手头的香烟"买"到了220分钟，兑换了一件白色的T恤衫……大家发现，自己投进的香烟越多，"买"到的时间越多，获得的奖品越丰厚。

一整天下来，共有1469名路人使用了这台售货机，他们投进共13995

根香烟,"买"到了153945分钟的生命时长,兑换到了各式奖品。第二天,这台能用香烟"购买"时间的售货机,又出现在巴西利亚另一个商场的公共区域,继续向人们出售时间。第三天,售货机又"转战"他处。

你投进香烟就能"买"到时间,再用所获得的时间去换取相应的奖品,人人都说:"这真是一台神奇的售货机!"其实,这是巴西政府推出的一则禁烟公益广告,那台售货机,就是广告的载体。巴西的人口大约两亿,其中就有2500万人吸烟,且其中90%都是从青少年时期开始吸烟,香烟可能会伴随他们一生。在2014年5月31日"世界无烟日"那天,巴西政府颁布了全国禁烟法令,禁止市民在全国各大封闭公共场所内吸烟,但抽烟的人数还是居高不下。考虑到这一点,巴西政府就邀请专家精心打造了这么一台特殊的售货机,让它在各大公共场所与烟民进行一场又一场不一样的"对话"。

■ 故事的哲理

将抽象概念具象化,将要传达的文化形象地表达出来,并且切实让人得到好处,才能真正地触动变革。

降低噪声污染的智能喇叭统计器
社会价值将带来商业价值

■ 哲理的故事

铃木汽车在印度的子公司玛鲁蒂铃木创意总监樱井雅惠到孟买的时间不长，看到了一个"世界之最"。她称印度孟买是世界上最吵的城市，因为那里车多，堵车就多，很多司机乱按喇叭，导致75%的官方交通协管员都患有永久性的听力损伤。

因此，樱井雅惠萌发了要降低孟买交通喇叭声的想法，以铃木汽车的名义颁布一个"按喇叭次数越少、奖励就越多"的措施。可问题是：按喇叭是司机的自由，怎么统计？

她召集了十几名技术人员，经过近一个月的努力，开发出了一款名叫NoPoPo的喇叭统计设备。只要将其安在方向盘附近，就会如实地记录下人们按喇叭的次数，设备还可以配套手机 App 使用。司机可以在 App 上设定自己每天按喇叭的次数，每一次完成任务就可以累积奖励。玛鲁蒂铃木准备了一堆可以用来装扮爱车的小礼品作为奖励，比如方向盘套、车内装饰品等。在规定的次数里，司机用户按喇叭的次数越少，系统的奖品就越丰厚。

NoPoPo 喇叭统计设备还可安装在任何品牌汽车上。有人问她："不把设备与铃木汽车品牌绑定，不就为他人做嫁衣了吗？"樱井雅惠反问："如果孟买乃至整个印度因为这种喇叭统计设备而大大减少喇叭噪声，那对铃木品牌来说，又有何不好？"

NoPoPo 喇叭统计设备上线短短三个月，就实现了注册用户的平均按喇叭次数下降 43%。因此，孟买交通部门专门找到玛鲁蒂铃木，请她把 NoPoPo 喇叭统计设备加入汽车的标准配置。

■ 故事的哲理

管理大师杜拉克很早就预言：未来成功的企业一定是改变人们生活的企业。一个产品可以解决整个社会的难题时，必将产生商业价值，更会产生巨大的社会价值。

Chapter 7

做一个有灵魂的服务者

几年前,国家曾派很多企业主管去西方培训、考察。回来后,我求教一位老总说"什么收获最深刻"时,他头一句就说"为股东服务"。可是现在,我们本着稻盛和夫的思想,应该说"职工至上""职工服务万岁"。

——杨沛霆

六亲不认的印度理工学院
规则在可以通融时才最需要严格

■ **哲理的故事**

卡梅娅是一名电脑程序员,她报考了印度理工学院计算机专业研究生。由于这家学院在印度十分知名,并且秉承"严进严出"的规则,先后三次报考卡梅娅都失败了:第一次是由于法语成绩差了两分,第二次是专业课少了一分,第三次则是面试成绩不佳。

这接二连三的失败,让她十分沮丧。卡梅娅的父亲看到这种情景,十分难受,他劝导女儿说:"其他的大学也不错,何必在一棵树上吊死呢?"但倔强的卡梅娅表示,她还是准备坚持自己的理想,一定要考上。

之后的一段时间里,卡梅娅变得更加勤奋,她一心扑在考试上,终于在第四次以笔试第一名、面试将近满分的成绩被录取。

按照传统,每年在开学典礼上,院长都要给新入学的优秀学生颁发奖状和奖金。当巴隆迪院长走到卡梅娅身边时,卡梅娅按捺不住自己的兴奋悄声说道:"爸爸,我终于成功了!""孩子,爸爸为你感到无比骄傲!"院长巴隆迪紧紧拥抱了一下女儿。

■ 故事的哲理

所有的法律、制度、规则，如果只是人我之别的纸老虎，就失去了它的力量。一个制度想要人们真的接受并获得尊重和赞誉，就必须从严从细去执行和坚持，特别在看似可以通融时。有的时候规则会内化到我们的心中，那是因为我们知道它已经成为检验实践的唯一标准。

看似意想不到的好运

服务，是无限的真诚

■ 哲理的故事

一个风雨交加的夜晚，一对老夫妇走进一家旅馆的大厅，想要住宿一晚。无奈这里的服务员说："十分抱歉，这里的房间被来这里开会的团体订满了。要是在平常，我会送你们去别的旅馆。可是外面天气很差，如果你们不介意，可以在我的宿舍里休息一夜，那里还是挺干净的。"

看到这位年轻人如此诚恳，老夫妇去他的宿舍过夜了。第二天一早，老先生去柜台结账，还是昨晚那位服务员接待他们，并亲切说道："昨晚，您住的不是饭店的客房，我们不能收您的钱！"这的确让老先生更加意外和惊喜，他点头称赞道："你是每个旅馆都梦寐以求的员工。"

几年后，这位服务员收到了一封信，信正是那位老先生寄来的，随信还有一封邀请函和赴纽约的机票。这位服务员来到纽约曼哈顿，发现第五大街的路口矗立着一家漂亮的新旅馆。而老先生正在门口迎接他，并告诉他，这是为他修建的旅馆，希望他来亲自经营。

服务员万分惊讶之余欣然接受了老先生的邀请。这是一个真实的故事。故事里的服务员是鼎鼎大名的乔治·波特，他接手的便是后来享誉世界的华尔道夫酒店，他将其塑造成了纽约的城市地标。

■ 故事的哲理

在一个向服务转型的时代，每个优秀企业都在为提升服务而行动。可提供服务区别于制造产品的本质是什么？那就是服务针对的是人心，进而意味着服务是无限的。转型服务，就意味着转向无限的发展空间。而无限的服务，都来自一点：无限的真诚。

学生比树少的大学
拒绝诱惑的深度

■ 哲理的故事

19世纪90年代初,美国南部城市休斯敦,棉花行业巨富威廉·马歇尔·莱斯捐资修建了莱斯大学,这是美国最早的私立学校之一。

不过,这所学校的奇妙之处在于,树的数量和学生的数量有着有趣的相关度。据说,当初修建学校时,莱斯就规定原址上的橡树一棵也不能动,要精心保护。从学校开建到完工,689棵橡树完好无损。而根据树的数量,学校第一年就招收了689个学生。

此后学校不断扩建,但莱斯一直规定,先种树,树的数量上去了,才能新增学生的数量,尽管师资力量很丰富,但橡树的成活率直接决定了莱斯大学的新生增长速度。外界很多人都对莱斯的做法不理解,甚至有人嘲笑他是莫名其妙的怪老头儿,说不定是"橡树精"转世。

但莱斯不为所动,直到他1902年去世,校园里的橡树终于趋于饱和,共4890棵。他的遗愿很简单,学生数量不能超过这个数字。但与此不同,对一流教师、学者,莱斯大学却是秉持着来者不拒的精神,使得其教师与学生的比例远远高过普通的公立院校。

而直到如今,一百年过去了,莱斯大学依然遵守着这个奇怪的规定,不过它优秀的教学质量使得其获得了"南部哈佛"的美誉,而莱斯先生作为美国私立学校的先驱也被载入了史册。

■ 故事的哲理

　　伟大不仅仅是"熬出来"的，更大可能是在坚守原则中慢慢积累起来的。百年基业的奠定不仅仅是在实现一个最初的梦想，还有可能是在前进的道路上不断排斥错误的选择，种树育人成就事业，好比静水流深，最简单的往往也是最难做到的。

上当的窃贼
契约精神：首先反求诸己

■ 哲理的故事

一个窃贼去偷一家商店的保险柜。来到保险柜前，他发现了一张字条："请不要用炸药。保险柜没有锁，只要转动柜门把手就行了。"窃贼心花怒放，心想这也太容易了。

他按照字条的指示转动了柜门把手。突然一个非常重的大沙袋从他头顶直接砸到了他身上，商店里的灯全亮了，警铃声大作。当警察把窃贼放在担架上抬出去时，他嘴里还不断地呻吟着："我对人性的信任彻底动摇了！"

■ 故事的哲理

当我们喜欢指责别人不遵守契约精神、不专业时，需要先审视自己的行为是否违背了契约精神、是否专业。但我们往往会将是非之分扭曲为人我之别，于是自己反而成了灯下黑的特区，直到自己成为自我特区的牺牲品。凡事反求诸己，有时才能把本质看得更清楚。

0.1% 的跳伞包吓坏了谁
质量控制：只要把客户当作自己

■ **哲理的故事**

"二战"时期，巴顿将军通过一份来自前线的战事报告了解到，在牺牲的盟军战士中，竟然有一半是在跳伞时摔死的。这让他十分恼火，立刻赶到兵工厂去问个究竟。当时负责生产降落伞的商人考文垂，看到恼怒的将军，立马委屈地解释道："我们的降落伞合格率高达 99.9%，已经是世界最高水平了，很难提升了！"巴顿听后，怒斥道："这是关系到每个士兵生命的事情，必须做到百分之百合格！"

可是考文垂似乎并不买账。情急之下，巴顿将军突然拿起车间里的一个跳伞包，抓住考文垂，说道："既然这是你制造的完美产品，那现在你就抱着这个和我上飞机吧！"听到这里，刚才还在强辩的考文垂已经吓得脸色苍白，因为将军拿着的伞包还没经过检验呢！

幸运的是，考文垂尽管吓得差点尿裤子，但还是安全落地了。看着他的狼狈相，巴顿笑着说："你记住，我会不时来抽查，让你背着自己做的新伞包来跳伞！"说罢，将军扬长而去。此后不久，盟军的跳伞事故大大减少，最后甚至绝迹，而将军此后却并没有再去过兵工厂！

■ **故事的哲理**

每个人都有惰性，只要不涉及切身利益，很多人往往不够重视。质量事件频发的背后，正是这种漠然的心态。其实只要从自身的角度出发，感受使用者之感，不用把客户当作上帝，只要把客户当作自己，就会明白：产品质量没有打折的空间。

什么才是"安宁的画"？
逆向思维的优势

■ **哲理的故事**

很久以前，一位贵族为求一幅安宁的画作悬赏重金。一时画家云集，纷纷呈上佳作。在众多作品中，贵族真正喜欢的只有两幅，他必须做出选择。

第一幅画画的是一个湖。湖面平静得宛若一面镜子，四周环绕着高耸的山峦，湛蓝的天空中飘着朵朵白云。众人都认为这幅画很符合安宁的定义。

第二幅画上面也有山峦，但怪石嶙峋，突兀，阴郁。天空云层密布，电闪雷鸣。山峦的一侧有一道瀑布正飞流直下，激起层层浪花，似乎并不算平静。但若仔细看，就会发现瀑布后的岩石裂隙中竟生长着一丛灌木。灌木丛中，一只鸟妈妈正在精心地筑巢。

经过良久的思索，这位贵族最终选择了第二幅，他的理由是，只有经历了劫难和艰辛的付出，才能获得真正的安宁！

■ **故事的哲理**

想要赢得客户，就得从细节入手，深入分析客户心理需求，从而个性化定制，即极致地表现产品的某一个直接特点，从而拿下订单。

"吴下阿蒙"的心性修炼
美玉要经石头打磨

■ 哲理的故事

三国名将吕蒙年少时,私自跟随姐夫邓当从军。当时邓当手下有一个官员,见16岁的吕蒙非常小,很轻视他,说:"打仗这种事情也是小孩能干的吗?拿肉喂老虎而已。"后来,他又当面耻笑、羞辱吕蒙。吕蒙大怒,居然举刀杀掉了这位官员,闯下大祸,逃到同乡家里避难。事后几经周折,他才又回到军队。

然而就是这样一个急躁易怒的"吴下阿蒙",多年后以能忍著称。"白衣渡江"、大败关羽仅是吕蒙能忍的一例。后来吕蒙被提拔,有一次正要入朝时,被一位官员隔着门帘指着说:"你小子居然也能参政?"吕蒙假装没听见,而同行官员却非要弄清挑衅者的姓名,吕蒙坚决不同意,说:"如果一知道他的姓名就终生不能忘,还不如不知道。"看来"吴下阿蒙"的变化之大,远不止鲁肃所称赞的学识增长,还有心性的成熟。

■ 故事的哲理

人与人之间的博弈,能互相谦让固然很好,但若想真正"动心忍性,曾益其所不能",真正的胜出者必定是各色人等相磨之后,才能练出镇定自若、指挥若定的真正勇士。

营救被打成叛徒的将军
驾驭"民意"未必靠讲理

■ 哲理的故事

群体心理学创始人、法国人勒庞，年轻时曾遇到一件事情：当时正值普法战争期间巴黎被围困。一天，勒庞发现一位将军被愤怒的人群押到了卢浮宫（当时政府所在地）前，他被怀疑向普鲁士人出卖了法军设防计划。人们要求政府立即处决这个"叛徒"！

但以勒庞当时对情况的了解，这位将军不可能是叛徒。如果他被处决，肯定是冤案一桩。

这时，一位官员走过来，他的任务是劝说人们释放这位将军。勒庞原本以为，这位官员会讲讲道理，证明将军的清白。然而，让勒庞惊讶的是，这位官员用的是完全相反的方法，他和群众一样同仇敌忾地喊了这样一席话："正义终归是正义，一定会被伸张的！要知道，正义是最铁面无私的。还是把你们的请求交给政府来判决吧！在做出最后的判决之前，我们会把他囚禁起来！"

虽然这位官员几乎和群众一起喊口号，但人群的愤怒被这样义正词严的话语平息了，而且人们很快散开。短短十几分钟之后，这位将军就获得了自由身，重新回到自己家里。

勒庞后怕地回顾："如果这位官员对问题一一论证，无疑会火上浇油，而那位将军也必死无疑。"

■ 故事的哲理

勒庞认为,群体心理与个体心理截然不同——在智力上总是低于个体,而情感、情绪上则比个体要强烈得多。因此,当你要影响群体心理时,一定要明确:真正的决战发生在感性层面。

大自然的魔术
顾客比你更"聪明"

■ **哲理的故事**

在一次巡回演出中,魔术师道格·汉宁来到加拿大北部一个冰天雪地的小镇,给因纽特人表演魔术。他表演了几个节目后,穿着皮毛大衣的因纽特人坐在那儿,不笑,不出声,直到表演结束都没有给予掌声。

道格·汉宁奇怪地问:"你们喜欢这些节目吗?"他们说:"喜欢。"道格·汉宁又问:"那么你们喜欢魔术吗?"其中一人回答:"干吗要魔术?这个世界已经如此神奇了。"道格·汉宁说:"但是,我可以凭空变出兔子和鸽子来呀。""你为什么要做那种事情呢?"因纽特人说,"到了春天,北极到处都会出现海豹,也不知它们是从哪里来的,真是神奇,这不就是魔术吗?"道格·汉宁拿出一个银色的道具球说:"看啊,我可以让这个球飞来飞去,神奇吧!"不料,因纽特人说:"每天,都会有一颗大火球浮在空中,不断给我们温暖,这是多么好的魔术啊!何必要去表演呢?"

接着,因纽特人凑在一起,交头接耳了一会儿。然后,其中的一个走上前说道:"我们明白你为什么要做那些表演了,看你表演的人,可能早就忘记真正的魔术是什么了,你唤醒了他们对魔术的回忆,做得不错。"听到这儿,魔术师恍然大悟,他似乎也明白什么才是真正的魔术了。

■ **故事的哲理**

谁最了解企业的产品？谁最明白企业的弱点？谁掌握企业真正的决定权？其实不是管理者，而是顾客。顾客会引导企业发现什么才是最好的创新，什么才是最值得努力的方向，而不是管理者自己一味的卖弄。

万金鱼
不在于是什么，而在于怎么看

■ 哲理的故事

一天，国王和王后在宫殿内休息，这时渔夫带着鲜鱼向国王进贡。国王一时高兴，就赏了渔夫 4000 银币。渔夫走后，王后责怪国王花这么多钱就买了几条鱼。国王表示，交易已经完成，不好再出尔反尔。

王后说："我们可以把渔夫叫回来问鱼的性别，如果他说是公的，我们就说想要母的，反之亦然，这样就能把钱要回来了。"国王照办了。然而，渔夫可不是只会卖鱼的商贩，他回答说："这些鱼既是公的也是母的，它们是双性鱼。"

国王被渔夫的智慧打动了，又赏给渔夫 4000 银币。渔夫谢过国王后准备背着一袋子钱离开，这时，一枚银币掉在地上了，渔夫立刻弯腰去捡。王后这下子可抓住了把柄。"看看这个家伙多么贪婪！"王后说，"已经有了这么多钱，还不肯丢弃一枚银币，我的仆人们捡到或许还能派上用场呢。"

听到这里，渔夫说道："尊敬的王后，我捡这枚银币可不是因为贪婪。国王的头像已经印在上面，我不能容忍任何人踩踏这枚银币，对国王陛下不敬。"

国王听后更加高兴，于是又赏给渔夫 4000 银币。至此，王后决定闭上嘴巴，让渔夫离开。她害怕再说几句，国王赏赐渔夫的钱会更多。

■ 故事的哲理

思维方式决定命运。积极的思考模式使得人们相处更融洽，工作更愉悦，而消极的思维只能将自己画地为牢。选择哪种模式，高下立判。

终生难忘的"半袋零食"
揪出藏在细节里的"魔鬼"

■ 哲理的故事

日本有一位优秀教员,他在熊本县任教三十八年,充满爱心,深受学生爱戴。

这位老师上小学二年级时,在一个寒冷的冬日,家里来了挨家挨户卖唱的母女俩。母亲边弹三弦边唱歌,小女孩则随着歌声起舞。外面雪花纷飞,少年边吃零食边看她们表演。曲终,少年将吃到一半的零食送给了那个小女孩。这时,在庭院里干农活的少年的父亲突然跑过来,一下子将少年推倒在地上。

父亲向站在一旁被吓得不知如何是好的母女俩郑重赔罪,因为自己的儿子竟然失礼地将自己吃了一半的东西送给她们!父亲要求少年向她们赔礼道歉。后来,父亲不但送给她们粮食,还送给小女孩一袋尚未拆封的零食。对一旁哭泣的儿子,他没有再多说什么,只是一如平常地去干农活。其实,少年的父亲正是要让儿子体验到该如何平等而充满爱心地对待他人。

■ 故事的哲理

即便是自以为的善念,背后也许都潜藏着深层次的"恶"。对于领导者而言,明辨是非不难,关键是如何判断这个"非"的属性和可能引发的后果,而不是只看得到当下显而易见的损失。

布勃卡的恐惧
先把"心"甩过去

■ 哲理的故事

布勃卡是闻名全球的奥运会撑竿跳冠军，曾三十五次创造了撑竿跳世界纪录。因而，他享有"撑竿跳沙皇"的美誉。总统曾亲自授予他国家勋章。在那次隆重、热烈的授勋典礼上，记者们纷纷向他发问："你成功的秘诀是什么？"布勃卡只微笑着说了一句话："就是在每一次起跳前，我都会先把自己的心'甩'过横杆。"

殊不知，布勃卡和其他的撑竿跳选手一样，也曾有过一段失落的日子。尽管他非常渴望成功，渴望创造新的成绩，不断地去冲击新的高度，但每每都失败而返。为此，他苦恼过，彷徨过，也沮丧过，甚至动摇过，怀疑自己是不是这块料。

有一天，他照例来到训练场，却怎么也打不起精神，叹气连连，对教练说："我实在跳不过去。"教练平静地问他："你心里是怎么想的？"布勃卡如实回答："我只要踏上起跑线，看清那根高悬的标杆，心里就害怕。"突然，教练一声断喝："布勃卡，你现在要做的就是闭上眼睛，先把你的心从横杆上'甩'过去！"教练的厉声训斥，让布勃卡如梦初醒，顿时恍然大悟。遵从教练的吩咐，他重新撑起跳竿又试跳了一次，这一次他果然顺利地一跃而过。

■ **故事的哲理**

　　在感叹和遗憾中，你也许没发现，并不是时运不济，而是你自己的心使恐惧更进一步，阻碍了你前进。这也是很多人渴望成功却总是与成功差之毫厘的根源。

看好脚下
杂念吞噬常识，私心滋生假象

■ 哲理的故事

秋天的夜晚，通惠禅师和三位弟子在山顶的凉亭中论禅。大家讨论得很尽兴，不觉间夜已经深，可还是难分伯仲，他们决定回到寺里再讨论。

从山顶到寺院要经过一段很陡的山路。这时吹来一阵山风，把走在前面领路的大弟子惠云的灯笼吹灭了。顿时，四周一片漆黑。通惠禅师心想，这正好是一个考量弟子禅功的机会。于是，他便对几位弟子说："请几位把当下的心境说出来。"

语音刚落，惠云说道："彩凤舞丹霄。"并解释说，"在禅者眼中，彻底的黑暗和彻底的光明并无区别，所以此刻的心境仿佛如凤凰舞蹈于美丽的天空。""不错。"通惠点了点头，然后把目光转向二弟子惠眼。惠眼立刻答道："铁蛇横古路。"他随即解释，自己的意思是，只要禅者内心坚定，就没有什么能阻挡禅者前进的脚步。通惠也点了点头。轮到三弟子惠果，只见他低下头，用手指了指路面，然后轻声说出了四个字："看好脚下。"

随后，惠果解释道，"我想，在这样一个黑夜，没有什么比看清脚下路之后踏出实实在在的每一步更重要。"

惠云和惠眼听完，都流露出不屑的神情。然而，这时通惠禅师意味深长地说道："你们三个中将来能够胜我的，就是惠果。"

■ 故事的哲理

  处于困境时，夸夸其谈与盲目乐观都是多余动作，只有看清当下情势，谨慎、积极面对才能从容跨越。其实道理很简单，但我们往往做不到。因为，我们心中关注的，常常不是做好事情本身，而是如何去借机表现。而这正是曾历代领导考查接班人时困惑的双向考题。

如何扫出"最美"的庭院
挖掘客户没说出的"需求"

■ 哲理的故事

日本人爱干净，日本茶道更有一尘不染的传统。传说有一天，日本茶道宗师千利休的儿子正在洒扫庭院小径，千利休坐在一旁看着。当儿子觉得工作已经做完的时候，千利休说："还不够。"

儿子把庭院又打扫了一遍，千利休看了眼，说："还不够。"最后，儿子累得气喘吁吁，对千利休说："父亲，我已经把石阶洗了三次，树木也洒过了水，所有地方都很干净，地上甚至找不到一根掉下的树枝和一片叶子。"

"傻瓜，那不是清扫庭院的方式。"千利休对儿子说，接着他起身走进园子，用手摇了摇其中一棵树，院子里刹那间落下了很多金色和深红色的树叶，这些掉落的树叶，让静谧的园子一下子充满生机。

■ 故事的哲理

如果你认为"洁净"只是"一尘不染"，你就无法脱颖而出，真正的"洁净"是为客户创造"洁净的心境之美"，而非表面上的"一尘不染"。一切服务的价值，首先来自你怎样洞察和界定客户内心深处的潜在需求。

只为少数人开发的新产品
逃离大众化思维的陷阱

■ 哲理的故事

有一段时间，美国街头到处可见一批年轻人手拿调查问卷，让来来往往的过路人为两款车打分。大家看到，问卷上的 A 款车柔美温和，B 款车则狂野奔放。很快，路人根据自己的喜好分别给两款车打上了分数。

几天之后，一个名叫菲比的小伙子集中整理了这些年轻人手中的问卷数据，然后提交给自己的上司——美国通用汽车总公司产品开发副总裁罗伯特·A. 卢茨。原来，美国通用汽车公司刚开发出一款性能优越的汽车，但公司内部高层对车型形成了两种不同的意见——一部分人觉得应该给这款车配上柔美温和的外观，另一部分人却觉得狂野奔放的外观更有市场。在拿不定主意的情况下，卢茨于是提出让大众选择、决定新车的车型。

助手菲比给卢茨提供的调查数据一目了然——满分是 10 分，A 款车平均得分 7.5 分，B 款车平均得分是 5 分。卢茨扫了一眼总数据，然后拿过菲比手中那厚厚一沓调查问卷，一张张翻看起来。看着看着，他开心地笑了起来。菲比问："您是否决定推出 7.5 分这款车？"没想到，卢茨坚定地回答："不！我们要推出平均只得 5 分的这款车。"看着菲比一脸不解的表情，卢茨向他摊开了手中那一张张评分表："你看看，得 5 分的车型，很多人给它打了 9 分和 10 分，也有很多人给它打了 1 分甚至是 0 分，这表示，有人狂热喜欢它，有人则极端厌恶它；而得 7.5 分的车型，问卷里的打分几乎都是 6 分、7 分、8 分，这表示，没有人讨厌它，但也没有人对它非常有激情。现在的汽车行业竞争十分激烈，市场已经变得十分拥挤，所以，只有狂热的少数人才最有可能购买我们的新款汽车。那些给 B 款车打上 9 分、10 分的人，正是我们要挖掘的潜在客户！"很快，通用汽车公司按照卢茨"为少数人而开发新产品"的思想，推出了狂野奔放型的新车。卢茨的眼光果然精准独到，这款新车刚上市就受到了一部分人的狂热追捧，很快销售一空。

■ 故事的哲理

点赞没有意义，转发并且收藏才有价值。在小众时代，泛泛认同比批评更无意义。要赢得市场的尖叫，就必须脱离寻找共性的惯性，挖掘"客户"的个性痛点。

用真迹换"真迹"
包容与付出，才能成就自己

■ 哲理的故事

吴昌硕是清末民初著名的书画家和篆刻家，其作品具有很高的收藏价值，很多人纷纷花高价收藏他的真迹。

有一次，吴昌硕与一帮朋友同桌吃饭。席间，一个商人拿出一幅画，请吴昌硕鉴定真假。众人一看，无不觉得好笑。因为画上的落款是"安杏吴昌硕"，而吴昌硕实为安吉人。很明显，这是一幅赝品。

吴昌硕左看右看，对商人说："这是我的画。"旁人问："'安吉'写成'安杏'，难道是真的？"他笑道："这是我一年前画的，人老了，那是笔误。"接着又对商人说："如果不介意，这幅画我收回，我再送你一幅画，绝对无误。"商人大喜，满意而归。

散席后，有人问："那幅画很明显是赝品，你怎么承认是自己画的，还送他一幅真迹呢？"吴昌硕笑道："我当然知道那幅画是赝品，但商人以贩卖为生，我如果当面揭穿，他必将血本无归，从此不敢再购买我的画了，我的画以后还如何在市上流通呢？我这么做不只是为了商人，也是为了我自己啊。"众人大悟，拍手称赞。

■ 故事的哲理

　　作为老板，对下属的无心之误不仅需要包容，还要给予根本解决之道。这个根本，就在于老板要用自己的付出，去全力呵护下属对组织价值来之不易的信仰。员工有了信仰，才能为组织贡献一切。

向"沙漠王国"出售沙子
需求来自与痛点的联系

■ 哲理的故事

2014年年底,德国一家名叫风速的建材公司发了"横财"。原来,这家公司的老板接了一个大单——向阿联酋出售1500方沙子。阿联酋号称"沙漠王国",遍地是黄沙,风速建材公司是怎么拿下这笔大单的?

风速公司老板名叫库尔特·海森堡。2014年秋天,他从报纸上看到一个消息:阿联酋迪拜将搭建一个世界级赛马场。看完这则消息,库尔特就开始变得不正常了。

他放下公司忙碌的业务不管,居然跑到迪拜旅游。十多天之后,他返回公司就向大家宣布:要把德国的沙子卖到迪拜去。所有员工都认为老板疯了。

员工们不知道老板究竟要干什么。两个多月之后,库尔特背着一个大包,再次来到迪拜。这次,他直接找到迪拜世界级赛马场负责人赫尔姆特,开门见山地向他推销起德国的沙子。

赫尔姆特直接拒绝了。库尔特说:"您先别着急,您能否先听我说一说为什么向您推销德国的沙子?"他接着说,"两个多月前,我在迪拜待过十多天。在这十多天里,我天天只做一件事:到各个角落踩沙子,用心感受它们。您知道吗?迪拜虽然最不缺沙子,可这里的沙子颗粒偏大,颇为粗糙,并不适合铺设赛马场。一旦用进去，伤到动辄千万的纯种赛马，你们的损失将难以估算。"

短短几句话就把赫尔姆特吓出了一身冷汗。不过，他还是很犹豫："你说得虽然有道理，但我怎么确定你们德国的沙子就一定不会伤到马？"

库尔特笑了："前些日子我跑遍德国各地，精选十几种优质的沙子，现带来样品供您挑选。"他从自己的包里掏出十几袋细沙递给赫尔姆特。

赫尔姆特打开其中一袋沙子，伸手摸了摸，发现果然沙子质感非凡。赫尔姆特经过层层筛选，最终选定一种德国细沙。然后，库尔特与之签下巨额订单，向迪拜发去1500方沙子。大家都说库尔特创造了一个商业神话。

■ 故事的哲理

推销客户貌似最不需要的产品，看上去是一件不可能完成的任务。但是，这都是在你没有将你要推销的商品品类与客户的痛点加以联系进而区隔的情况下才会出现的。

把粮食留给敌人
风气损失才是致命损失

■ 哲理的故事

宓子贱是鲁国人，孔子门下七十二贤人之一。这一年，齐国对鲁国大举进攻。齐国国力强盛、军队战斗力强悍，鲁国戍边部队节节败退。

战火很快烧到鲁国单父地区，宓子贱时任该地区"最高行政长官"。除了加强防御，还有件事让他很揪心：正值麦收季节，大片麦子已经成熟，不久就能收割入库，可这些粮草却有可能成为对方的补给。

有几位德高望重的前辈向宓子贱提议："要赶在齐国军队到来之前，让老百姓去抢收。男女老少齐上阵，不管是谁种的，谁抢收了就归谁所有，肥水不流外人田。"官员们也附和："齐国军队长途奔袭，粮草运输问题肯定让他们头痛。如果无法抢走麦子做军粮，其粮食供应就会有问题，就会不战自退。"尽管乡中父老和属下再三请求，宓子贱却不肯这么做。几天后，齐国军队抢收了所有麦子。

很多人埋怨宓子贱，让敌人劫掠去了一年的劳动成果。消息传到鲁国都城，大贵族季孙氏也异常震怒，派使臣赴单父地区，向宓子贱兴师问罪。宓子贱对使者说："麦子被敌人割走，明年还可以再种。如果我让百姓去抢收麦子，对那些平时不愿意劳动的人来说，就可能不劳而获，凭空得到不少好处。"

听到这里，使者怒气消了不少。见使者脸色多云转晴，宓子贱继续说："要是我下令抢收，百姓们能抢回来一些麦子。等到敌兵退去，那些不劳而获的人，便会期盼敌国入侵。如此，民风会变得越来越坏。其实单父地区一年的小麦产量，对于鲁国强弱的影响微乎其微。鲁国不会因得到单父的麦子就强大起来，也不会因失去这点小麦衰弱下去。与其助长这种侥幸心理，还不如让敌兵抢走这些粮食。因为前者才是危害我们鲁国的大敌，是几代人的大损失。"

果然，季孙氏不仅没有处分宓子贱，反而还重重嘉奖了他一番。

■ 故事的哲理

文化是一个组织的灵魂。文化其实就是风气。企业文化是不择手段追逐短期利益，还是不计小利追求持续的发展，将直接影响员工的行为，并最终决定企业命运。员工行为是企业文化的放大镜，管理者不要抱怨员工急功近利，而应自省一下企业文化是否发生了偏差。

健身馆的"巧克力宣传单"
用逆向思维筛选客户

■ 哲理的故事

按理说,健身类产品的商家搞宣传,一定很忌讳在广告中提到巧克力这类高热量的食品。可偏偏有人反其道而行之。

近日,南非一家名叫"斯利姆"的健身美容中心就利用巧克力打造出了一款特殊的宣传单。

这款宣传单由纯巧克力制作而成,既能看又能吃。而主张这样打广告的,正是斯利姆健身中心的老板萨米。宣传单被成批制造出来之后,萨米特意让员工将其拿到一些以食物、健康等为主题的博览会上分发。拿到这种宣传单的人,都很好奇:一家健身美容中心,怎么会发放高热量的巧克力给顾客?这不是在诱惑顾客,让他在美食和健身之间无法抉择吗?

可接过巧克力板时,大家都笑了。只见它的正面写着一条有趣的广告语:"如果你真的想减肥,那么把这块巧克力板送到任何一家斯利姆门店,就可以享受20%的折扣!"它的背面,则被划分成了20个小格子,每个格子里都写着同样的内容:"1%。"

这些小格子自然也有它们的用处。每块巧克力板会附带一张说明,说明上写着:"嘿,我知道你正在经历诱惑,但不用担心,把剩下的巧克力带过来,每剩下一块我们就会给你1%的折扣!"

别说，这样的宣传单还真的很受欢迎。如果人们抵御不了巧克力的诱惑，把它全吃了，那么斯利姆健身中心顶多损失一块巧克力板；但如果人们难以抵御折扣的诱惑，拿着整板或部分巧克力去兑换折扣，那么斯利姆健身中心就成功拉进了一个顾客。

健身中心这种用诱惑抵御诱惑的宣传手段，是不是既有智慧又有趣？

■ 故事的哲理

要想获取客户的注意力，不仅需要用逆向思维做营销，同时也要用营销去筛选客户。互联网时代，营销不仅要做口碑传播，更要致力于将受众转换成顾客。

把玉石劈开的后果
组织拆分打破强强误区

■ **哲理的故事**

一次，玉石巧雕大师卢云峰在朋友那里看到一块厚度为四五厘米的马达加斯加玛瑙玉石。玉石质地十分通透，正反两面都有着如草花一般的褐色图案，在光照情况下，草花的颜色更加深，看起来十分特别。

卢云峰如获至宝，赶紧花重金购下。他最看中的是玉石的两面均有花纹。这简直就是天赐的双优。卢云峰已经构思好，料中花纹犹如松树的松针，如果双面结合，雕棵松树，再加只鹤，松鹤延年，寓意十分好。

可真到下手设计时，他才知道自己买回的其实是一块烫手山芋。原来，料中两面花纹路虽然一致，但一面是大花，一面是小花，若都雕成松树，一面松针大，一面松针小，看起来将极不和谐。

卢云峰泄了气。他一狠心，索性将玉石劈成两半，大纹路一块，小纹路一块，厚度各两厘米多。

卢云峰对两块玉石分别创作。小纹路那块，他在底色灰白的石头上雕出一只高大母鹿口衔嫩草准备喂给个头尚小的幼鹿的温馨场景，取名为《母子情深》；大纹路那块，他利用玉石上的大花纹雕成翅膀，再将灰白的部分雕成蝴蝶幻化的人形，作品充满着迷幻色彩，取名为《梦蝶》。

大小纹路，两件作品，特色非常。卢云峰拿去参赛，两件作品均入围

"天工奖"。经过角逐,最终,《母子情深》获得2014年的"天工奖"银奖。

■ 故事的哲理

事实上,强强组合不一定是最优方案,相反,它们可能互相牵绊给组织带来无尽烦恼。而如果把优点分解开,可能会出现一个全新格局。

请平民赴"国宴"
尊重人，才能赢得尊重

■ 哲理的故事

瑞典环境大臣莱娜·埃克曾在首都斯德哥尔摩瑞典政府所在地举行过一场以"环境"为主题的晚宴。她邀请了政府前任和现任的高级官员参加，其中就包括前农业大臣玛格丽塔·温贝里。

不料，当晚在玛格丽塔·温贝里到达后，埃克和其他来宾却惊讶地发现，此温贝里非彼温贝里。这位"温贝里"是位60多岁的女士，她穿着一条黑色长裤和一件带着图案的深色上衣，手上赫然拿着埃克发出的晚宴请柬。埃克微微一愣后，马上意识到一定是工作人员在某个环节出了差错。

埃克的助手立刻走过去想把平民温贝里"请出去"，却被埃克一把拦住了："我们不应该这么做，她没有什么错，是我们做错了！"随后，埃克脸上现出和蔼可亲的微笑，不动声色地与平民温贝里热情地握手，并欢迎她就瑞典国内的环境问题发表自己的观点。平民温贝里阐述了一些自己的观点，虽然很浅显，但埃克带头鼓起掌来。

之后，平民温贝里和高官们一起就餐，还聆听了政府要员讲话。晚宴自始至终，埃克和其他政府高官都对平民温贝里以礼相待，没有一丝一毫的轻视和怠慢。宴会结束后，照例要拍合影。助手对埃克说："她吃也吃了，喝也喝了，讲也讲了，拍照就免了吧？明天还要见报呢！"埃克却说："那怎么行?她既然参加了宴会,就应该出现在合影中,这是对她最起码的尊重。"于是,埃克又热情邀请平民温贝里合影,并让她坐在第一排显眼的位置上。

从宴会回到家中,平民温贝里依然飘飘欲仙。从她莫名其妙地接到政府宴会的邀请,到她在宴会上受到政府高官的至高礼遇,平民温贝里就如同做了一场梦。直到第二天,她看了报纸的新闻头条,才豁然解开心底谜团。原来,环境大臣莱娜·埃克邀请的是前农业大臣玛格丽塔·温贝里,而不是与她同名又住同一条大街的她。请柬误送导致了后来一切的阴错阳差。平民温贝里激动地说:"这种尊重,将让我铭记一生。"

■ 故事的哲理

尊重他人,不仅是对他人的尊严负责,也是对自己的一种尊重。同样,也可以赢来更多人对自己的尊重。凡具有卓越领导力的人,往往都是尊重他人的典范。

用香味"种"花
"惯坏"消费者的"黏性营销"

■ 哲理的故事

人类让花不仅仅是花,还成为各种情感的代言人。花本无语,但人有情,花成了我们表达情感不可或缺的部分,也因此有了各种各样的价值。花还是各种香水的灵感来源。而香水比花本身生命力更强,价格更昂贵。

和很多先盖居民房,待入住率达到一定标准、有了人气之后再慢慢发展商业的房地产企业不同,瑞安集团在打造新天地的过程中,不是先种花引蝶,然后制香,而是先制香引蝶,待彩蝶恋上其香味后,才来建花圃,大卖有此香味的花朵。

当年,瑞安集团在拿到地皮后,并没有急着盖房卖房,而是先从商业地产入手,成功把它打造成上海的新地标——上海新天地。它还做了公益景观:在新天地旁挖一个人工湖。在寸土寸金的上海中心城区,瑞安集团人为创造了一大城市景观,每年那里都会举办一年一度的新年音乐会,从四面八方赶来的朋友一起迎接新年的钟声。

他们继续加强这个地段的眼球效应,引来各种创意餐饮和个性设计师品牌入驻;不定期地举办各种大牌展览,以及能引发话题的行为艺术表演,各大媒体都变成了他们的免费宣传工具。各种软硬件的植入,将新天地变成上海最负盛名的地标之一。这个策略性的设计,犹如制造香水的过程,耐心待它发酵、沉淀，渐渐萃取，使之成为你离不开的味道，之后才开始推出那种带着你恋上的味道的名贵花朵——围湖而建的各品牌楼房，以及新天地的周边地块。

■ 故事的哲理

这是互联网企业特别喜欢用的一招。用免费让用户养成习惯，然后要享受"去广告"服务就要付费。事实上，栽下梧桐树引得凤凰来的道理众所周知，只是愿不愿意做前期投入罢了。当你想不清楚商业模式时，也可能会花钱还没有达到预期效果。

墙上的咖啡
做慈善首先要尊重他人

■ 哲理的故事

在洛杉矶的一家有名的咖啡厅里，有许多顾客这样点咖啡："两杯咖啡，一杯贴墙上。"

服务员会非常平静地端上来一杯咖啡，而顾客却付了两杯的钱。当顾客用完咖啡后，服务生就会把一张纸条贴在墙上，上面写着"一杯咖啡"。这种很新奇的现象，在这家咖啡厅似乎是惯例。

一次，几个朋友来到这家咖啡店。当大家正在享受咖啡时，进来一个人，此人的衣着与这家咖啡店的档次和氛围显然极不协调，一看就是个流浪汉似的穷人。他坐下来，看着墙上，然后说："墙上的一杯咖啡。"服务生以惯有的姿态恭敬地给他端上咖啡。

那人喝完咖啡没结账就走了。只见服务生从墙上揭下一张纸，扔进了纸篓。当地居民对穷人的尊敬让人感动。那位服务生，他在为穷人服务时一直都是面带笑容。而对于穷人来说，他进来时无须降低自己的尊严讨要一杯免费的咖啡，他只需看看墙上。原来多付款的那杯咖啡叫"待用咖啡"，可供需要的人享用。

■ 故事的哲理

做慈善是许多企业回馈社会的方式。然而，很少有人或企业去思考，如何让受助者有尊严地获得"帮助"。"暴力慈善"不仅会摧毁受助者的信心，甚至让人不愿意再去感恩，因为用尊严换取的帮助只会变成让人不愿意回忆的耻辱。

水疗按摩影院

新的组合，就是新的需求

■ 哲理的故事

2014年夏天，柏林电影院遭遇了危机，看电影的人越来越少。因为可供休闲的场所实在太多了。

一天晚上，影院主管汤姆值班，正在想该怎样吸引人去看电影。正当汤姆一个人闷闷不乐地走出来时，前面突然传来一阵欢快的笑声。汤姆随着笑声来到了市民广场，就见广场上巨大的喷泉下站满了人，人们都在开心地任水溅到自己身上，有些人衣服湿透了还乐此不疲。更有甚者跳入喷泉下的水池，无比惬意地享受池水的凉爽。汤姆居然发现还有些人在忙着玩自拍，有些人还随着音乐的节拍跳舞。此时，汤姆认为在影院里建游泳池的想法势在必行。

于是，汤姆建议在影院里设置游泳池，让观众一边游泳一边观看电影，说这项新举措一定会吸引年轻人。虽然这个建议看起来不错，可具体实施不仅影响影院收入，还很烦琐，因而影院高层都持否定态度。

汤姆很失望，但他不想放弃。他和家人商量后，决定自己干。汤姆果断辞职，开始了修建游泳池的筹备工作。汤姆把游泳池设计成充气式浴缸的式样，因为那样不仅投资少，而且搬动、改造都很方便；充气浴缸里还加入了按摩器，以适应人注重保健的需求；还把浴缸设计成大小不一的式样，以适应不同的人群；同时，影院地点选在了柏林主要街道。

在一个酷热的晚上，汤姆把浴缸拉到了市民广场，挂上大屏幕，让人们一边舒适地泡澡、按摩，一边开心地观看电影。这一次的免费体验让水疗按摩影院人气爆棚，以至日后的门票很快被抢购一空。市民后来还带来了夜宵，边吃喝边泡澡边按摩地看电影。而汤姆夫妇不仅获得了极大成功，还赚了个盆满钵满。

■ **故事的哲理**

当传统产业面临危机时，首先能做的事，就是去观察顾客的需求，加以重新组合，新的需求就会被创造出来。

无人喝彩的蛋糕粉
提供消费者可以自我炫耀的产品

■ 哲理的故事

20世纪40年代后期，各种半成品食物在美国一出现就流行起来。利用各种"即食"烘烤配料，人们只要按照配方就能快速、方便地做出美食，如脆皮馅饼、饼干等。不过，美国的家庭主妇就是不喜欢蛋糕粉。

市场研究人员猜测是不是蛋糕粉太甜或人工添加的色素太明显？但为什么那些脆皮馅饼粉和饼干粉，成分与蛋糕粉基本相同却卖得很火？

有个研究人员提议，把蛋糕粉里大部分配料去掉，让主妇们根据各自的喜好添加配料，可能会解决这个问题。果不其然，当食品公司把配方里的蛋黄去掉，让主妇们自己加入鲜鸡蛋、牛奶、食用油时，蛋糕粉的销量立即大增。为什么只对蛋糕粉的配方做了小小的改动，就吸引人了呢？

"即食食品"是为了满足消费者让做饭变得简单的需求，但在人类身上有一种根深蒂固的情感，那就是自己亲手做东西特有成就感："瞧！这是我做的，不错吧？"

半成品即食食品满足了人们对方便的现实需求，却忽略了人们自我成就感的需求。研究人员发现：饼干算不上一道菜，所以主妇们并不在意做饼干用的是不是"配制粉"。而蛋糕就不同了，它在西方的餐桌上是"大菜"，而让家人吃配制蛋糕粉做出来的蛋糕，无异于让人吃方便面。把配方里的部分配料去掉，让主妇们自由发挥，使其又省力又有成就感，滞销的蛋糕粉立刻变成了畅销品。

■ 故事的哲理

很多时候，研发者想当然地认为提供了最好的产品。事实上，没有做市场调研以及不能洞悉需求背后的心理秘密，就不可能做出真正触动消费者的产品。同时，知道要舍弃什么，比知道做什么更重要。

该死的字幕
做减法，也会改善体验

■ 哲理的故事

瑞典小伙儿斯万在小镇上开了一家小电影院。由于自己对悬疑片兴趣浓厚，他便把电影院打造成悬疑主题电影院。果然，这个举措受到了很多爱好者的欢迎，他们常常一待就是一天，过足享受悬疑电影的瘾。

但斯万发现电影院的上座率越来越低，有时甚至入不敷出，这让他很不解。电影院虽小，但与高档影院的配置一样。他引进的电影都很小众，保证影片的新颖度，而且在电影情节上，悬念设置的手法很特别，绝对能够带给观众所追求的效果。

那么，问题到底出在哪儿？斯万挑选了一部电影，坐在电影院里亲身体验。随着剧情的推进，斯万情不自禁地融入到情节中，和主角一起思考、推理。然而，有一个问题让斯万很是恼火，屏幕下方不断跳出来的字幕总是让他不由自主地分神，无法专注于影像，而稍一分神，思维就跟不上剧情的发展了。更让斯万抓狂的是，演员的话还没说完，字幕就打了出来——提前剧透，对仍在猜测推理的观影者来说，是一种极大的折磨。

是的，问题正出在字幕上！如果把字幕去掉，一定能让观众的注意力更集中，也更能沉浸在自己的推理中，享受直至最后一刻揭晓真相的快感。

此后，斯万的电影院大力推出了"无字幕"电影。果然，"无字幕，更精彩"的宣传口号传开后，很多人争相前来观看，电影院又恢复了往日的火爆。

■ 故事的哲理

当体验几近成为决定商业成败的一切时，我们要明白：改善体验，绝不意味着要不断做加法，相反，有时做减法也是一种有效的创新。

10分钟快剪理发店的亿元生意经
极致出商机

■ 哲理的故事

源自日本的QB House理发店从来不为顾客做发型设计、不染发、不剃须,连头都不肯帮顾客洗。但就是这么一家要什么没什么的理发店,从1996年创立至今,已经开设超过500家分店,年收入40亿日元(约合2.4亿元人民币),拥有一群忠实的"QB粉丝"。

QB House的口号所宣示的是,只专心做好一件事情——剪发,再加上不用排长队,没有人絮絮叨叨让顾客办卡。创始人小西国义的灵感来源于他的一次理发经历:他去剪头发,等了很久终于坐上理发椅,发型师助理却给他没完没了地按摩,为他推销护发品。最后剪完头发,一个多小时过去了,因为这些"周到"的服务,他共花费6000日元。小西国义觉得这烦琐冗长的服务根本就是在浪费时间,还被收取高额费用。"我只不过是想赶快把头发剪短点。肯定有其他人和我一样,不喜欢那些花样服务,只需一家方便快捷、收费合理的剪发店。"

1996年,小西国义在银座开设了第一家QB House——10分钟快剪理发店。他的理念是"把时间还给客人"。他将顾客划分为儿童、老人、男士、女士四类,为他们各自制定了两三种标准发型,这恰好迎合了消费者对"简单快捷"的追求。

在小西国义的规划下，QB House 店内设备也统一了"极简"的标准，常用的工具只有剪刀、镜子和毛巾。而店里削减的项目都是传统理发店的高利润附加服务，要维持盈利，首先面临的就是成本问题，因此店铺面积一般 6~8 平方米，仅摆放 3 张理发椅。10 分钟快剪意味着高效率，所以除了控制成本，还要解决"客流量"问题。他将 QB House 开在大型商场附近、地铁口等人流密集的地方，为每家店带来每天 100 人次的顾客。

"免洗"是 QB House 提高效率、提升流量的一大关键。QB House 有一项已经获得专利的发明——清洁碎发的小型吸尘器。吸尘器的顶端附有软毛，插上电呼啦两下子就能清理完顾客头上和颈部的碎发。顾客对此很喜欢，"这比洗头方便舒服得多"。

2004 年，QB House 成功上市，如今已经进军中国台湾、中国香港、韩国、新加坡，引得竞争对手争相效仿。

■ 故事的哲理

是为顾客进行创新，还是为了企业的利润创新，有时不是一件能两全的事。任何一个时代，永远要围绕客户需求进行创新，最终也将成就企业的效益和价值。

不让顾客"绕圈"的超市
压力会催生便利

■ 哲理的故事

一般的超市，都希望顾客多"绕圈"。因为顾客在多"绕圈"的情况下，能多看多买，促进消费。但韩国三大连锁超市之一的易买得超市推出了一款能够进行室内定位的手机 App，主动帮助顾客缩短逛超市的时间。这样做非但没让超市生意下滑，反而吸引了更多顾客前来购物。

这个想法来源于店长华羡妮。一次，她听说有一种可以利用 Wi-Fi 进行室内定位的技术，经过深入了解，她向总部建议门店推广这项技术，那将大大方便顾客购物。

没想到，其总部新世界集团并不重视这个建议。一天中午，华羡妮店里来了一位年近 50 岁的女性，她自称是新世界集团的职员。跟着华羡妮巡视了一圈之后，她表示很满意，并且问道："你为什么会想到推广室内定位技术？那样，顾客不是一买完东西就想走，不会再逛超市了吗？"

华羡妮说："这个问题的确存在。但我做过问卷调查，发现每天进到超市的顾客里，纯粹想逛逛的不到 40%，其余 60% 的顾客都设有'目标'，并且多数人都带有商品清单。还有，顾客赶时间，只想买了商品就走。"

半个月后，华羡妮就接到了总公司的通知——首尔所有的易买得门店将推广室内定位技术。原来，那天巡店的中年女职员是集团总裁的助手。

在超市里，顾客只要用手机下载 App，进入超市时就会自动连接上那里的 Wi-Fi，然后启用室内导航，只要在搜索栏输入商品，系统就会显现其在超市平面图的位置，且标出最近的路线图。顾客在易买得超市内购物不用再"绕圈"，省了很多时间和精力，超市营业额自然大幅提升。

■ 故事的哲理

互联网在为都市人带来生活便利的时候，也在给都市人带来巨大的工作压力。而工作压力又进一步刺激了对生活便利的需求。深刻洞察这一点，终端企业就知道该做什么改变了。

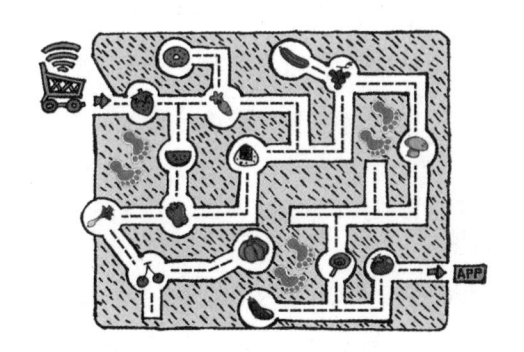

贝斯卡公司的"产品吐槽大会"
福利要走进人心

■ 哲理的故事

在美国芝加哥市的贝斯卡（Basecamp）网络应用公司上班的员工，享有各种各样的顶级福利，像可在地球的任意地方工作，想移民也没问题；每年的5月至8月底，员工仅需周一到周四工作；每三年就有一个月的长假，等等。

因此，贝斯卡公司被称为"一家享有业界顶级员工福利的公司"。

不过，它享有这个盛誉的关键原因是贝斯卡公司创始人之一、首席执行官贾森·弗莱德建议开办的"产品吐槽大会"。

其实很早之前贝斯卡公司就开始施行各项员工福利，可不知怎么回事，每年还是有大量人才流失。贾森·弗莱德观察了很久，最后终于找到了原因：许多员工辞职或跳槽，竟缘于一种"内疚心理"。

公司开发产品，失败或不完美都在所难免。员工觉得，公司给予了自己那么好的福利，自己的回报却那么糟。而内疚太深，许多员工就干脆选择离开贝斯卡公司。

找到问题的症结所在之后，贾森·弗莱德就决定：公司定期给开发中的产品开办"产品吐槽大会"，鼓励员工勇敢说出产品在设计中的一些缺陷。

结果，这个方法很有启发作用。吐槽大会为员工们营造了一个自由、安全的言论环境，所以大家能够做到毫不忌讳地去挑刺、找问题。那些原本因开发不出好产品而感到内疚的员工，开过"产品吐槽大会"之后个个都很高兴，因为还搜集到了许多好点子去改善产品。

自从开办"产品吐槽大会"，贝斯卡公司不仅辞职率大大降低，还吸引来很多人才。

■ 故事的哲理

当员工福利和管理体系已接近完善，自由、安全的言论环境将影响整个企业的文化氛围，也必将吸引有相同文化认同感的人才。

"魔镜"教你化妆术
免费的价值在于收费

■ 哲理的故事

几年前，巴黎欧莱雅的盖德·布鲁兹做了一件不被其他人看好的事——开发一款免费的智能化妆镜应用，他给这款应用的定义是"私人定妆顾问"。

布鲁兹的上司却反对这个项目，因为这需要大笔经费，可开发完成后却要被免费使用，很多同事也觉得这个想法可笑："这款应用如果被开发出来，美容专柜顾问们会恨透你，因为他们将被应用替代，且面临失业。"

布鲁兹没理会这些质疑，最终说服了上司，得以继续开发应用。2014年5月中旬，布鲁兹带队研发成功的"千妆魔镜"智能手机应用首次在戛纳电影节亮相，并惊艳全场。

用户只要下载"千妆魔镜"这个软件，把手机前置摄像头对准自己的脸部，"千妆魔镜"就会根据用户当天早上的脸部状态提出化妆建议。

无论你是晒黑了、起粉刺了，"魔镜"都会告诉你怎么用化妆解决。如果你希望化和明星一样的妆容，"千妆魔镜"上有数百个电影电视明星的定妆照，任由你下载。而每一张定妆照需要什么样的底霜、腮红、睫毛膏、眉笔等，都会罗列得很清楚，且基本都是用欧莱雅的产品。用户能尝试上百种妆容，并能在社交平台上分享。

"千妆魔镜"一经推出，十分受用户喜欢，高度逼真的上妆效果不愧为

"口袋里的彩妆大师"。由此，人们终于明白布鲁兹多年来的用心所在。

■ 故事的哲理

如果仅仅是免费，那么对于商业生态而言就只是一种破坏。但如果通过免费，实现了用户对自身潜在需求的精神满足，同时又激发和对接了后续用户愿意为之付费的商业价值，那么它就是一次商业创新。

Chapter 8

要相信"信念"的力量

只有思维方式才能决定企业及其事业命运的根本。思维方式具体体现在领导与员工的价值观上,即企业的使命与文化追求上。

——杨沛霆

火山灰飘来的商机
稀缺资源的商业价值

■ 哲理的故事

冰岛火山爆发，喷发出大量的火山灰。这些火山灰飘向了欧洲许多地方，迫使许多航空公司停止飞行，欧洲航空界一天就损失超过两亿元。

索菲斯·卡斯塔是冰岛一家购物网的负责人。这天，他看到漫天飘舞的火山灰，在心里烦闷之余，突然有了一个大胆的想法。因为此次的火山爆发属于百年不遇，如果把火山灰收集起来，卖给全球的收藏爱好者，肯定有不错的市场。说干就干，他马上在自己的网站上发布信息："本网站出售正宗的埃亚菲亚德拉火山的火山灰，售价108美元。"谁知虽然价格不菲，但由于创意独特，很快世界各地的订单就源源不断涌来，索菲斯·卡斯塔的网站也从默默无闻瞬间广为人知。在获得大量的收入后，他慷慨地捐出一部分收入，参与火山喷发后遗留的环境清洁工作，真可谓一举多得啊！

■ 故事的哲理

他人眼中的一个灾难性事件，却让有些人名利双收。天马行空的思考方式有时反而能获得机遇的垂青。商业的本质是利用稀缺资料发现商机，因此，火山灰和错版票一样具有特殊而巨大的商业价值。但商业的高度则是跳出，而不是拘泥于商业本身。因此，将出售火山灰的收入捐出去清理环境，商业价值才由此具有了人文价值，在完整循环中得以持续。

草垛里的声音
静下来的力量

■ 哲理的故事

一位农场主在巡视谷仓时,不小心将一块名贵的手表丢在谷仓里了。他在农场的孩子中悬赏,谁能找到手表,将得到 50 美元的奖赏。

小孩们在重赏之下,无不卖力地四处翻找,怎奈谷仓内净是成堆的谷粒以及散置的大捆稻草,要在其中寻找一只小小的手表,实在很难。

小孩们忙到太阳下山仍一无所获,一个个都回家吃饭了。只有一个最瘦削的小孩,在众人离开后,仍不死心地努力寻找。

谷仓中慢慢变得漆黑,小孩虽然害怕,但依然执着地摸索着,突然他发现:杂乱的人声静下来后,有一个奇特的声音,那声音"嘀嗒""嘀嗒"不停地响着,循着这声音,孩子终于找到了名贵的手表。

■ 故事的哲理

"一万年太久,只争朝夕",不论是革命,还是发展,这种急匆匆甚至乱哄哄的心态,一直在左右我们。但真正的顿悟、真正的突破,往往是在我们能够定下神思考、能够静下心倾听时实现的。

不听话的人质
服从高于一切

■ 哲理的故事

  1976 年 6 月 27 日，巴勒斯坦游击队劫持了一架法国航空公司的大型飞机，并将机上 105 名以色列人扣押在乌干达的候机大厅。为了解救人质，以色列特种兵展开了"雷电行动"，长途奔袭乌干达。

  在采取营救行动之前，一名以色列士兵手持扩音器，用以色列的母语希伯来语大声喊道："我们是以色列士兵，前来接你们回家，请你们立刻就地卧倒！"

  以色列人都听懂了这段话，并迅速卧倒在地上，而巴勒斯坦士兵并不知道希伯来语的意思，依然站立着，警惕地注视着外面。

  一颗颗子弹向所有站着的人飞去，以色列军队向大厅内发起了猛烈的攻击，站着的人一个个倒下了。不过，在这场战斗中，除了劫机者，还有三个以色列人质也倒下了，其中两个是年轻的以色列男子，他们听到指令后，却凭着自己的胆量想站着看完事情的发展再卧倒，但遗憾的是，他们已经没有服从指令的机会了。还有一名遇难的男子，则是刚刚卧倒后，看到以色列士兵冲进来，惊喜地要上前拥抱，却被当作隐藏的劫机者射杀了。

■ 故事的哲理

没有人会否认，我们正在迎来个性化时代。但这绝不意味着我们可以各行其是。只要人类自认为还有结群而居的必要，就会需要组织，需要依靠组织的效率来保障个人的利益。而组织的效率，直接来自组织行为的一致性与连贯性。这一点，绝不会因为互联网时代信息日益对称而发生改变。

洋葱打败麦当劳
没问题，不等于永远不是问题

■ 哲理的故事

　　2009年10月31日午夜，麦当劳在冰岛结束这一天营业的同时，也结束了在冰岛长达十六年的营业史，全面退出冰岛市场。很多人感到难以理解。因为在冰岛，麦当劳一直很受欢迎，每到午餐时间都人潮汹涌，看起来人气很高，为什么就这样轻言退出呢？实际上，令很多人都没有想到的是，让麦当劳感到头疼的，竟然不是同行的竞争，而是冰岛的洋葱！

　　由于冰岛位于大西洋中部，农业不发达，大部分农产品都来自德国，其中包括麦当劳许多食物里必不可少的原料——洋葱！然而，麦当劳于1993年决定在冰岛开设分店时，并没有对此做过详细的调查，麦当劳想当然地认为洋葱是一种随处可见的便宜蔬菜。到开张之后才发现，冰岛的洋葱简直贵得离谱，购进一个普通大小的洋葱，需要卖掉十几个巨无霸汉堡包才够本！

　　后来，虽然打着薄利多销的口号，但麦当劳在冰岛的生意一直是表面红火，实际利润十分微薄。2009年金融风暴来袭，冰岛克朗大幅度贬值，欧元逐渐走强，加之进口食品税率提高，直接加大了麦当劳的经营难度。最离谱的时候，购买一个普通的洋葱竟然要花掉购买一瓶上等威士忌的钱，这也直接导致了麦当劳最终退出冰岛。

■ 故事的哲理

想当然的可怕之处在于,脚步迈得太快,头脑只能滞后,速度倒是惊人,场面也算热闹,但最终的效果只能迎来一声叹息。历来都不是问题的,绝不等于永远都不是问题。

不可能的万里探亲

潜力开发：无限的力来自坚定的心

■ 哲理的故事

一个广告里的真实故事曾感染了很多网民。在熙熙攘攘的委内瑞拉机场，一个中国台湾老妇人被机场保安人员扣押在海关问询室。安检员从她的行李中查出一袋"违禁品"，大声质问她。异国安检员听不懂她撕心裂肺哭喊的闽南语。

直到一个中国人出现，那些诧异的安检员才知道这包奇奇怪怪的树枝不过是一包中药材。这个瘦弱而不停哭泣的老太太是来委内瑞拉炖鸡汤给女儿补身体的。她女儿刚刚生完孩子，她们有好几年没有见过面了。虽然知道过程曲折，但她还是毅然踏上了旅途。

她叫蔡莺妹，63岁，第一次出国，不会英文，没有人陪伴，一个人第一次独自搭飞机，途经3个国家，飞跃3.2万公里。为了省钱，转机时她都在机场的椅子上将就一晚，早上就在机场的厕所里梳洗，她听不懂英文，常常在机场迷路，只能不停比画着问路，她哭过，她害怕过，她也很紧张，但她知道，这一切都值得，因为她要见到自己最心疼的女儿和外孙了！

■ **故事的哲理**

人类最深层次的潜力的激发，往往有赖情感和信仰以及对于目标的执着坚持。看似不可能完成的任务，一旦有一颗非完成不可的坚定的心，我们每个人都可以缔造奇迹，因为我们可以超越自己发挥无限的潜力。

送别"我不能"先生
正面激励的强大效应

■ 哲理的故事

女教师唐娜正在给小学二年级的学生讲课。只见大家都全神贯注地埋头在纸上写下他们做不到的事情。

唐娜老师也在做着同样的事情,她写道:"我不知道如何才能让约翰的母亲来参加家长会""除了体罚之外,我不能耐心劝说艾伦",等等。之后,学生们按照她的指示,把写满了认为自己做不到的事情的纸对折好,按顺序依次来到讲台前,投进一个空的鞋盒里。

等所有学生的纸条都投完以后,令人惊讶的是,唐娜老师竟然找来了一把铁锹。然后,她带着大家来到运动场最边远的角落里,开始挖起坑来。十分钟后,一个三尺深的洞就挖好了。他们把盒子放进去,然后又用泥土把盒子完全覆盖上。

这时,唐娜老师注视着"墓地"周围的孩子们,神情严肃地念起悼词:"现在,我们已经把'我不能'先生安葬在了这里,并且为您立下了墓碑,刻上了墓志铭。希望您能够安息。同时,我们更希望您的兄弟'我可以''我愿意'还有'我立刻就去做'能够继承您的事业。愿'我不能'先生安息吧,也祝愿我们每一个人都能够振奋精神,勇往直前!阿门!"此后,每当某个学生又提起"我不能"先生时,她总是会幽默地提醒学生们:"他已经到上帝那儿去了!"

■ 故事的哲理

每个人都渴望成功,但每个人都做不到无所不能,比能力更重要的,是对自我束缚和限制的大胆抛弃。从正面的思维习惯入手,激励下属超越自己的界限,也许是每个领导者的重要功课!

"闲逛"走出迷津
目标感过强反增迷惑

■ 哲理的故事

　　心理学家托尔曼曾做过一个让白鼠学习走出迷宫的"迷津试验"。试验者把白鼠分成了甲、乙、丙三组。对甲组，托尔曼在迷宫的出口放上了白鼠爱吃的食物，目的就是让白鼠有更强的动力走出迷津。而对乙组，每天被放进迷宫的时间和甲组一样，但出口并没有"美食"，只是任由它们在里面"闲逛"。

　　对于丙组，前10天和乙组一样，没有目标，也是整日胡跑乱窜，但从第11天起，也开始享受甲组的待遇。

　　试验结果显示：不断探索出口的甲组，平均用了14天就可以准确无误地迅速找到出口。而乙和丙组在没有目标的时候，都没有迅速找到出口的能力。可是丙组特殊，虽然胡跑乱窜10天后开始有了目标，但平均只用了3天就可以迅速找到出口——比连续奋斗了14天的甲组还早了1天完成任务！随着托尔曼研究的深入，发现同样的情形在人类中也是有共性的。其实放眼我们的生活，会发现类似的故事并不少见。

■ 故事的哲理

　　漫无目的虽然目标感不强烈，但在游走中形成了对迷宫的"综合认知"，掌握了一个"面"。而总是紧盯目标,反而缺乏了整体感知,脑子里留下的往往是一条条难于梳理的"线"。虽然商场如战场,但面对商场这个"大迷宫",除了求胜心之外,保持一颗放松而感性的心,也同样重要。

"听不清"的音乐老师
不言之教、无为之治

■ 哲理的故事

一个女孩刚开始学小提琴,但是拉出的琴声如同锯木头,连父母都不愿意听,于是不断给孩子各种指导和建议。结果,没承想孩子一气之下跑到附近的树林里练去了。

小女孩正在这片树林里拉琴,突然发现不远处坐着一位老奶奶,心里有些不安起来:"这位老奶奶不会觉得我拉得不好,影响她吧?"

可后来,小女孩逐渐发现,这位老奶奶不仅没表现出反感,反而有些欣赏的神色。一段时间之后,两人聊了聊天,小女孩才知道,这位老奶奶的耳朵不好,听不清楚声音,但她说:"我听不清,不过感觉你拉得不错!"小女孩这回放心了,每天都心里踏踏实实地到树林里拉琴。老奶奶仍然常出现在这里,虽然没说什么,但仍然会时不时认真地倾听,并且冲小女孩笑一笑。

后来,家长惊异地发现女儿的琴声越来越优美了,忙问是什么名师指点的。后来,一家人才知道,林中的老人曾是位著名的音乐教授,而且她的耳朵从未发生过任何问题。

■ 故事的哲理

音乐教授对小女孩的指导,用贝尔实验室负责人陈煜耀的话来解说,就是:"领导者的责任在于,既要做到你在领导别人,又要做到别人并不认为你在干预他。"这就是不言之教、无为之治。

俾斯麦：比铁血更厉害的另一面
在自制中和平，在和平中繁荣

■ 哲理的故事

俾斯麦是欧洲著名的"铁血宰相"，但俾斯麦的成功其实也得益于他的另一面。

1871年，普法战争结束，对于俾斯麦发动的普鲁士战争机器，全欧洲都产生了恐惧：普军接连击溃奥地利、法国两大巨头之后，欧洲人领教了这位崇尚铁血政策的强人，以及他背后勇猛好斗的德意志民族的厉害。按照欧洲历史的"常规"，似乎到了该普军横扫欧洲的时候了。

但接下来发生的事让许多人感到奇怪：俾斯麦不再煽动战争，而且当其他欧洲强权在世界各地疯狂地攫取殖民地时，他严格禁止德国加入这场争夺——他不想再为德国争夺领土，只想获得更多的保障。因为在他看来，击败法国已经扫清了德意志建国路上的最后一道障碍——目标已经达到。此后他终其一生致力于维护欧洲和平，防止战祸再起。人们都认为他因岁月而改变了，却不曾知道，这就是他统一德国计划的最后一步——让德国在和平发展中迎来繁荣。一旦战争目标实现，俾斯麦就住手了。每一次热血沸腾的普鲁士人要求发动新战争时，他都把他们拉回来。没有任何事情可以影响他棋局的最后一步。最后真正把德国推向世界大战的，不是以铁血闻名的俾斯麦，而是把俾斯麦赶走的新皇帝：威廉二世。

有不少强势的创业者推崇俾斯麦，但俾斯麦的真正厉害之处不在于"铁血"，而恰恰在于"维护和平"。

■ 故事的哲理

在自制中和平，在和平中繁荣，这才是"铁血宰相"战略的精髓。一个卓越的领导者，不会醉心于某种行事风格或成就，哪怕它看起来成就再辉煌，而是永远专注于自己的战略目标甚至人生使命。

古瓶累坏将军
归零才能重新出发

■ 哲理的故事

北宋大将军周侗，痴迷于收藏古董，特别是在解甲归田之后，他更是视古董为生命。

一次，一群朋友来欣赏他的藏品，他领着朋友一一介绍。就在他介绍最心爱的一只古瓶时，一不小心，古瓶从他的手中滑落，他赶紧弯腰抱住，幸而古瓶没有落地，但他吓得面如土色，浑身都在冒汗。这件事情，让他感到迷惑不已：自己戎马生涯大半辈子，不知经历了多少腥风血雨，为什么一只古瓶就把自己吓成这样？之后，他还时常做噩梦，或梦见古瓶摔得粉碎，或梦见房子倒塌砸碎了古瓶……

这样一段时间后，周侗竟然变得有点精神恍惚。夫人见到他这样，随口说道："那古瓶还不如摔碎了，那样你就不会这样牵挂了。"周侗听后，恍然大悟：因为过于迷恋，自己才会患得患失，这是自己给自己制造的心魔。于是，他咬咬牙，自己砸碎了那只古瓶。当天晚上，他终于睡上了一个安稳觉。

■ 故事的哲理

当有东西成为障碍时，就要作总结，过于纠结，只会徒增烦恼。就如开发新产品，市场反应不佳时，就要改变思路，听听客户的声音，销售的反馈有时是个指南针——带你走向正确方向。

最显眼的条幅
谁来敲打自己

■ 哲理的故事

　　1954年的世界杯足球赛中,巴西队本来被寄予厚望,却在半决赛中意外输给了实力逊于他们的法国队。回国的飞机降落后,巴西队的球员一个个神情落寞地走了下来,他们甚至不愿和来接机的球迷们说上两句。此时,人群中突然出现了一位老者,他还举着一条醒目的横幅,上面写着"不过如此"。看到这一句的那一刻,很多球员都很惊讶,也突然释然了并感到了难得的轻松。四年后,巴西队一路过关斩将,终于取得了世界杯冠军!在机场迎接的人们载歌载舞,好不热闹,各种欢迎和赞美的横幅随处可见。此时,巴西队的队长留心观察了一下,突然他发现那条"不过如此"的横幅又出现了。他心里很是不解,便径直走向那位老者,问道:"我们失败时,你举着这横幅;我们成功了,你依然举着这横幅,有什么特殊的寓意吗?"老者说:"对于生活来说,一切不过如此。没有什么痛不欲生或者得意忘形。失败了如此,胜利了也不过如此。"

　　巴西队队长深思良久,对老者说:"能把这条横幅留给我们做纪念吗?"老者同意了。在巴西队的荣誉陈列馆里,"不过如此"的横幅,现在就悬挂在最显眼的地方。

■ **故事的哲理**

　　胜负取决于平常心，我们都知道。但我们知道的，却往往没做到。而其根源是身在其中的我们能否拥有并善待那些不断提醒和敲打我们的"小人物"。如果没有，便如同唐太宗失去了魏徵，即便英明也很危险。

改变命运的"割草机"
只要"特别想",就会想得出

■ 哲理的故事

20世纪20年代,德国波恩市一所普通住宅里,汉斯和5岁的儿子还有家人共同生活在一起。这天一大清早,小家伙就兴冲冲拿着几颗粘在一起的软糖对汉斯喊道:"爸爸你看,我的软糖变成了一只可爱的小熊。"汉斯看着孩子手中的软糖,突然感到这是一个绝佳的商业机会:不如把孩子们喜欢的软糖做成小熊的模样,一定会热卖。汉斯开始自己动手研发这种新型糖果,同时决定要创办一家自己的糖果厂。

由于家境贫困,他只能向银行贷款。当银行经理来到汉斯家里考察时,一看到汉斯家贫困的环境,便毫不留情地表示:这些家产根本不够抵押。贷款失败的汉斯,心情很郁闷,一个人独自坐在院子里发呆。这时,他突然看到自家院子的草坪上还停着一台割草机,喃喃自语道:"我还有一台割草机,为什么我没告诉他呢?"

汉斯重新写了一份家产清单,并表示自己还有一台割草机。谁知这份执着竟然真的打动了那位银行经理。他又和同事再次研究了汉斯的项目,批准了贷款。就这样,小熊软糖顺利上市,不到两年,汉斯就还清了贷款。这就是德国最知名的百年糖果品牌哈瑞宝(Haribo)创始人的故事。后来汉斯在总结自己的成功经验时,常常会对人说:"任何时候都不能绝望。也许在心里的某个角落里,正搁着一台割草机,它足以改变你的一生。"

■ 故事的哲理

当你真的特别想,以至茶饭不思的时候,你总能想到原先死活都想不出的方法。你为自己企业的现状感到灰心吗?那一定是你还没有做到"特别想"!这一点,汉斯与稻盛和夫都是很好的证明。

种地成佛
为了事物本身之乐，而不是回报

■ 哲理的故事

有位出家人聪明智慧，在庙里学习多年，却一直没有开悟。终于有一天，他问自己的师父："我为何不能成佛？"高僧答："你太聪明了。"他又问："如何才能变笨些？"师父说："种地去。"听了师父的教导，这位出家人就真的到庙旁种地去了。

最初，他不懂干农活，收成很差。但由于他很聪明，也很好学，三年后，终于把农活干得有模有样。到了秋天，庙旁的田地里已经是一派丰收的光景。他很得意地问师父自己种得如何，谁知高僧皱皱眉头，说种得太好，但好得过了，让他再种三年。

这位出家人听完师父的话，很不解，也有些生气，不明白为什么自己种地种得太好也不对。但由于是师父的指令，他也只能继续种下去。不过之后，他不再过度追求收获，只是随着季节播种，雨后锄草，秋天收获，冬天休养，春夏再耕种。虽然不如往日那般费力劳神，可田地也一样丰饶，天堂色相。就这样又过了三年，到了秋天，高僧再次来到田地，见到该收的庄稼因未收而已经低垂，却看不到徒弟的身影，一路找到庙内，发现小和尚正在斗蛐蛐，看见了师父不惊不喜，只是欠了欠身子，然后继续坐下斗蛐蛐。

师父问："你知庄稼该收了吗？"小和尚说："哦，忘了。"师父问："学会种地了吧？"和尚不假思索："又不会了。"师父问："蛐蛐斗得可好？"小和尚如实说道："正在学哪。"师父一笑："你开悟了，可以走了。"小和尚走后，诵经播教，后来成为一代高僧。

■ 故事的哲理

做成一件事，不能只是为了炫耀，也绝不能为了获得一时的快乐和价值。我们要把成就变成一种习惯，不刻意，不功利，随缘随心，只问耕种。用最纯粹的心，获得最美的收获，成就最好的自己。

最多损失 5 块钱
放下得失，方有勇气

■ **哲理的故事**

20世纪80年代，马来西亚一家颇具规模的国有钢铁厂由于经营不景气，亏损高达1.5亿元，濒临倒闭。

时任总理马哈蒂尔经过深思熟虑，找到华裔企业家谢英福，请他担任公司总裁，以挽救该厂。谢英福二话没说就答应了。

可在很多人看来，这分明是一个错误的决定：这家钢厂已经债台高筑，积重难返，而生产设备又十分落后，员工人心涣散，一旦陷入进去，非但洞深难填，弄不好还会拖垮自己本来已经做得很好的事业。面对种种议论，谢英福坦然地面对媒体说："当年我来马来西亚创业时，口袋里只有5块钱，是这个国家让我成功的，现在是我报效这个国家的时候。如果我失败了，就当我损失了5块钱而已。"就这样，当时已经年近六旬的谢英福从别墅里搬出来，住进那家破旧不堪的钢铁厂。三年后，钢铁厂果然起死回生，扭亏为盈。谢英福也成为东南亚赫赫有名的"钢铁大王"。

■ **故事的哲理**

面对压力和难题,需要的不仅仅是能力和意志,更重要的是一种态度和思维方式,用轻松积极、看淡得失的状态去面对即将到来的艰难时刻,才能给自己更大的空间,同时也让周围的人感觉到一份淡定的自信。

把茶杯放低一点
学习来自欣赏，而非比较

■ **哲理的故事**

　　一个满怀失望的年轻人千里迢迢来到一座寺院，对住持释圆说："我一心一意要学丹青，但至今也没有找到一个能令我满意的老师。"

　　释圆笑笑问："你走南闯北十几年，真没能找到一个自己满意的老师吗？"年轻人深深叹了口气说："许多人都是徒有虚名啊！我见过他们的画，有的画技甚至不如我呢！"释圆听了，淡淡一笑说："老僧虽然不懂丹青，但也颇爱收集一些名家精品。既然施主的画技不比那些名家逊色，就烦请施主为老僧留下一幅墨宝吧！"说着，便吩咐一个小和尚拿了笔、墨、砚和一沓宣纸。

　　释圆说："老僧的最大嗜好，就是爱品茗饮茶，尤其喜爱那些造型流畅的古朴茶具。施主可否为我画一只茶杯和一只茶壶？"

　　年轻人听了，说："这还不容易？"于是调了一砚浓墨，铺开宣纸，寥寥数笔，就画出一只倾斜的水壶和一只造型典雅的茶杯。那水壶的壶嘴正徐徐吐出一股茶水来，注入到了那茶杯中去。年轻人问释圆："这幅画您满意吗？"

　　释圆微微一笑，摇了摇头。释圆说："你画得确实不错，只是把茶壶和茶杯放错位置了。应该是茶杯在上，茶壶在下呀！"年轻人听了，笑道："大师为何如此糊涂，哪有茶壶往茶杯里注水，而茶杯在上茶壶在下的？"

释圆听了，又微微一笑说："原来你懂得这个道理啊！你渴望自己的杯子里能注入那些丹青高手的香茗，但你总把自己的杯子放得比那些茶壶还要高，香茗怎么能注入你的杯子里呢？"

■ 故事的哲理

现实生活中，有些人习惯以我为中心，以自己为主角，总把自己看得太高，而偏偏又把别人看得太低。只有把自己放低到尘埃中，才能收获浩瀚星空。真正的学习，绝非来自比较，而是来自欣赏，从而睁大眼睛满怀好奇地探索新领域。

死心眼儿的回报
应付是失败之母

■ 哲理的故事

阿贾尔耶和辛格尔都是印度的耍蛇人。他们靠着每天在大街小巷表演维持生计。虽然他们的技艺高超，但还是会不小心被毒蛇咬伤。为防止意外发生，憨厚老实的阿贾尔耶时刻都把蛇药带在身边。辛格尔则不同，他害怕被毒蛇咬伤，又不想总带着蛇药。经过一番苦思冥想，他想到了一个绝妙的主意。他先把毒蛇弄死，然后把蛇皮剥开，在里面填充质地柔软的海绵，中间则用铁丝支撑，他只需控制铁丝的一头，就可以操控"毒蛇"。

每次表演时，辛格尔的"毒蛇"就会乖乖扭动身子，他根本不用担心自己会被咬伤，围观的人很难看出破绽来，辛格尔就一直这么操作。相比之下，阿贾尔耶有些"死心眼儿"。他一直用各种活的毒蛇做表演，时不时就会被毒蛇咬伤。因为蛇药种类少，药效不够好，所以表演之余，他大力研究起蛇药。多年以后，阿贾尔耶研制出不少特效蛇药，成为一名医学家。他不仅救了很多人，自己也获得了可观的财富。而辛格尔，依旧是那个落魄的街头耍蛇人。

■ 故事的哲理

仅仅解决当下的困境,就是透支事业的未来,仅仅为了短期的利益,就会丢失长久的信誉。当下透视了未来,失败从来不是一瞬产生而是日积月累的后果。失去了"真",就失去了持续创新的动力与空间。

金钗与状元
坚守信仰的"价值"

■ **哲理的故事**

明朝天顺七年二月,京城会试,天下举子赶考。江西吉水人彭教也带着书童上路了,彭教家境不富裕,随身盘缠也不多,加上路途遥远还要准备考试,所以一路花费都由书童来安排。

途中,他们经过一个小镇,住在一家小旅店中。第二天一早,两人正欲启程,楼上突然泼下一盆水,幸亏书童闪躲及时。回头一看,从水中掉下一支明晃晃的金钗。书童看天色甚早,无人发现,就把金钗藏在怀中。走了一段路程,盘缠都花得差不多了。彭教发现后,告诫书童要更节省一些。谁知书童得意一笑说:"有意外之财。"彭教一听非常着急,连忙审问书童,得知金钗一事后就要往回赶。书童叹息,认为这样肯定会误了考试。彭教说:"那必定是楼上某家女子遗落,我们所居旅店简朴,所住的人定不富裕,金钗如此贵重,丢失金钗的人肯定心急,如果是未婚女子遗失,父母还会以为她赠予了其他男子,催逼不已,弄不好会出人命的。"

书童听后悔恨,都是自己一时贪念,可能会耽搁几年一次的会试,彭教则毅然返回,说:"人命事大,试事小耳。"主仆返回,果然,那个遗失了金钗的女子由于被父母疑心正要跳河以证清白,由此挽回一命。

彭教和书童继续赶考,但还是迟到了。不过令人意想不到的是,那年的考试，考场居然发生了大火，彭教因为迟到而幸免受伤。当年八月朝廷补试，彭教成绩颇优，第二年进行廷试，彭教以文章夺魁，被点为状元。

■ 故事的哲理

价值观是企业的信仰，偏离轨道的胜利只能是暂时的。领导者面临坚持价值观而可能利益受损的纠结时，所需要做的，就是拉长时间轴。那时，一切为价值观付出的成本，一定都是值得的。

香港廉政公署的特别"考题"
价值观永远是最重要的

■ 哲理的故事

　　1998年10月，香港廉政公署执行处面向自己的工作人员选拔一名首席调查人员，经过严格的资格审查和民主推荐，最后有四十多人进入了笔试环节。

　　时年43岁的蔡双雄也参加了这次考试。他任职二十五年，工作非常努力、尽心，也具有很高的专业水平，所以在考试时，他并不怎么紧张。考试一开始进行得很顺利，蔡双雄信心满满。可谁也没想到，最后一道题把他彻底难住了。题目是：请简述唐太宗李世民为了保护环境采取了哪些措施，并详细论述其合理性。蔡双雄的知识面并不算窄，他还很喜欢研究历史，读过很多关于李世民的书，但就是没有想起来关于保护环境方面的记载。

　　交卷时间快到了，无奈之下，他只好在试卷上写下一行字："我实在想不起李世民在环保方面有什么举措，对不起，这道题我不会答。"

　　可偏偏这道题的分值非常高，有20分，蔡双雄感到很沮丧，他想自己估计没有什么希望被选上了。很多同事知道他的情况，纷纷表示惋惜。两个星期过后，考试结果终于公布了，但令众人无比吃惊的是，蔡双雄竟然得了满分，还是唯一一个可以进入面试环节的人选。很多人不理解，纷纷前去询问。原来，这道题是从联合国教科文组织的试题库里抽出来的，就是为了测验考试人的"诚信度"，李世民时期，还没有环境保护的说法，也没有相关措施，这道题本来的最佳答案就是"不知道"。

■ 故事的哲理

稻盛和夫将"动机向善、了无私心"作为判断价值观的标准。赢只是一个结果，真则是一种价值观，更是一种方法论。价值观永远都是最重要的。

重奖"懒惰者"
用逆向思维探求本质

■ **哲理的故事**

2013年年初,查理在温哥华市中心开了一家五星级酒店,客人络绎不绝,入住率常在八成以上。但查理很少在办公室,总是去打高尔夫。

一位朋友问他:"酒店事务千头万绪,怎么还有闲心打球?"他笑称自己是个"懒人",凡手下能做的事,他绝不亲躬。

有一次,他叮嘱人力资源部:年底前,要从全体员工中,评出十名最"勤快"员工和十名最"懒惰"员工。人力资源部不敢怠慢,一个月后慎重地将两份名单汇总到查理手中。被贴上"懒惰"标签的员工很忐忑,心想离被辞不远了。

"懒惰"员工一进查理的办公室,查理面色平静地说:"在优秀员工表彰会上,请各位做个发言。希望你们说说,为什么会被评上最'懒惰'员工。"他们心里盘算着,估计老板要拿自己做反面典型。这是挽回印象的机会,写得好或许能让老板回心转意。

几个人的发言稿都写成了检讨书,进行了深刻反省。但查理很不满意:"我没让你们这么写,而是想看你们是如何完成工作的。"员工又回去修改了两次才过关。

员工表彰大会上,十位最"勤快"员工首先上台,查理与他们一一握手。

随后，是十位最"懒惰"员工的发言。底下的人越听越糊涂：这哪里是在自我检讨？好像他们才是这次表彰大会的主角。

十人讲完后，查理走上台笑着说："下面我宣布，他们十个人为年度最优秀的员工。"下面一片哗然，很多人都窃窃私语。

查理说："大家听我解释。其实，我曾多次暗中观察他们，发现他们身上的'懒'其实是一种高效和智慧。他们总喜欢一口气把工作干完，讨厌多走半步路，讨厌再做第二次。比如总是一次性把餐具送上餐桌，一次性把客房收拾干净。在别人眼中，他们好像整天闲着，似乎是在偷懒。但他们的'懒'是建立在高效基础之上。因此，我希望你们在忙碌时，能多花些心思在工作效率的提高上……"

■ 故事的哲理

事实上，"懒惰"与"勤奋"只是相对而言，背后隐藏着不为人知的密码。长期以来，人们对懒惰深恶痛绝。但从某种角度来说，"懒"能成为一种创造动力，也能提高工作效率。只要"懒"得睿智、"懒"得高效，这种懒惰就值得我们去追求。

摘去多余的葡萄
舍弃是为了获得

■ **哲理的故事**

1889 年，爱德华·米其林在法国克莱蒙费朗创办了一家轮胎作坊，因为轮胎需求量大，他的轮胎作坊没几年就成了一家大公司。

随着公司规模越来越大，爱德华接触到的业务也越来越多：他发现造船挺赚钱，于是成立了一家造船厂；他觉得酿酒业也很不错，于是又成立了一家酿酒公司；随着项目的增加，他觉得运输业这笔钱也应该由自己来赚，于是又成立了一家铁路运输公司……

爱德华的商业帝国越来越大，就在他慢慢成为克莱蒙费朗最有钱的人时，问题开始出现了：他每天有处理不完的事情，每天都有做不完的决定，他每天都忙得筋疲力尽，可是几年之后，包括轮胎公司在内的所有业务却都开始亏损了。"为什么我这么努力却还是做不好？"爱德华纳闷极了。

有一天，爱德华因为酿酒公司原材料的问题来到一座葡萄园考察，他看到农户们正整篮整篮地把一些青葡萄摘下来倒掉，不无心疼地问："这些葡萄看上去并没有什么问题，为什么要把它们摘下来扔掉呢？"

"如果不摘掉部分葡萄，所有葡萄会相互抢夺养分，最终所有葡萄都会长得不够大、不够甜，而摘掉一部分就能为其他葡萄省下更多养分，其他葡萄也就能长得更大更好了，不仅产量会更高，价格也能卖得更好。"农户们笑笑补充说，"如果舍不得摘掉它们，我们反而会损失更多呢！"

农户们说着，继续忙活去了。爱德华则开始反复咀嚼他们的话，渐渐地从中总结出一个道理："这和我管理公司又何尝不是一样呢？我总以为揽下的业务越多就越成功，其实这是在分散我自己的精力，结果连一件事情也做不好。"

在那一刻，爱德华做出一个决定，摘掉那些分散自己精力的业务！此后短短半年时间，爱德华就先后关闭或出售了除轮胎以外的所有公司和业务，全力以赴地做一件事，而最终这件事也成就了他的伟业。到现在，他的轮胎业务已经覆盖全球两百多个国家和地区，他的轮胎——米其林，如今被誉为"全球轮胎科技的领导者"。

■ 故事的哲理

舍得放弃，才能拥有更多。专注地做好一件事才能真正创造成就，否则所有的努力都是浅尝辄止，深耕、精益求精应该成为更多企业的追求。

把琐事做得与众不同
是否平庸，是一种选择

■ 哲理的故事

有一个年轻人，大学毕业后进入一家证券公司做秘书。而秘书的首要职责就是将老板的日常琐碎事务处理好。

这个年轻人是个爱动脑子的人，在端茶送水这些小事上，他揣摩出许多门道：比如，老板的话讲得多时，便多倒几次水；老板讲得慷慨激昂时，便不要去倒水，以免打断他。

他学的是英语专业，经常跟在老板身边做随身翻译，很快他便琢磨出了什么样的话需要一带而过，甚至不需要翻译，什么样的话需要逐字逐句地翻译，供老板在对方说话的语气中寻找对方的谈判意向，以便最大限度地将谈判向着自己利益最大化的方向倾斜。

同时，作为秘书，他平时做得最多的便是帮老板整理文件。一般的秘书都是喜欢按文件的时间先后摆放，他却按照自己理解的文件重要性来摆放，并且将相互有关联的文件放在一起，以便老板随手便可找到最需要的东西。

当有人问他为什么要这么做时，他说，秘书凡事都应该站在老板的角度而不是站在自己的角度去考虑问题，最大限度地为老板提高效率是秘书的职责，哪怕是不被人瞩目的琐事。

如此，当他把所有的琐碎小事都做得与众不同时，老板便知道，再让他做这种沏茶倒水的事便是屈才了。

如今，他已成为中国小有名气的人物。他叫卫哲，24岁便出任万国证券资产管理总部的副总经理，36岁成为阿里巴巴的电子商务总裁。

■ 故事的哲理

再平凡无奇的工作也要发现其乐趣和价值。以时刻服务客户的意识做每一件事，以小见大，日积月累，终会成就自己的价值。

挺拔高大的空心树
"快时代"更需扎实积累

■ 哲理的故事

巴西的亚马孙河流域气候炎热，雨水充沛，森林资源极为丰富。在广袤无边的热带雨林中，生长着一种名字叫巨人桉的参天大树，足有120多米高，胸径超过3.5米，是世界上最高、最大的树种。让人惊奇的是，巨人桉的种子在破土出芽后，只需短短10年的时间，就能蹿到25米的高度，它也是世界上生长速度最快的树种。巨人桉的树干看起来挺拔通直、粗壮结实，生长周期又短。在能工巧匠的眼里，无论是用来做帆船的桅杆、大桥的立柱，还是宫殿的栋梁，巨人桉都是理想的好材料。可是，被砍倒的巨人桉让人大跌眼镜：偌大的树干只有一层15厘米至20厘米厚的树皮，树心却是空洞洞的。

人们纷纷猜测，也许是大器晚成，也许是土壤贫瘠，这种巨人桉还没有来得及长大成材。植物学家跑遍整座亚马孙雨林，寻找更高、更粗的巨人桉，设法证明这种树是能够成材的。很多年过去了，人们最终得出一个令人沮丧的结论：巨人桉就是一种空心树，只能用来烧柴。

■ 故事的哲理

常言道：欲速则不达。正如许多忙于快速成长和扩张的企业，就是一个外强中干、不堪一击的虚假繁荣。只有修炼好内功，才能走得更加稳健、长远。

一个个"为什么不"
不要被习惯束缚

■ **哲理的故事**

阮昊上大学期间，一次，建筑设计课程要求设计住宅楼。其他同学都设计了方方正正的"火柴盒"，阮昊却要"设计一栋如女孩秀发般飘逸、柔美、性感的房子"。

老师并不认可这个想法。可阮昊坚信这个想法可以实现。一个多月后他拿出了设计，还得了全年级最高分！

大四暑假时，阮昊去波士顿看望师兄，得知其系主任正带着几个外国人在设计一个中国美术馆。阮昊看好这个实习机会，干脆找到系主任办公室，自我介绍说："我还有两个礼拜就要回国，现在我可以免费给您工作两个礼拜。"

几个外国人透露出不信任的神情，就在他想离开时，一个外国设计师说："我找不到这个美术馆当地的一些艺术作品资料，你能帮忙吗？"于是，阮昊得到了这个义务工作的机会。当他要回国时，这个团队已经离不开他了，团队负责人干脆就任命他为该项目的中国负责人。

几年后，阮昊的建筑设计事务所竞标一所小学的设计。这所小学要容纳3600个学生，可用地仅有7100平方米，还没有一个标准足球场面积大。

这意味着学校不可能有跑道和操场。操场一定要在教学楼旁边吗？为什么不可以建在其他地方？如果把教学楼设计成环形的，再把跑道放在教学楼屋顶上，不就可以完美解决用地面积小的问题？校方和评委听到这个方案时很震惊："我们应该去捍卫 3600 个孩子在蓝天下奔跑的权利。"阮昊的方案因此胜出。

2015 年，"浙江天台县小学因用地不足而在教学楼楼顶设计 200 米环形跑道"的新闻成为热点，阮昊的建筑事务所因此被人熟知。

■ 故事的哲理

人们习惯了"习惯"，往往会先自我否定那些出奇的想法。但如果能多问几个"为什么不"，创新可能并没有那么难，关键看你想做成的决心。

获大奖的小瓶贴

亲临市场永不过时

■ 哲理的故事

创立于1968年的艾菲奖,是美国营销协会的知名广告奖项。2015年,中国的阿尔山矿泉水公司以一个创意小瓶贴设计脱颖而出,获得了艾菲奖品牌公益类的金奖。

阿尔山矿泉水公司设计创意瓶贴时,找到龙杰琦,请他帮忙从"节约用水,反对浪费"这个主题出发,为矿泉水设计瓶身或瓶贴。有一天,一个朋友邀请龙杰琦到他公司,观看他参加的公司的篮球对抗赛。有件小事引起了龙杰琦的注意。有个下场的男士想到休息处拿矿泉水喝,可当他看到椅子上摆放着的已经被拧开的十几个矿泉水瓶时,愣住了。因为矿泉水瓶身全都一样,他根本没法辨认自己原先开的是哪一瓶,他只得再打开一瓶全新的矿泉水。

龙杰琦正是从这个细节中捕捉到了一个设计灵感:中国有13亿人口,但人均水资源只有世界平均水平的四分之一。他搜到了一个团体活动后水资源浪费的精确数据:北京地区全年接待近1731万人来京议事。这些人中,70%的人饮用瓶装水,按照每人次1瓶量来计算,每年大概有1211万瓶水被使用。按每瓶水500毫升来算,有十分之一未喝完就被丢弃,那么每年仅北京地区就有600吨水被随意浪费。龙杰琦觉得,浪费不是人们故意所为,很多人经常忘记哪一瓶水是自己的。那么，怎样才能让人们轻易找到自己那瓶水呢？龙杰琦干脆从"标记"出发，做一系列设想。最终，他设计出了将矿泉水瓶变身成"手写瓶"，即在矿泉水瓶贴上增加类似于刮刮卡的特殊油墨涂层，消费者只要动动手指，即可在瓶身上留下自己的专属标志，如文字、涂鸦等。

"手写瓶"推出之后很受欢迎，因为人们标记自己喝过的矿泉水瓶变得简单有效。仅仅一个月，阿尔山矿泉水的销售额就提高了11.6%，且大大提升了品牌知名度。"手写瓶"倡导更多人关注水资源，参与到"节约用水，反对浪费"的实际行动中来。

■ 故事的哲理

要实现真正有效的市场洞察，即便是在大数据时代，也不可隔岸迷信数据，依然需要亲临市场。因为人类行为、情感以及潜在需求之复杂，永远只有人类本身才能及时而深刻地加以解读。诚如，数据会告诉我们谁支持希拉里，却无法告诉我们谁一定会去为希拉里投票；阿尔法狗可以打败所有围棋冠军，却无法创造出围棋。

Chapter 9

责任大于一切

> 松下幸之助在挑选接班人时,在十多个候选人中唯独选了只有中专毕业水平的山下俊彦,人们问他为什么。他说:"事业有成者皆待人以诚。"……松下选这个中专生就是看中了他对事业最忠诚,工作有事业心、使命感。使命感才是最重要的、最根本的。
>
> ——杨沛霆

迪士尼的清洁工，你干得了吗？
请重新定义你的责任

■ **哲理的故事**

有个留学生去美国迪士尼乐园应聘清洁工。园方说要进行三个月培训，他大吃一惊："不就是扫地吗，还用培训？"人家说可没那么简单。

待拿来培训课程一看，他又吃一惊，这哪是培训清洁工，简直是培训"游乐园园长"。

首先要熟记所有游乐设施和公共设施的位置。如果游客问你，你要在第一时间告诉人家诸如最近的卫生间、餐厅、出口、急救站、游乐项目的位置。其次是学习修理轮椅、童车。第三还要学会各种相机的使用方法，当游客要合影时，旁边的你是最好的帮手。第四是学会照顾孩子。当妈妈们想去卫生间时，穿着制服的你代表游乐园，是"可信赖的人"。第五要学习简单的手语，如果有聋哑的残疾人需要帮助，你能应付自如。第六是掌握急救小知识，遇到跌倒受伤的孩子，能及时施救。还有第七、第八、第九……如何清扫不扬尘、如何避开游人的脚，等等。

看完课程介绍，这位准清洁工才恍然大悟，原来他要干的不仅仅是打扫卫生，还必须从每个细节入手，为客人提供真正优质高效的服务。

■ **故事的哲理**

经过培训，清洁工的责任是"修理工、摄影师、急救员、保姆……"。任何一个行业的责任范围都具有延展性，只要你想做，你的服务范围可以无限扩大，你的岗位、地位也可以随之有天翻地覆的变化。其实，你的价值，取决于你怎样定位自己，特别是在这样一个服务至上的时代。

留点精力"看演出"
不要忘记最初的目标

■ 哲理的故事

镇上来了一个马戏团,引起了小镇所有孩子的关注。有一家的兄弟俩分外期盼能够看到演出,因为他们早从别人口中听说表演会相当精彩,有可爱的狗熊和逗趣的小丑。不过盼望归盼望,由于家里实在太穷,他们是无法筹集到买门票的钱的。

兄弟俩真是万分沮丧,就在此时,又传开了一个消息,因为有很多杂务需要人来做,马戏团决定临时雇用当地的人来做勤杂工,做三小时就能获得一张外场的票,而做上一整天就可以获得前排最好位置的票。

兄弟俩马上报名参加了招工,并且一致选了做一整天勤杂工。不过这项工作的酬劳虽然优厚,但的确很辛苦,搬器具、搭台子、提水扫地、给演员们帮忙,同时为了节省时间,一整天他们就只分吃了一个馒头。很快太阳落山了,马戏团的演出就要开始了,负责人也很讲信用,给予了他们前排最好的位置。

可是,两个孩子整整累了一天,已经满身尘土,筋疲力尽了,当主持人刚刚出场,大家都在热烈鼓掌时,他们却已经在众人的掌声中沉沉地睡着了。

■ 故事的哲理

　　通向成功的路径有很多条，但很多时候，看似直指目标的路径却恰恰让你远离了梦想。个人如此企业亦然，打造繁复的组织机构、建立琐碎的管理制度、不停地变革都没错，可是千万不能忘记最初的目标和追求，切莫流连忘返，最终却迷失在寻求梦想的路上！

让雄鹰翱翔的秘密
挥别"舒适区"

■ **哲理的故事**

国王收到了来自阿拉伯人的礼物——两只威武的猎鹰。过往从未见过这么漂亮的猛禽,他十分高兴,就嘱咐自己的首席驯鹰人要好好进行训练。

几个月过去了,驯鹰人报告说,其中一只猎鹰很奇怪,从来到王宫起就待在枝头纹丝不动。国王也很纳闷,召集了各方的兽医和术士,命他们设法让这只猎鹰飞起来,可所有人都无功而返。

无计可施的国王突然想道:"也许我们需要一个熟悉野外环境,对自然了解更多的人来解决这个问题。"于是命人去找一个农夫进宫。第二天早上,国王惊喜地发现,那只无可救药的猎鹰正盘旋在御花园的上空,他兴奋地对大臣说:"把那个创造奇迹的实干家给我带来。"

农夫刚赶到,国王就急切地询问道:"你到底用什么方法让这只猎鹰飞起来的?"农夫谦恭地低着头回答道:"陛下,我的方法很简单,那就是砍断这只鹰抓着的树枝!"

■ **故事的哲理**

每个人的心灵都有一双漂亮的翅膀,可很多人和组织却往往不愿意打开这双翅膀，因为飞翔就意味着冒险，意味着安全感和舒适感的缺失。离开自己闭塞的小王国，放弃手中紧握的树枝，将天空当作新的领地，才能踏出改变的第一步！犹如企业发展到一定时期迫切需要改革创新的时候，就要丢弃原有的"舒适区"，"重组"变革的元素，做燃烧的斗魂。

特殊的学生作业
激发员工内心的渴望

■ 哲理的故事

密歇根州詹姆斯敦小学的一位老师给学生们布置了一项非同寻常的作业,给当地企业写封信,提个尽可能荒谬的要求。小学生凯特于是写信给当地的一家快餐连锁店说,她希望能终生免费吃炸鸡,因为这是她的最爱。同时她还很有礼貌地称,如果这个无理要求被拒绝,她也会表示理解。结果这家快餐店竟答应了凯特的要求,因为连锁店的经理和其他人都觉得,凯特把这家店的食品当作自己的最爱是他们的荣幸,更何况她还那么诚恳。

对凯特的老师来说,这个作业其实并不特殊,他每年都会让五年级的学生们写这样一封信,目的是使写作更富趣味。今年还有两个学生的要求也得到了满足:一个可以在一个月内免费喝巧克力牛奶,另一个获准在学校附近的一家饭店免费举办一个冰激凌晚会。

通过这样的作业,学生得到了语言方面、社会方面、感情方面、创造性思维方面的收获,比起一般的命题作文来说,真是几何式的增长!

■ 故事的哲理

打一个有趣的比方,管理者应该是足球教练而不是场外裁判,不是简单地用一些条条框框来划定员工的所作所为，而要了解员工的长处与企业需要如何达到适配，引导和激发员工的超能力，从而达到企业目标和个人目标同时实现的双赢局面。

一只手揽来的大把财富
旁观者的智慧

■ 哲理的故事

你也许没有听说过通用磨坊公司,但你肯定对哈根达斯冰激凌耳熟能详。通用磨坊正是这个著名冰激凌品牌的生产商,成立于1886年。这家百年老店能够屹立不倒,有一个自己的秘诀。

原来20世纪有一段时间,这家公司的销售并不景气,这多少让当时的CEO鲍威尔忧心忡忡。有一天,很少清早步行出门的鲍威尔在华尔街上遭遇了"早高峰":来来往往的人行道上,商界精英们一手拎着公文包,一手抓着汉堡,大口咬着,还不时抬起手腕看看时间。

鲍威尔出神地望着行色匆匆的人们,灵感如火山般迸发,他立刻跑到公司,召开了一个紧急会议。会上他宣布,将改变所有食品的设计理念,"便利优先,最好只用一只手,就可以方便地进食"。

于是,酸奶被装进了挤压式软管,麦片被浓缩成方糖大小,冰激凌被装进了封闭的圆筒里,插上了粗吸管。经过改造之后的产品一经问世,就好评如潮,本来疲软的销售业绩也开始一路爆红,公司在之后得以跻身世界500强之列,成为北美最大的上市食品制造企业之一。

时隔多年,当鲍威尔在一次公开活动上道出自己的商业玄机时,人们才恍然大悟:是一只看得见的手改变了这家公司的命运!

■ 故事的哲理

　　企业的发展离不开"他力",要做到1+1>2,必须凝聚企业内外部能量,为自身赋能。创新不是"天才的灵光一现",而是历尽艰苦卓绝的工作。灵感来自对世界的积极探索和发现,创新往往源于对人们潜在需求的把握。这种工作应成为企业的每个部门和各级管理人员的经常性工作内容。

"不可替代"的钉子
必须复制的"核心能力"

■ 哲理的故事

美国海军军舰"唐格"号上有一个名叫史密斯的士兵,他是一位鱼雷发射精英,被将士们誉为"唐格"号的灵魂,是军舰上一颗"不可替代"的钉子。

1944年10月24日晚,"唐格"号循例出海巡查,那天晚上史密斯因为发高烧而没有登上潜艇,"唐格"号在远海发现一艘日本海军侦察舰进入自己的海域,艇长果断下令用鱼雷攻击敌舰。因为史密斯不在船上,艇长就叫了几个"懂的人"去发射,结果这几个人虽然"懂",却并不熟练,并且因为操作问题而引起了鱼雷发射方向机械系统的失灵,导致发射出去的鱼雷突然来了个180度大回转,不偏不倚地击中了自己的潜艇,使"唐格"号潜艇和大多数将士葬身海底,为"二战"中美国海军画上了失败的一笔。

对于史密斯来说,他确实是一颗"不可替代"的钉子,拥有无上荣耀,但对于整艘潜艇来说,这颗不可替代的钉子却成为最大的问题所在!

■ 故事的哲理

每个组织都有核心员工,而核心员工掌握的"核心能力"也对完成组织的既定目标起到了关键作用。但这种核心能力绝对不能仅仅被少数人所掌握，而要随着组织的不断成熟，逐步推进到每个员工身上，这样才能保证组织高效有序地持续成长。

一致通过
选择，比选择什么更重要

■ 哲理的故事

在北京人艺上演的一出小剧场话剧里，一个桥段让人记忆深刻。话说在一座小镇的学校中，一位老师正准备给低年级的孩子们讲故事。

只见老师对孩子们说："我给大家讲一个《小蝌蚪找妈妈》的故事，好吗？"不出老师所料，大部分孩子看上去都很兴奋。看着一张张纯真的笑脸，老师很有满足感，准备开始讲故事。

突然，一个孩子举起了小手，未经老师许可就径直说道："我想听《哪吒闹海》的故事。"听到孩子的请求，老师似乎无动于衷，他让孩子马上坐下，并表示让他好好思考一下再说出自己的想法。过了一小会儿，老师又开始问孩子想听什么故事，孩子依然坚定地表示想听其他的故事。这次老师真的有点生气，厉声叫这个孩子站起来，罚了一会儿站之后，再次让孩子坐下好好想想。时间像是凝固了，老师的脸看上去也没有了最初的亲切感。第三次，老师还是让那个要听其他故事的孩子站了起来，问他到底要听什么故事。孩子低着头沉默着，他似乎明白了，自己没有其他的选择。到了这一刻，老师终于松了一口气，大声说："好了，没有不同意见，我们现在开始讲故事！"

■ 故事的哲理

没有选择,比选择错误更可怕。一个组织没有创新的动力,其实往往缘于选择权以及个性化的表达方式不被尊重!

总统的讲稿
低头，是更大的勇敢

■ 哲理的故事

2011年元旦，匈牙利总统施米特·帕尔在国家电视台做了短短的新年贺词。在离去前，他随手将讲稿塞进了走廊上的垃圾桶。随后，有一名叫特拉斯·拉吉的清洁工发现了这份手稿，很激动，决心带回家收藏起来。

下班回家后，拉吉向家人展示了这份珍贵的"新年纪念品"，然而阅读时却发现，这份讲稿里有很多语法和拼写错误，有的错误甚至有点离谱。但由于匈牙利语本身的特性，即便书写有错误和不规范，但念起来往往很难被发觉，可是一看文字稿就会发现这篇讲稿大有问题。

这让拉吉失望之余感到十分气愤，一个总统怎能犯下这么多常识性的错误呢？第二天，她将讲稿复印了200份，来到首都的解放广场向来往的行人们散发，并标出了其中的16处错误。这样一来，掀起了全国讨论此事的热潮，大量当地媒体进行了报道，来自社会底层的呼声最终传到总统那里。施米特虽然备感压力，但最终还是决定坦然面对。此事发生两天后，他通过电视机向全国人民表达了自己的歉意，同时也保证之后将绝对不再重蹈覆辙，最终还奉上了深深的一躬！而总统真诚地道歉也使得这件事最终平息。

■ 故事的哲理

　　自信，是一个领导者必备的素质。但自信绝不意味着狂妄。真正的自信，是出现问题时果敢地面对并坦诚承认的态度。特别是在突发事件频发的今天。

成也免费，败也免费
决策要对战略负责

■ 哲理的故事

塔布在马德里郊区经营着一家酒吧。由于生意冷清，他就开始询问店里的伙计，有没有什么刺激销售的妙招，如果有，可以获得一笔奖金。不久，服务生索尔想到了一个不错的点子：如果将茶点改成免费供应，应该就不愁没有客人主动上门！

塔布欣然采纳了这个建议，将酒吧里的糕点、薯条和香蕉片一律免费供应。果然，此举推出后，客人争相前来消费。索尔也领到了丰厚的奖金，激动得整夜没合眼，他决定以后再多想些好点子。不久，索尔找到老板说："其实我们不妨把免费的茶点换成纯净水，这样一来成本会降低，能为酒吧节约大笔开支！"

于是，建议又被采纳了。可是一个月下来，客人的数量并没有减少，但经过盘点，收入却大不如前。塔布留心观察了一下，发现虽然酒吧每天都满座，但顾客消费的酒品饮料数量大大减少了。

原来，虽然免费提供茶点成本很高，但客人吃了免费茶点后往往由于口渴需要点一些酒水饮料，这就会大大提升店内的消费。而纯净水虽比茶点省钱，但却使得人们不会再消费更多的酒水饮料了。

■ 故事的哲理

作为领导者，必须学会在五花八门的建议中辨析出那些真正有助于实现组织战略目标的声音，并善于分析每一个建议对于战略目标的后续衍生影响。

最好的作品
先把自己的事做好

■ **哲理的故事**

一位颇有名望的国画大师准备将他的独门秘籍传授给最有潜力的一位弟子。于是，大师把他的三个弟子都请到画室，对他们说："你们三人各自作一幅画，谁的作品最好，我就将秘籍传给谁。"

大徒弟拍着胸脯，十分自信地说道："您放心，我一定会画出最好的作品来！"二徒弟则向大师深深一鞠躬，谦卑地说："我会尽量将您所教过的技法都施展出来的。"唯有三徒弟一言不发。大师问他："你怎么不说说自己的想法呢？"三徒弟回答道："我并不在乎什么秘籍，我只想按照自己的意愿，作好自己的画。"

一个星期后，三个徒弟带着各自的作品来见大师。谁知，还没等他们打开画作，大师就已经将秘籍交给了三徒弟。另外两位徒弟很不甘心，他们抱怨这样做不公平。于是，大师让他们将各自的作品打开，相互比照。果然，三徒弟的作品是最好的。大师意味深长地对他们说："其实，你们的水平本身不分上下。但是过于狂妄自信，画作必然会有浮躁之气；过于谦卑模仿，画作必然不能推陈出新；只有心平气和做自己，画作才能别具一格，也才有可能创作出最好的作品。"

■ **故事的哲理**

　　心无旁骛，投入、精进和享受事物本身，永远是获得进步与成功的最佳途径。

究竟谁在偷奸耍滑
一切都会留下痕迹

■ 哲理的故事

商人运载一车货物经过一片松软的土地，车轮下陷，怎么拉也转动不起来。商人找来几个农夫，答应付给他们每人一些钱，让他们帮忙把货车拖上大路。农夫们给货车前端套上绳子，每人各拽一根绳头，站成一排，向前拉车。众人喊了半天号子，然而货车始终没有驶离原地。商人决定改换一种方法，对他们说道："依我看，应按你们出力的大小支付酬劳。"

众农夫都觉得这个办法好，就请商人在一旁做监督。他们中有两个爱耍滑头的，用余光瞧商人的眼睛，故意把面部表情做得夸张，以表示自己使出了最大的力气，而他们所拽的绳子向下呈弧形，荡秋千一般，还在垂摆着。真正卖力的农夫，头都埋在胸前，两腿蹬直，向前拉车。货车终于驶出了这片松软的土地，停在大道上。农夫们前来讨要工钱，商人依照观测的结果，支付酬金给他们。得到钱的农夫都很满意，只有那两个耍滑头的分到的钱非常少，他们两个很不解，质问商人："难道我的号子喊得不够响亮吗？"一个说。"或是我的表情不够扭曲？"另一个说。"这些都表明我们付出了最大的力气。"两人一齐说。

"我没有注意你们的表情，也没有倾听你们的号子，我只注意你们走过的脚印。"商人说道。众人朝商人手指的方向望去，那两个耍滑头的人的脚印都非常浅，就像正常走过一样；而那些真正卖力的农夫，脚印都深深地印在土地上。

■ 故事的哲理

企业的良性发展必须是建立在正确的价值观上，全员能团结一致，克服困难。一旦有了恶的动机或不作为，都会留下痕迹。自作聪明地荒废本来可以创造价值的能力，等于自掘坟墓。

用 2000 万元加点"颜色"
尊重消费者的感觉

■ 哲理的故事

20 世纪 90 年代初，宝洁公司开始在中国市场大力推广旗下重要品牌之一的海飞丝。在上市之前，宝洁公司花大力气为海飞丝的瓶体包装设计了 29 种颜色。经过一轮又一轮的筛选，最后决定使用淡蓝色作为瓶体包装的主色调。随后，首批 5000 多万瓶"淡蓝色"海飞丝正式进入中国消费者的视野。

但令人不解的是，这 5000 多万瓶"淡蓝色"海飞丝在市场停留了不到一周的时间，就迅速销声匿迹了，转而代替它们的是另一种"深蓝色"瓶体的海飞丝。当时，海飞丝每个空瓶体的成本费用约 0.4 元，也就是说，更换瓶体颜色就会立马花掉 2000 万元。

还没上市就搭上了 2000 万元，那么洗发水的瓶子为什么要加点蓝色呢？原来，在海飞丝的售后电话回访中，市场部的人员发现，有一些消费者表示："产品的效果很好，但就是洗后感觉头皮还是有一点点痒。"这项反馈，很快得到宝洁公司总部的重视，他们立即对消费者的体质和发质进行一一检测和研究，结果发现产品本身没有任何问题。又经过多方沟通，宝洁公司发现这可能是消费者的一种心理作用，而引起这种作用的正是瓶体的淡蓝色，使得他们感到似乎并没有彻底清除头屑。

因此，宝洁公司立刻决定将之前的产品召回，把包装瓶换成让人们感到更加清爽舒服的"深蓝色"。很快，市场的反馈回来了，消费者再不会感觉"有点痒"了，而这种深蓝色瓶也一直沿用至今。

■ 故事的哲理

玄妙的感觉，决定了神奇的效果。在同质化竞争时代，细微的感觉差异正是厂家决胜市场的关键。因为现在，就是一个感觉时代。

大胡子背后的奥秘
"我"最重要

■ **哲理的故事**

1956年,卡斯特罗带兵在古巴东部山区建立根据地。根据地条件极其艰苦,手术刀用完了,军医只能用刮胡刀片为伤员动手术。不久,刮胡刀片也所剩无几,卡斯特罗就带头蓄起胡须,并下令战士们也要如此,好留下刀片做急用。

可一周后,卡斯特罗发现大家都没有执行命令。他把战士们召集起来,指着自己的胡子说:"如果哪个人的胡子跟我的一样长,就可以领到10块钱奖金。"可半个月过去了,没人来领赏。卡斯特罗不得已,又对战士们说:"如果你们的胡子不见长,就交10块钱罚金!"几天后,战士们都主动来交罚金。"胡子再不长,今后定期交钱。"卡斯特罗大声吼道,准备带罚金离开。

这时,军医拦住了他,对大家说:"我觉得应将大家所交的刀片实名登记。这样如果有人负伤,就可先用自己的刀片。如果本人没交刀片而别人又不愿借,他的手术就不做了。"

军医的话一说完,战士们都争先恐后地上交了刀片。事后,军医对卡斯特罗说:"战士们随时都面临生死考验,哪里还会在乎一点点罚金?唯有让他们意识到这件事与自己的性命相关,他们才会自觉遵守。"卡斯特罗恍然大悟。后来他也一直保留着自己的大胡子,似乎在时刻提醒自己:要想影响和改变他人，首先得了解和把握人们的内心。

■ 故事的哲理

管理者即便是抱着伟大高尚的目的，也千万不要一厢情愿地解读员工需求和自以为是地制定制度，放下自己，才能领导大家。

"白拿"的两个月工资
信任战胜危机

■ 哲理的故事

1993年，正当经济危机在美国蔓延之时，加利福尼亚的哈理逊纺织公司，因一场大火化为灰烬。3000名员工悲观地回到家里，等待着董事长宣布公司破产和失业风暴的来临。在无望而又漫长的等待中，他们终于接到了董事长办公室的一封信："向全公司员工继续支薪一个月。"

在全国上下一片萧条的时候，有这样的消息传来，员工们深感意外。他们惊喜万分，纷纷打电话或写信向董事长亚伦·博斯表示感谢。一个月后，正当他们为下个月的生活发愁时，他们又接到董事长办公室发来的第二封信。董事长宣布，再支付全体员工薪酬一个月。3000名员工接到信后，不再是意外和惊喜，而是热泪盈眶。在失业席卷全国、人们为生计犯愁的时候，能得到如此照顾，谁不会感激万分呢？第二天，他们便纷纷拥向公司，自发地清理废墟、擦洗机器，还有一些人主动去南方联络被中断的货源。三个月后，哈理逊公司重新运转了起来。对这一奇迹，当时的《基督教科学箴言报》是这样描述的："员工们使出浑身的解数，昼夜不懈地卖力工作。"起初认为董事长亚伦·博斯领取保险公司赔偿金会一走了之和批评他感情用事、缺乏商业精神的人开始服输。现在，哈理逊公司已经成为美国最大的纺织品公司，它的分公司遍布五大洲的60多个国家。

■ 故事的哲理

　　企业总会经历波峰、波谷，当企业处于低潮期，不要一味只追求所谓的开源节流，不要总渴望市场快速复兴，而要首先凝聚人心、提升士气，只要员工全身心地信任与追随，往往能迸发出不可思议的力量。事实上，稻盛和夫的京瓷公司也是依靠这一点战胜了一次又一次经济危机。

骆驼粪与战斗机
挥别光荣的"陋习"

■ 哲理的故事

"二战"时,鲁尼在英国部队当后勤兵,负责给战斗机做养护。部队规定,战斗机的皮革座椅要用骆驼粪来擦拭。这让鲁尼苦恼不已,粪便的臭味实在令人难忍,可他又不能违反规定。

半年后的一天,由于骆驼粪短缺,鲁尼暂时闲了下来。看着那些不能保养的战斗机,鲁尼问战友:"既然迟迟等不到骆驼粪,为何不用其他东西替代?"战友笑着说:"就你脑瓜好使,既然部队规定必须用骆驼粪,就说明它有特殊功效。"鲁尼本想继续追问,可听着战友们嘲讽的口气,就没再吱声。

不久,参加过"一战"的父亲来部队探望,看见鲁尼正忙着用骆驼粪擦拭座椅,便疑惑地问:"你们怎么还在用这个呢?"鲁尼回答:"我们一直如此,这是规定。"父亲想了想,笑着说:"当年我们在北非沙漠地区作战,有大量物资需要骆驼运输,可驾驭骆驼的皮具是用牛皮做的,骆驼闻到那味道,就会赖着不走。于是,有人就想到用骆驼粪来擦皮具,这样就能盖住牛皮的气味,果然骆驼就听话了。哪料三十年过去了,你们还将这方法沿用到飞机上,太可笑了。"

听完父亲的讲述,鲁尼很震惊,也有点半信半疑,随即去翻阅史料,竟然真的如父亲所言。

■ 故事的哲理

成语"刻舟求剑",是组织内大量令人啼笑皆非的陋习的生动写照。但与其说是陋习束缚了我们,还不如说是我们的心态制造了陋习。

烦心是烟，高兴是火
接纳是一种终极智慧

■ 哲理的故事

古时有一位盐商经营有道，富甲一方，但就是天天闷闷不乐。一天，他到寺庙中请教一位法师："法师，在外人看来我很成功，但为何我还是不高兴呢？""那肯定有烦心事吧！"法师笑着说。"是啊，我的生意虽好，但烦心事依然不少，比如盐价的突然下跌，比如仓库遇水被浸泡，每天都有这样的烦心事。"盐商抱怨着。

法师什么也没说，带着商人走到禅房外，点燃了一堆火，对商人说："施主，你的生意就像这堆火。"商人有些茫然。

此刻，火势正旺，法师对商人说："施主，这堆火现在很旺，代表着你的高兴，可这堆火到底有没有烟呢？"商人一笑，对法师说："肯定有烟了，只是烟很细微，看不见而已。"法师略有所思，对商人说："高兴是火，烦心是烟。在火势最旺、你最高兴的时候，依然有烟，依然有烦心事。"商人一愣。法师从旁边拿来一把湿柴，放在火堆里，此时，浓烟四起。法师对商人说："施主，你看见烟了吗？"商人又一笑，对法师说："法师说笑了，现在浓烟四起，看得很清楚啊。""那是否看见火了呢？"法师立即问。商人马上回答说："当然有火了，只是火势不旺而已。"法师笑了，对商人说："在浓烟最密、你最烦心的时候，依然有火，依然有高兴的事。"

■ 故事的哲理

　　理解完美中的缺憾，平静淡定面对所有的烦恼和阻碍，了解人生与事业的进程中往往都伴随着各种或大或小的问题，积极去应对和化解，其实就是一种最深沉的智慧。

甘当"清洁工"的诺贝尔奖得主
放低自己，执着追求

■ 哲理的故事

罗伊·格劳伯是哈佛大学教授，多年来一直从事量子光学研究。69岁时，他有幸获得诺贝尔物理学奖提名，可最终还是落选了。这时，有一家科学杂志办了个"搞笑诺贝尔奖"，邀请他出席。格劳伯明知道其中的讽刺意味，但还是答应了。

那天，一群不得志的科学家聚到一起，诉说着心中的苦闷。他们时哭时笑，有些人还叫嚷着向"获奖人"扔东西，喝倒彩。活动结束后，人们都离开了，唯有格劳伯还呆呆坐在那里。清洁工约翰走过来，指着满地的杂物，开玩笑说："你是想留下来帮我打扫吗？"格劳伯想了想，点点头："扫地也是一件有意义的事，为什么不呢？"说完就拿起了扫把。之后，每年举办"搞笑诺贝尔奖"时，格劳伯都会来打扫。就这样过了十一年。

一次，早已离开的约翰重回旧地，看到年迈的格劳伯还在扫地，便惊诧地问："你竟然还在这扫地，这么多年还没得奖吗？"格劳伯笑了笑，没回答。这时旁边有人插话："他刚获得今年的诺贝尔奖！"约翰愣住了，想要夺过扫把，却被格劳伯制止了："我们做任何事情，都要坚持到底，扫地和拿奖不都是一个道理吗？"说完，他又俯下身，颤巍巍地扫起来。

■ 故事的哲理

放弃是最容易的选择，坚持则往往意味着将面对更多的困难和承担。在追求理想的道路上，放低自己是一条必经的道路，就好比丰收的稻穗会弯下腰，当我们不妄念于"自身"时，得到的也许会是整个世界。

唯有柏拉图没举手
盲从比错误更可怕

■ 哲理的故事

哲学家苏格拉底在课堂上拿出一个苹果，对学生说："请大家闻闻空气中的味道。"一名学生很快举手回答说："是苹果的香味。"苏格拉底走下讲台，举着苹果慢慢地从每个学生身旁走过，并要求大家仔细地闻一闻，空气中是否有苹果的香味。这时，已经有半数的学生举起了手，苏格拉底回到讲台上，又重复了刚才的问题。这一次，除了一名学生，其他的学生都举起了手。

苏格拉底微笑着走到这个异见者那里，问他："你为什么没有举手呢？你没看见大家都见证了有苹果的香味吗？"那个学生有点诧异，但依然坚持说道："我没有闻到什么苹果味道，说实话，老师，我什么味道也没有闻到。"这回轮到其他的同学震惊了，苏格拉底高高举起苹果说："只有一个人答对了，你们看，这个苹果是假的，怎么会有香味呢？"而这个学生就是后来大名鼎鼎的哲学家——柏拉图。

■ 故事的哲理

什么才是最好的组织？就是能包容异见者的组织。这使得领导者总有思辨和发现自己错误的机会。仅仅盲从的员工往往都是不负责任的，他们在乎的是管理者对于自己的评价，而非事实真相与组织利益。作为组织文化，可以接受出错，但不能接受盲从。

有多动症的"舞蹈家"
领导的责任,是发现,而不是治疗

■ **哲理的故事**

在学校,吉莉安算不上好学生,每次上课她老是坐不住。没过多久,她妈妈就收到了学校的正式来信:"我们认为吉莉安有学习障碍,她没有办法集中精力。"妈妈只好带吉莉安去了医院,妈妈和医生谈了孩子的各种问题,最后医生对小女孩说:"我要和你妈妈私下谈谈,你在这里等会儿,我们很快就回来。"然后,医生打开了桌上的收音机,音乐响了起来。他们刚刚离开,吉莉安就随着音乐自己跳起舞来,等到医生回来开了门,她还在旁若无人地跳舞。医生看了一会儿,兴奋地说道:"林恩夫人,孩子没有问题,她是个天生的舞蹈家,送她进舞蹈学校吧!"

到了舞蹈学校,吉莉安开心得要疯了!"我简直不能形容那有多美妙,在那全是像我一样的人,他们不能坐着,必须在移动中思考!"她笑着说道。后来吉莉安考入皇家芭蕾舞蹈学校,成为知名的芭蕾舞演员。此后她更是成立了自己的公司,遇到了一位知名的作曲家,音乐剧《猫》由此诞生,如今已经连续上演7000场,成为百老汇历史上最经典的剧目。吉莉安,那个曾经被老师放弃的多动症女孩,一跃成为亿万富翁。

而她最感谢的,还是发现自己天赋的那位医生。如果当年不是他打开收音机,而是给她开上一堆治疗多动症的药物,也许就没有后来的天才舞蹈家。

- **故事的哲理**

只能领导标准化人才,让每个人都成为螺丝钉,这样的管理者也许是高效和专业的,但往往很难实现突破性创新。因为他们很难欣赏所谓的"异类",自然不善于发掘高潜力人才,也就很难打造精英型的组织。记住,一名领导者需要做的,永远是发现,而不是治疗。

一幅画了二十年的"赝品"
让人丧失能力的"酷似"

■ 哲理的故事

一天,一位频频被高仿的大师去古玩市场查看自己被仿的画。单从画面效果来看,那些赝品跟大师的真迹已经难分伯仲,甚至一些传神的细节,比大师原画处理得更加细致。大师之所以成为大师,就在于他的仁慈和宽厚,他打算去见见那位高仿画的作者。大师的本意是,凭此高仿画作者的笔法水平,只要稍微给予点拨,假以时日,必成大器。

几经周折,大师终于找到那人。他乃大师家乡人士,以专仿大师的某一幅画混迹京师二十余年。大师对赝品制作心存怨怒,但怜惜此人在京城糊口不易,又是同乡,不但不予以指责,反馈以钱粮,并言语宽慰。

临别,大师问仿画者:"可否入尔画室一睹?"得到应允,入室,但见满室皆大师那幅画的赝品,而大师真迹,则悬于画室正中的墙壁上。难道此人二十年都在仿此画?大师满腹疑问,问仿画者:"可还能画我其他的作品?"答曰:"不能!"大师只好抱憾离开,且感慨不已,对别人叹息:"这是多么虚弱的强大啊!"

■ 故事的哲理

组织的改革创新是摒弃原有的恶习。若只知模仿，不求拓展和塑造自我，最终只能在自我禁锢中冒险。因为模仿的能力越强，获得真正核心能力的希望越渺茫。组织真正的核心竞争力是创新。

大喇嘛和小老鼠
变革要重塑内心

■ **哲理的故事**

在遥远的雪域高原，住着一位德高望重的老喇嘛。有一天，老喇嘛救起了一只小老鼠，从此小老鼠就陪在老喇嘛身边，但它日渐不安起来。原来，小老鼠一直很怕老喇嘛的猫，它希望老喇嘛把自己变得比猫还强壮，这样它就不用再担心了。

老喇嘛想了想，决定帮小老鼠达成心愿。于是，小老鼠摇身一变，成了一只漂亮的大灰狗。可是没想到，变成大灰狗的小老鼠，瞥见那只猫，还是吓得半死，赶紧躲回老喇嘛房里。于是，小老鼠希望老喇嘛能把自己变成更加凶猛的动物，它说："这样一定可以解决所有的问题。"老喇嘛了解小老鼠的恐惧，把它变成了一只雄健的金色老虎。

小老鼠变成老虎后开始在院子里闲庭信步，周围的人一看见它就躲得远远的，小老鼠心里甭提多得意了。可是，它忽然又看见了那只家猫，还是吓得够呛，逃回了老喇嘛的身边，老喇嘛看到这一幕，感叹道："你改变了外表，但依然没有改变恐惧的内心。"

■ 故事的哲理

　　企业的整体价值观以及员工内在心智模式的改变，比外部环境的改变，更能决定一个企业的转型成败。不换思路，只换行头和模式，往往都是自欺欺人。

妈妈的十二双手
责任大于天

■ **哲理的故事**

读六年级的女孩克里斯汀写了一篇家庭作文,文章写得如此特别,以至当时她的老师拿它做范文读给全班同学听。原文是这样的:"我母亲用一只手握着平底锅炒菜,另一只手拿起抹布去擦桌子;她用一只手喂宝宝,另一只手为爸爸和女儿准备晚餐;她用一只手给门前的乞丐送上一份可口的热食,用另一只手捻着玫瑰经念珠祷告。"

当老师读出这些不合常理的语句时,学生们开始哄堂大笑。老师自己也忍不住问女孩:"克里斯汀,你母亲究竟有多少双手呢?"

克里斯汀从座位上站起来,一口气说出一长篇的话:"我母亲有一双手用来照顾父亲,一双手用来看护我们七个孩子,一双手用来忙家里家外的事务,一双手帮助所有老幼贫弱之人,一双手用来做祈祷……而且,她还有一双手,在别人危难之际它们总会伸过来——所以,总共加起来的话,我母亲有十二双手。"

教室瞬间安静下来,然后老师由衷地称赞:"克里斯汀,你的作文写得太美了!"上帝无法无处不在,所以创造了母亲。

■ 故事的哲理

企业自成立的那刻起，就担负着各种责任，比如建立正面的社会影响力，对员工的人文关怀、职业技能的培训，搭建企业规章制度，开发具有竞争力的产品，等等。

企业风险与日俱增，就非常需要员工的理解与支持。员工能正确认识到自己与企业之间的相互成就、依托的关系，就会努力工作实现价值。

谁撒手，惩罚谁
自私就是自毁

■ 哲理的故事

在铸造车间，有一个特殊的工种叫浇注工。浇注工要时时穿上厚重的工作服，戴上安全帽，戴上手套，即便是酷热的夏天，也必须把自己包裹起来，因为熔化的铁水通常在1300℃以上，这么高的温度，稍有不慎，就会酿成惨剧。

浇注工要干的工作，就是把熔炼好的铁水盛到铁包里，然后由两人抬着，浇注到砂型工提前造好的型腔里。铁包一般有水桶大小，上面有两根钢筋，就像担架。两个工人，一前一后，用四只手抬着控制，需要默契配合，速度和方位都必须一致。一旦抬起来，再热再累，也必须得坚持住。忍不住，也得给工友一个信号，待确定后，再同时平稳放下。

不幸的是，有这么两个实习生抬铁水。刚抬着走了几步，其中的一个承受不了，居然撒手并拔腿就跑！结果铁水倾泄而出，导致了烧伤事故。

那么，两人谁的烧伤更严重呢？令人没有想到的是，居然是撒手的那个人！他先松手，铁水恰恰必然是向他倾斜的。后来，"谁撒手，惩罚谁"，成了每个浇注工牢记的铁训。

■ 故事的哲理

真正有效的团队协作，一定基于个人利益的团队共赢。当谁伤害协作时，也就意味着他在伤害自己。

走进核反应堆的"少尉"
使命是最好的催化剂

■ **哲理的故事**

1951年，加拿大乔克河附近一座核电站发生泄漏事故。相关负责人赶到现场时，核反应堆已经开始熔毁。如果不能立即拆除核反应堆，上万人的生命将受到威胁。当时机器人还无法完成这么复杂的任务，必须有人钻进核反应堆内部去拆除。

危险迫在眉睫，核电站负责人立刻向美国原子能委员会求助，他们马上派出一名受过专门训练的海军少尉前去支援。少尉火速赶到现场，投入"战斗"。他与专家们研究了核反应堆模型后，开始进行拆除演练。拆除分四个步骤，每一步都必须在1分30秒内完成，不能耽搁一秒。而且，所有步骤都必须准确无误，哪怕拧错一个螺丝，后果都将不堪设想。

演练结束后，少尉穿上防护衣，镇定地走进反应堆，开始工作。整个过程，他受到的辐射量是常人一年最大辐射准许量的总和。很多人都以为少尉难以生还，只能在心中祈祷他能坚持6分钟，完成拆除任务。

幸运的是，少尉不仅圆满地完成了任务，而且活了下来。后来，他当上了美国总统，还获得了诺贝尔和平奖，他就是吉米·卡特。回忆往事，卡特自豪地说："当你要完成的任务与上万人的性命相连时，你就没有失败的机会。而明确自己的责任，就会有勇气跨越困难。"

■ 故事的哲理

让能人成为英雄或领袖的,已经不再是他的资源与能力,而是切实的使命感。

爱因斯坦的父亲钻烟囱
以自己做镜子来旁观自己

■ 哲理的故事

爱因斯坦小时候十分贪玩。他的母亲常常为此忧心忡忡，再三告诫他应该怎样怎样，然而这些话对他来讲如同耳边风。这样，一直到16岁的那年秋天，一天上午，父亲将正要去河边钓鱼的爱因斯坦拦住，并给他讲了一个故事。正是这个故事，改变了爱因斯坦的一生。

故事是这样的：“昨天，”爱因斯坦的父亲说，"我和咱们的邻居杰克大叔清扫南边工厂的一个大烟囱。那烟囱只有踩着里边的钢筋踏梯才能上去。你杰克大叔在前面，我在后面。我们抓着扶手，一阶一阶地终于爬上去了。下来时，你杰克大叔依旧走在前面，我还是跟在他的后面。后来，钻出烟囱，我发现一个奇怪的事情：你杰克大叔的后背、脸上全都被烟囱里的烟灰蹭黑了，而我身上竟连一点烟灰也没有。"爱因斯坦的父亲继续微笑着说，"我看见你杰克大叔的模样，心想我肯定和他一样，脸脏得像个小丑，于是我就到附近的小河里去洗了又洗。而你杰克大叔呢，他看见我钻出烟囱时干干净净的，就以为他也和我一样干净，于是只草草洗了洗手就大摇大摆上街了。结果，街上的人都笑痛了肚子，还以为你杰克大叔是个疯子呢。"

爱因斯坦听罢，忍不住和父亲一起大笑起来。父亲笑完了，郑重地对他说："其实，别人谁也不能做你的镜子，只有自己才是自己的镜子。拿别人做镜子，白痴或许会把自己照成天才的。"

爱因斯坦听了，顿时满脸愧色。爱因斯坦从此离开了那群顽皮的孩子。他时时用自己做镜子来审视和映照自己，终于映照出生命中的熠熠光辉。

■ 故事的哲理

比起爱因斯坦，一切以人际关系为参照的东方文化下的我们，更应该由此深思。知道自己是谁、明白如何旁观自己，并明确自己的人生目标和生活方式，才能不会被环境左右，并不断实现自我价值。

丢进湖心的钻石
人性的弱点是最大生产力

■ 哲理的故事

马耳他是一个美丽的岛国,它以星罗棋布的湖泊吸引着世界各地的游客。为了进一步增加旅游收入,马耳他政府开始在最古老的艾伦湖底发展湖底观光旅游项目。但艾伦湖底上百年来沉积了厚厚的淤泥,必须先清除这些淤泥。

于是,马耳他政府出资五百万英镑向民间公司招标,却无人问津。"五百万英镑根本无法完成那么大的工程,弄不好要累及公司,没有谁愚蠢到做这样的赔本买卖。"有人说出了实情。一个月后,就在政府一筹莫展时,英国五星旅游公司总裁乔治·斯维顿递来了投标书。一时间,同行一片哗然。

斯维顿雇用了当地人的小船,在艾伦湖上做开工前的探勘工作。那天风和日丽,斯维顿带着助手和几个当地人,划着小船边谈工作边赏风景,不一会儿就到了湖中央。斯维顿手上的钻戒在波光下格外耀眼,那是一颗重达200克拉的蓝宝石钻戒,市面上也并不多见。一个当地人问:"先生,您这枚钻戒好漂亮,很贵吧?"斯维顿淡淡一笑:"也就两百多万英镑!"斯维顿将钻戒摘下来,举起对着太阳炫耀它的光芒。忽然,斯维顿一个踉跄,手中的钻戒掉进了湖里。两个当地人马上跳进湖里去寻找,但都空手而归。"肯定是陷在淤泥里了……"斯维顿沮丧地说道,"算了,今天就到这里,回去吧。"

掉钻戒的消息不胫而走,很快传遍了大街小巷。人们嘲笑斯维顿,可他对助手说:"钻戒是我故意掉下去的,用不了几天,我们就可以完工了。"果然,当地人使出了浑身解数,动用各种机械将淤泥挖出来,寻找钻戒。人们持续挖了一个星期,竟将湖心的淤泥挖光了。而挖到钻戒的人也偷偷溜走了。

斯维顿不费吹灰之力,一个星期就向马耳他政府交了工。人们这才恍然大悟,佩服斯维顿的胆识,不动一兵一卒就赚了三百万英镑。

■ 故事的哲理

管理需要借力,经营需要杠杆。谁能洞悉人性,谁就能最大限度地实现借力与利用杠杆,在整合资源的效率上实现事半功倍。

卖衣服不要钱
最大的善举是尊重

■ 哲理的故事

有一个企业在大街上发招聘启事，条件很简单：招一名身强力壮的助手，吃、穿、住全包，还有高薪酬。瑞恩揭下"招聘启事"，并要求立刻开始工作。

"我们今天得开出一家'街边商店'来。车上有许多挂衣架、服装和鞋子，你需要先把衣架展开，然后把衣服一件件挂上去！"招聘者马可·帕萨特对瑞恩说。可奇怪的是，所有商品都没有价签。马可看出了瑞恩的疑惑："我们卖的服装不用钱！"免费的？那还叫"卖"？挂好全部服装，马可却没有叫卖的意思。一个流浪汉凑了过来，打算摸一摸一件黑色的大衣，马可对流浪汉说："先生，它们都是免费的，你可以随意挑选自己喜欢的衣物！"流浪汉不敢相信地张大了嘴，这么好的衣服、裤子、鞋子全部白送，竟有这事？

流浪汉带着些许疑惑，然后拿着选中的大衣一步三回头地走了。接下去的半天时间，马可招呼一个又一个流浪者到摊前挑选衣物。每个流浪者开始都半信半疑，最后高兴地免费拿走了衣物。第二天，"街边商店"还没卸车，就有好多人走过来要帮忙。"街边商店"的"服务员"一下子多了起来，人们热情地招呼每一名顾客。附近的商店老板送来了食物和饮料；还有理发师搬来工具，挂出了"免费理发"的牌子。

一天天过去了，马可、瑞恩以及无数志愿者在为"街边商店"忙碌着。同时，世界各地的志愿者接过马可的接力棒，在各地开起了"街边商店"。马可经营商店的重要准则就是，把捐赠衣服的尴尬变成自主搭配的喜悦。

■ 故事的哲理

尊重，是最基本的礼貌。尊重，也需要方式、方法。变尴尬为惊喜，既让员工有参与感，又容易被认可和接受，从而成就一个和谐团队，管理者的领导力会更上一个台阶。

明信片的杀伤力
凝聚团队，先凝聚团队背后的家庭

■ 哲理的故事

"一战"期间，英法联军决定于1916年6月底在法国北方的索姆河区域实施作战。由于在凡尔登战役中法军严重受挫，元气大伤，进攻的主力任务就落到了英国军队头上。

英军士兵看到法军伤亡惨重，也跟着士气大减。6月上旬，一小股英军在逃跑时被抓，时任英国第四集团军总指挥的罗林森雷霆大怒，当场要将逃兵枪毙示众，杀鸡儆猴。参谋对罗林森耳语："杀人不能从根本上解决问题，如果士兵们'身在曹营心在汉'，即使上了战场，也会很快一败涂地，得想个办法稳定军心、鼓舞士气。"

可战斗迫在眉睫，该怎么振奋士气？罗林森和参谋苦思冥想，却仍然一筹莫展，连女儿寄给他的信都懒得拆。

这天，参谋来到罗林森办公室汇报部署情况，无意间看到了桌上的信函，顺手拿了起来看了看。细心的参谋一下就发现这封信里除了纸笺，还有别的，便劝说罗林森打开。撕开信封后，一张印有家乡风景的精美明信片映入眼帘。看着那青山秀水、牧场牛羊、低矮的茅草房，往日的幸福时光历历在目，罗林森沉浸在对以往一家人其乐融融的回忆中。参谋突然大喊一声："我有主意了！"

数天后，前线士兵们收到了来自家乡的明信片，不但印有教堂、田野、花园和他们美丽的村庄，还附有亲人、政府亲切的问候和期盼，盼望他们早日凯旋。士兵们看到明信片时，有的相互拥抱，有的奔跑欢呼，有的竟号啕大哭……那几个逃兵当众跪在罗林森面前，忏悔自己的怯懦。

在历时七天的战役中，战士们终于扭转了战局。

■ 故事的哲理

亲人的关爱与支持，远比一万次政治报告和严厉审判，要有效得多。一个组织，要想振作团队士气，就请不要忽视他们背后的家庭。

Chapter

10

传递正能量

IBM文化中的第一句话,也是最重要的一句话,就是"尊重人"。海尔的市场链理论,使每位员工都成为老板,其根基也正是尊重人。尊重人,正是人本管理的真魂!

——杨沛霆

别忘了写封感谢信
回馈的伟大力量

■ **哲理的故事**

文静是甘肃定西一个小镇上的学生,她所在的学校由于地处贫困地区,每年都会收到大量捐助。刚开始,同学们感到很新奇,都会写感谢信,可时间一长,同学们似乎就习惯了。

又是新学年开学,新来的班主任李柯看到文静熟练地给同学分发受捐助的图书和文具,问:"那你们有没有对这些捐赠人表示过感谢呢?"大家都愣住了。

下午,李柯带着大家,买了50斤粉条,到了镇上的邮局,分成了5份礼物,并且写了5封感谢信,分别寄给了帮助过他们的5家单位。等干完这些事情,天已经黑了,文静和同学们都没有想到寄一份礼物会这么麻烦。

第二天上课时,面对已经深受触动的孩子们,李柯动情地说道:"我们寄这份小小的礼物况且如此麻烦,那么他们持续不断地对我们进行捐助,又耗费了多少精力和时间呢?"

教室里瞬间变得安静起来,大家突然发现,自己原来遗忘了一些很重要的东西!此后的日子里,同学们自发组织起来,定期给捐助的爱心人士写信表达感谢和汇报自己的学习情况。如今这个班上的很多同学都如愿考上了大学,同时他们的心底也将永远牢记老师的提醒——别忘了感谢那些帮助过你的人!

■ 故事的哲理

　　当我们常常以为很多美好的事物和感情是理所当然时，它们往往就会急速离开。做企业如同做人，回馈本来就是一种最好的沟通和投入，因为只有这样，我们才能获得源源不绝的成长推动力！

处罚出的金牌
学会超越他人的期待

■ **哲理的故事**

一天，一名交警在路上巡逻，看见一个小伙子把自行车骑得飞快，似乎稍有不慎就会撞到行人和车辆。他下意识用测速仪测了一下，天哪，小伙子骑得居然比汽车行驶的速度还快。

太危险了，警察马上启动警车拦住小伙子，告诉他，按规定必须要扣留他的自行车，还要处以相应罚款。小伙子解释，他骑得如此之快，是因为要赶去上学。

看着小伙子为难和痛苦的样子，警察思索了一会儿，竟然把他放行了。可小伙子刚重新骑上车，警察突然喊："等一等！"

小伙子以为警察反悔了，谁知警察神秘地说道："把你的名字和学校写下来，我已经想到了一个处罚你的最好的方法，回去等着吧！"

一周后，心中忐忑的小伙子突然接到哥本哈根当地一家自行车俱乐部的通知，同意他的会员申请，并且将为他提供免费的训练服务。这家俱乐部在当地赫赫有名，小伙子一直梦想加入其中，而那名警察竟然帮了他一个大忙。

这名幸运的中学生叫斯卡斯代尔，四年后，他获得了全国和奥运会的自行车比赛双料冠军，他感慨地说："我要感谢一名交警，他是我的引路人，没有他，也许就不会有我的金牌了！"

■ 故事的哲理

每个人对工作的理解程度并不相同，卓越者和平庸者的差别仅仅在于用眼睛来看待周围世界，还是用"心"和"脑"来重塑工作的内涵和深度。唯有透彻地领悟，发现工作的价值才能充分发挥优点，创造非凡成就。

公路上的生命转机
爱在传递中产生

■ 哲理的故事

一个星期六的晚上，61岁的维克多和妻子安娜驱车行驶在94号州际公路上，突然发现有两位女士站在路边。虽然其他车辆都径直开过去了，但维克多还是停靠下来，问她们是否需要帮助。

"汽车爆胎了！"一位女士说道，她们似乎正头疼如何应付这样的局面。维克多二话没说，两分钟就换好了轮胎。两位女士握着维克多的手，连声道谢。之后，她们目送维克多和他妻子离去，感叹运气好遇上了好心人。她们收拾好工具，继续行驶，可没开多久，就看到前方的路上正停着一辆车。不是别人，正是维克多的车。而安娜正在大声呼救，原来维克多心脏病发作晕倒了。两位女士立即采取了行动，其中一位开始打电话，另外一位名叫萨拉的女士更是很专业地开始给维克多做人工呼吸和胸外按压。由于及时采取了心脏急救工作，救护直升机也很快赶到，维克多终于在附近的医院被抢救过来。

事后，维克多夫妇才知道，原来萨拉是一名专业护士，她和自己的同伴救助了之前刚刚帮助过她们的人，给维克多带来了生命的转机。

■ **故事的哲理**

　　美好的感情、友善的态度，都不可能是单方面产生的，管理者如何对待员工，员工就将如何对待自己的工作和客户。人与人之间都有一面镜子，用爱感动对方，温暖便会常伴左右。

点燃和平之烟
非正式沟通的巨大影响

■ 哲理的故事

北美的两个印第安部落,由于争夺某一河心岛的狩猎权发生了争执。按照惯例,双方诉诸武力似乎是必然的选择。

但是,这两个部落的首领都饱经沧桑,并且厌恶战争。他们不同寻常地决定以和谈的方式来解决争端。多年的争斗使他们在会面时局促不安,又略带傲慢和挑衅的态度,因为怕谁先表现出和解的愿望,就会被族人误解为过于懦弱。

因此,两位首领在初次见面时都以保持沉默作为策略,可僵局也随之产生。就在这样的尴尬局面出现时,碰巧,其中的一位酋长点燃了烟管,随后另外一位也点燃了自己的烟管。由于点烟纯属一种与冲突动机无关的行为,两位酋长便就抽烟这个话题随便攀谈起来。

本来剑拔弩张的局面开始缓和下来,他们逐渐就进入了最后的和谈内容,并在详细阐述了各自的想法后,平静地达成了和解。后来,第二次会面时,其中一位只要开始点烟,另外一位必然马上应和,久而久之,抽烟就成为寻求和解的必要仪式和习惯,后来印第安人将其称为"和平之烟"。

■ 故事的哲理

　　管理沟通不仅仅是通过开会和谈判来完成，很多重要的决策甚至诞生于正式工作之外的场合和时间。同时沟通的模式也可以多姿多彩，通过共同的兴趣和爱好入手，将对一些棘手的问题的讨论变成一场真正的坦诚交流，也是领导人魅力的体现。

"超级大国"魏国的瓦解
"轿子"不是一人抬起来的

■ 哲理的故事

战国前期,魏国是当之无愧的超级大国,可为什么在后人对战国历史的印象中,魏国往往是个弱国呢?这缘于魏国的重大失误。

战国前期,魏国之所以强大得让人吃惊,是因为魏文王有个"固执"的做法:总是联合赵、韩两国,合三国之力向外扩张。这样,一方面魏国虽然处在四战之地,但赵和韩两国成了魏国稳固的战略后方。另一方面,三国合力,人力、物力以及军力之盛,没有国家可以匹敌,作为三国中的"老大",魏国坐稳了超级大国位置。但是,后来的魏国国君逐渐短视,魏武王没有理解魏文王的苦心:凭什么打来的"果实"由三家平分呢?于是,三国中位置最偏的赵国先吃了亏,"分赃不均":三国攻城略地的战利品,绝大多数被就近归到了魏、韩名下……由此,三国开始分裂,最终使魏国必须四面出击才能维持局面,四战之地的劣势暴露无遗,局面终于一发而不可收拾。

■ 故事的哲理

无论在战场上还是在商场上,多赢的联合舰队式进攻才能爆发出最大的战斗力,永远要对吃独食保持警惕。

反向才能得冠军
智慧的冒险

■ 哲理的故事

美洲杯帆船赛是世界上影响最大也是声望最高的帆船赛。它的决赛只有两支船队参加，由本届优胜者挑战上届冠军。有一年的美洲杯帆船赛决赛，由澳大利亚队挑战上届冠军美国队。

在激烈的第五轮比赛中，比赛刚刚开始，澳大利亚队就已经落后美国队37秒。此时，澳方的船长勃兰特做出的一个决定却扭转了比赛最终的结局。原来，当时的风速是有利于在右岸行驶的，而美国队已经抢占先机，在河流右边寻得一处风水宝地，从而保持领先。此时，澳大利亚队有两个选择，其一继续在河流右半边行驶，沿着美国队的轨迹，等待美国队出现失误，再一举超越，但这种情况发生的概率微乎其微。其二，把帆船转到河流左半边行驶，虽然暂时风向不利，但只要风向转变，反而能获得一个占据有利河道的先机。但这无疑是一场赌博。

勃兰特领队跟随了美国队一段距离以后，根据自己对天气观测的经验，判断风向将有可能改变，他果断下令，将船只靠向左岸，实时调整船帆的转向，并等待风向的改变。美国队一看到这种状况，立马兴奋起来，感觉一定是澳大利亚人判断发生失误了，从而放松了警惕，准备迎接自己的胜利。然而，奇迹出现了，风向转变了，澳大利亚队很快追上了美国队，并以领先1

分 47 秒的巨大优势，赢得了这场比赛。

■ 故事的哲理

衡量创新的标准是，创新是否创造价值。新奇只能带来乐趣。后来者的的厉害之处就是他们比领先者更敏于和乐于对未来的变化做出判断和果断的反应。

舍生忘死的失败
竞争不需要自以为是的"勇敢"

■ 哲理的故事

1911年，曾经当过两届美国总统的西奥多·罗斯福决定再次参选。次年10月24日，他到密尔沃基发表演讲。就在他登台准备演讲之时，刺客施兰克从人群中冲出，朝他开了一枪。只听"砰"的一声，子弹穿过罗斯福手中的讲稿，击中了他的胸部。他惊诧地摇晃了几下，马上恢复了镇定。凶手很快被捉住了，而台下的群众却很难集中注意力，他们看到鲜血已经浸透罗斯福的大衣，便叫喊着让他赶快去医院。可罗斯福却觉得自己的伤还不至于危及生命，此时正是展示硬汉形象的绝佳机会。于是，他拒绝了人们的好意，表示这点小伤没什么可担心的。此后他足足坚持了90分钟，直到演讲结束才去就医。由于子弹潜入太深，医生只好将其留在罗斯福体内。

此后，媒体争相报道罗斯福的勇气和耐力，他也觉得这是宣传自己形象的大好机会，因此在后来的竞选演讲中都要提到此事。但就是这样卖力地竞选和拉票，结局却是以落选告终。在总结经验教训时，罗斯福似有所悟地说："我原以为自己的刚强值得夸耀，可民众却觉得它更应受到批判和谴责。没人相信一个不顾惜自己生命的人会有能力保护好民众。"

■ **故事的哲理**

优秀的企业往往充满传奇的光环，但真正成功的企业更需要尊重大众公认的商业逻辑。诚如当前一些声称为了客户利益而坚决不盈利的公司，看起来慷慨，但没人真的认为这是可以持续并给予信任的。即便是互联网时代，最基本的商业逻辑和商业道德，依然应该遵循。

真的是 5 个铃铛
学会给别人一个指示错误的机会

■ 哲理的故事

有家客栈叫"银星"。店老板竭尽全力把客栈布置得很温馨,价格也很公道,服务也不错,可就是门可罗雀,入不敷出。绝望之下,老板只好去请教当地的一个智者。

智者说:"太简单了,你可以改改店名。就叫'5 个铃铛',然后在门口挂上 6 个铃铛。""6 个铃铛,会有效果吗?"老板感到很狐疑,智者却笑而不语。无奈之下,老板决定还是试试这个看似有点荒谬的做法。

结果大大出乎他的意料,每个经过客栈的旅行者都会走进店里,指出这个显而易见的错误,而有趣的是,他们都以为别人还没发现。不过,一旦他们走进客栈,便会被里面的设施和服务所吸引,就会留下来歇息一晚,这样就给店主带来了梦寐以求的好运。

■ 故事的哲理

给别人一个帮助自己的机会,能成就自己更大的梦想。合理示弱也是一种人生智慧,因为世上再没有比纠正别人的错误更让人高兴的了。

愿意输给对手
竞争力，不是投机

■ 哲理的故事

在一个于西班牙纳瓦拉举行的越野长跑赛场上，曾经夺得 2012 年伦敦奥运会铜牌的肯尼亚选手穆塔伊奋战犹酣。

他一直跑在队伍的最前头，且把众多选手落下了较远的距离。"穆塔伊，加油！"粉丝们发出阵阵呐喊。

距离终点还有 10 米，眼看穆塔伊就要胜利了，他却鬼使神差地放慢了脚步！原来他误以为自己已经到达了终点，所以一副轻松自如的样子。正当他准备向大家挥手致意时，许多粉丝焦急万分地向他大喊："快跑啊！还有 10 米呢！"

可穆塔伊听不懂异国语言，根本不知道粉丝在喊什么，依旧逍遥地放慢了脚步。这时，24 岁的西班牙选手费尔南德斯·安纳亚已从穆塔伊尔身后追了上来。只要费尔南德斯发起冲刺，冠军就不再属于穆塔伊。然而，出乎所有人意料的是，费尔南德斯并没有趁机超前，反而放慢了脚步，始终在穆塔伊身后与他保持着微小的距离，并友好地向他示意，让他赶快跑向终点。

比赛结束了，费尔南德斯输了，但他并不后悔，他说："我只是做了该做的事情，穆塔伊才是真正的冠军，如果他没有看错终点，我根本不可能超过他。"费尔南德斯最终输掉了比赛，却赢得了全场观众的热烈掌声。

■ 故事的哲理

在以结果论成败的商界，投机获利往往具有极大的诱惑力。但投机不会增强企业的竞争力，不会赢得外界的尊重，反而让企业更加看不清自己，看不清环境，而难逃饮鸩止渴。相比之下，只有放弃投机，企业才能拥有更多、更实在、更长久的竞争力。

能解决所有问题的"大师"
只关注自己，就是和自己过不去

■ 哲理的故事

大师厌烦了人世的嘈杂，来到喜马拉雅山里，过着简朴的生活，勤于修炼。然而大师名声在外，虽然遁世，还是被人找到了。方圆百里的人们跋山涉水，历尽千辛万苦来见大师，希望大师帮他们解决心里郁结的问题。

大师实在不忍心拒绝他们，便给他们提出了些建议，叫他们回去后别再来了。但人们还是不断地涌来。

这次大师叫他们坐下来等，三天过去了，更多的人涌来，大师说："告诉我你们的问题。"

有人开始说话了，立刻被其他人打断。这时，场面出现了混乱，人们大声叫喊，发疯似的，但是谁也听不见谁在说什么。大师故意让混乱的局面延续着，看时机已到，大声说："安静！"人们一下子静下来。

"把你们的问题写下来，然后把纸给我。"大师说。当人们写完后，大师把纸条放在一只篮子里，搅了搅，然后说，"请把篮子一个个地传，每个人拿一张纸条，看看上面写的是什么。"每个人都按大师所说拿了一张纸条，读了上面写的问题，最后大家一致认为，无论自己的情况多么严重，似乎都没有别人遇到的困难大，自己的痛苦也就随之减轻。随后，按照大师的要求，他们又将纸条放回篮子中。此时，大师再问他们是否要保留自己的问题。结果人们竟然非常静默。大师也报以一笑,告诉人们:"赶紧下山去吧。"

■ 故事的哲理

人们缺乏的往往不是自信,而是自省,过度注重自己的利益和感受,往往会失去客观立场,由此给自己造成的痛苦和愤懑,也往往都是愚蠢而盲目的。只关注自己的得失,本质上就是和自己过不去。打开眼界,会看到不同的风景,走出去,会有意想不到的收获。

当他还不是巴菲特时
在外练完手再回家

■ **哲理的故事**

在美国，有这样一个年轻人：他是个大学生，每逢学校过周末放假或放长假，他都得赶到他父亲开设的工厂去上班。他用打工的工资去偿还父母为他垫付的学费和伙食开支。在厂里，他跟其他工人一样，排队打卡上下班，月底就凭卡片和车间给他评定的质量分和工件的数量结算工资。有一次，他因候车晚点而迟到了两分钟，那月的奖金就扣除了一半。

他终于熬到了大学毕业，以为自己可以接管父亲的公司了，可父亲不但不让他接管公司，反而对他更加苛刻，就连生活费也得定期向他索要。他终于被父亲逼出了家门。

他想去银行贷款做生意，可父亲坚决不给他做担保。于是他只得去给别人打工，因为复杂的人际关系，他被人挤出了小公司。失业后，他用打工积累的一点资金开了家小店。小店的生意不错，他又开了家小公司。小公司慢慢地变成了大公司。

令他万分痛心的是，公司因为经营管理不善而倒闭了。他想到要跳楼，但他实在不甘心就这样离开人世，他决心咬紧牙关挺起胸膛从头再来。就在他振作精神准备再干一番的时候，他的父亲出人意料地找到了他，并决定让他来接管自己的公司。

父亲说："孩子，你虽然跟几年前一样，依然没拥有金钱，但你拥有了一段可贵的经历，这段经历对你来说是一场苦难的磨炼，然而它是可贵的。如果我前几年就将公司交给你，那么很难说你会把公司经营得很好，也可能迟早会失去这家公司，最终变得一无所有。可是现在你拥有了这段经历，你会珍惜这家公司，而且会把它管好。"果然，他不负父亲的期望，将一家规模不大的公司发展成了今天这样一家令全球瞩目的大公司。他就是伯克希尔公司总裁，有着"美国股神"称号的沃伦·巴菲特。

■ 故事的哲理

中西方家族继承的重大理念差别是，中国人潜意识中认为家业是后代的港湾与靠山，是可以坐享其成的天然权利，而西方人则普遍认为，继承家业不是为了就业，而是为家族做贡献。为此，只有在外面练就了本事，才有回家继承的资格。所以，"富不过三代"在西方从来都不是魔咒。

大师带来的挑战
蜕变必经的"磨难"

■ **哲理的故事**

一位音乐系的学生走进练习室，钢琴上，摆着一份全新的乐谱。"超高难度……"他翻动着，喃喃自语，感觉自己弹奏钢琴的信心跌到了谷底。已经三个月了！自从跟了这位新的指导教授，他不知道为什么教授要以这种方式整人。他勉强打起精神，开始用十个手指头奋战、奋战、奋战……琴声甚至盖住了练习室外教授走来的脚步声。

指导教授是个极有名的钢琴大师。授课第一天，他给自己的新学生一份乐谱："试试看吧！"乐谱难度颇高，学生弹得生涩僵滞，错误百出。"还不熟，回去好好练习！"教授在下课时，如此叮嘱学生。学生练了一个星期，第二周上课时正准备让教授验收，没想到教授又给了他一份难度更高的乐谱："试试看吧！"而上星期的课，教授提也没提。学生再次挣扎于更高难度的技巧挑战。第三周，更难的乐谱又出现了。同样的情形持续着，学生每次在课堂上都被一份新的乐谱所困扰，然后把它带回家练习，接着再回到课堂上，重新面临两倍难度的乐谱，却怎么样都追不上进度。

学生感到越来越不安、沮丧和气馁。看到教授走进练习室，学生再也忍不住了，他必须向钢琴大师提出这三个月来何以不断折磨自己的质疑。

教授没开口，他抽出了最早的第一份乐谱，交给学生。"弹奏吧！"他以坚定的眼神望着学生。

不可思议的结果发生了，连学生自己都惊讶万分，他居然可以将这首曲子弹奏得如此美妙，如此精湛！教授又让学生试了第二堂课的乐谱，学生依然呈现超高水准的表现……演奏结束，学生怔怔地看着老师，说不出话来。

"如果，我任由你表现最擅长的部分，可能你还在练习最早的那份乐谱，就不会达到现在这样的程度。"钢琴大师缓缓地说。

■ 故事的哲理

尼采曾说，诗人写诗，如同母鸡生蛋、公鸡打鸣，本质上都是痛苦使然。阻碍我们认识自己和继续提升自己的，正是那些让我们自己感到满意的东西。反之，不断挑战难度，痛苦越多，收获就越大。不只是写诗，管理亦然：最大的提升，是在自己觉得不甚称职的那个阶段。

最"昂贵"的一把钥匙
看得见的危机意识

■ **哲理的故事**

2007年9月，英国拍卖市场以7.8万英镑的价格拍卖了一把看起来普普通通的钥匙。

这把钥匙为什么会这么昂贵？原来它大有来头，和著名的泰坦尼克号事件密切相关。当年，这把钥匙可以打开泰坦尼克号桅杆瞭望台的一个置物柜，柜子里放有一副双筒望远镜，用来侦测远方危及船只安全的海上威胁，包括恶劣气候及冰山。

可是，当时保管这把钥匙的二副戴维·布莱尔在开航前突然被调往另一艘船。仓促之间，他把钥匙放进口袋带下了船，忘记移交给接替人员查尔斯·莱托勒。在没有望远镜的情况下，泰坦尼克号上放哨的船员只好依靠肉眼观测前方的障碍物。等到他们发现海洋上的冰山时，一切都为时已晚，1522人丧生大海，酿下了泰坦尼克号沉没的悲剧。

更令外界感到非常惊讶的是，这把钥匙最后的买主竟然来自中国，他就是通灵珠宝的中国区总裁沈东军。

沈东军与其他竞拍者激烈竞拍了近20个回合，最终才以高价拍到手。为什么？

原来，珠宝行业其实是一个非常容易出现问题和事故的行业，如果不能针对每一个细节精益求精，就会功亏一篑。沈东军不惜重金拍下泰坦尼克号的"夺命钥匙"，并将其展示在员工能经常看得见的地方。这把钥匙的存在，是为了告诉员工：一个做得再好的企业，也有可能因为一个疏忽、一个微小事件而造成灭顶之灾，必须时刻警醒。

■ 故事的哲理

培养危机意识，不能靠金钱与说教，而要落实到具体、感性、真实乃至令人震撼的事物上，进而冲进每个人的心里。管理，就是诉求可视化。

站在宜家的肩膀上
寻找托举自己的巨人

■ 哲理的故事

四年前,荷兰鹿特丹市一个名叫埃文的小伙子成立了一个创意工作室,准备开始自己的创业之旅。因为要置办办公家具,他带上几个设计师在宜家商场里泡了一整天,终于搬回了一套比较满意的家具。可当这些小伙子费尽所有力气将拖回来的所有木板和螺丝装在一起后才发现,风靡全球的宜家家具竟只有三种颜色——原木色、白色和黑色,单调至极!

于是工作室里的设计师丽兹建议:"既然我们是创意公司,那我们就自己设计好样图,然后请手绘师把图案画到家具的外皮上去吧。"埃文觉得主意不错。他综合了几个设计师的意见,设计出了一组赏心悦目的图案,然后让手绘师绘到那套家具上。谁也没想到,宜家家具被"披"上外皮之后美不胜收。"天哪,如此有设计感的家具外皮,如果能拿出来和大家分享就太完美了!"埃文简直陶醉了。

"分享?只怕很难,因为不是所有人都请得起手绘师。最关键的是,我们的设计只适合宜家家具,而宜家家具的尺寸都是独一无二的,局限性很大。"几个设计师纷纷摇摇头说。

埃文却说:"正因为宜家家具的尺寸是独一无二的,我们的设计才有可行性。普通的家具花样繁多,消费者搭配起来随心所欲,这就使得设计者很难设计出一套大众化的家具外皮。宜家家具就不一样了，它有自成一套系统的全球化标准尺寸。比如，消费者在宜家买完一张床就得接着买下床单、棉被、枕头等东西。但对于我们搞设计的人来说，局限性反而是一种契机。你们想想，宜家总共就那么几个系列的家具尺寸，对于同一系列的家具模板，我们可以将它的风格设计成唯美的、卡通的、清新的，这样就避免了'一对一'的设计，简单有效。同时，我们可以将产品做成贴纸的形式，让消费者像小孩玩家家一样，直接贴上去就好了！"

就这样，埃文的创意工作室一下子变成宜家家具外皮的设计室了。为了凸显这个特点，几个设计师劝埃文干脆给工作室起名叫"我的宜家"。"我的宜家"成立之后，埃文和设计师们按照宜家家具的尺寸设计了各种风格的图案，然后提交给鹿特丹市一家不干胶印刷公司，制作出黏性十足的家具外皮。在宜家自成一体的标准化尺寸之下，消费者购买这种家具外皮十分容易。现在，"我的宜家"搭着宜家的畅销风，还把邮购支持网络扩展至德国、法国、意大利、中国、澳大利亚等27个国家和地区，把独特的设计卖到世界各个角落。

■ 故事的哲理

成功的企业和企业家的光环无比炫目，但绚烂之外也有弱点和不足，寻找并补足他们生态拼图中缺少的几块核心板块，就有机会与他们形成无缝连接的业务需求，从而实现企业发展和自我飞跃。

不要指望救兵
用行动去解压

■ **哲理的故事**

咸丰四年,曾国藩率湘军"建旗东征",手下将领塔齐布分领一军由陆路攻往湖北通城、崇阳。塔齐布率兵到达崇阳时,却陷入了一支太平军的埋伏,被围困在一个小山坳中。按照原来的计划,贵州道员胡林翼会在三天后率兵前来接应。如果与胡林翼内外夹击,消灭太平军的这一支队伍就轻而易举了。

于是,虽然被围困,但士兵们一点都不担忧,反正他们带的粮草足够应付三天。在待命时,有些士兵甚至干脆睡起了大觉。塔齐布下达命令,让士兵们操练起来,积极备战,与此同时,也让大家想办法找到更多的食物和水源。士兵们虽然不解,但将令不可违,只好照做了。

塔齐布的一名心腹却不解地问:"你不信任胡林翼大人吗?"塔齐布回答:"不,作为相互配合的同盟,我很信任他。""那你为什么还要大家备粮备战呢?"心腹接着问,"既然相信胡大人,我们就等着三天后胡大人率兵前来营救就行了呀。"塔齐布笑着摇了摇头,没有再答言。

然而,一直等到第五天,依然没有胡林翼率兵赶来的消息。幸好塔齐布让士兵们提前做好了准备,粮草没有出现危机,而且由于每天积极备战,士兵们的士气仍旧很旺盛。第六天,胡林翼才带兵赶到,塔齐布率兵开始突围，里应外合之下，很快就攻破了太平军的围堵，顺利占领了崇阳。

本以为塔齐布会指责胡林翼"失信"，没想到在听胡林翼解释了晚来的原因后，塔齐布只是轻轻一笑。这时，塔齐布的手下恍然大悟地说："原来大人早知道胡林翼会'失信'，所以提前做好了准备。"塔齐布摆摆手说："这并不怪胡林翼失信，只是战场上局势复杂多变，随时会有难以预料的、不受人控制的意外发生。所以，任何时候都不要把所有的希望寄托在别人身上，如此，既不会耽误事情，也会对他人的'失信'抱以充分的理解。"手下听完，连连点头，敬佩不已。

■ 故事的哲理

亚马逊创始人贝索斯说过，压力来自我们自己能有所为时却没有采取行动。因此，破解压力的最好办法，就是自己先行动起来。

"永不追量"的商业价值
用时间去打磨"质"

■ 哲理的故事

20世纪60年代,"VAN JACKET"是引领日本时尚风潮的一个知名服装品牌,那一年公司的营业额预算是100亿,结果却达到了惊人的300亿,整整超出两倍。在公司上下狂欢庆祝时,一位年轻人却忧心忡忡,他就是VAN JACKET公司的库存主管。

他多次在公司会议上提醒董事会:"预算100亿,营业额达到300亿,看起来是好事,可对生产部擅自生产这种情况如果不加制止,日后一定会出现大问题。"

没过几年,日本经济下滑,VAN JACKET因为库存太多、资金链断裂等原因导致破产。

多年之后,当初的那个库存主管贞末良雄搭建起了新的商业帝国,他创建的"镰仓"衬衫品牌深受欢迎。当时在日本男人的衣柜里至少有5件衬衫,其中至少有3件是镰仓衬衫。2015年,镰仓衬衫把分店开到了世界最高级的购物中心——美国布鲁克菲尔德广场。如今镰仓衬衫在日本已拥有26家分店,每分钟销售数百件,年销量10亿件……而其不败的准则是"永不追量"。

镰仓衬衫的全部生产环节均在日本进行,由那里的日本匠人纯手工制作,从不外包。手工制作没法实现量产,所以镰仓品牌常出现某款衬衫一个尺码的花纹只有一件的情况,卖完就没了。不过,恰恰是这种高回转库存的方式,让他们马上就可以卖掉刚做出来的衬衫。在销售时,贞末良雄也主张慢慢去"磨"——不论是普通衬衫还是定制款,销售人员都必须给客人量体,然后推荐适合的衬衫。

有人曾问贞末良雄:"为什么你要把'永不追量'奉为镰仓衬衫的生存准则?"他回答说:"许多服装业都是按照销售方的需求制作生产,可消费者是不是真的需要和喜欢这些产品?量变永远赶不上经济的变化,赶不上人们眼光的变化。但无论在什么年代,人们对好品质的追求永远不会消失。"

■ 故事的哲理

只有"永不追量",才能有时间、有精力去抓"质"。而有了"质",才能持续抓住顾客的心!这一点,对于很容易被"量"所陶醉的中国企业和中国社会,尤其有借鉴意义。

打印一款私人定制巧克力吧
创业中，应变高于创意

■ **哲理的故事**

曾冠维从英国剑桥大学毕业后，留在英国的华为公司工作。但很快，他发现自己更喜欢具有挑战性的生活，于是和小伙伴选择回国创业。

在众多的创业项目中，三个理工男看中了 3D 市场在中国的空白。他们选择了巧克力这种被很多人接受的美味，准备研发一款能够打印巧克力的 3D 打印机。三个人脑加三台电脑就这样不停地忙碌起来。然而，困难比想象的多，巧克力对温度的精准度要求很高，他们尝试了很多次才找到一种比较科学的方法，将巧克力的温度变化控制在 0.5 摄氏度以内。为了保证巧克力的口味，他们又请来中国巧克力第一人——季顺英女士作为首席顾问。

终于，他们成功研发出能打印各种图案巧克力的 3D 打印机。然后，他们打算量产这款打印机，专门售卖机器。然而，一个突发事件改变了他们的想法。

有一个女孩来恳请他们帮忙打印一块独特的巧克力送给男朋友，作为两人在一起一周年的礼物。可这块巧克力打印好之后，女孩却打电话来说，她跟男朋友分手了。得知巧克力已经做好，女孩说："那我把巧克力当分手礼物送给他吧。"

第二天，女孩又打来电话说她和男朋友又和好了。原来，男朋友被这块特殊巧克力深深感动了。

一块精心制作的巧克力,一个真实的爱情故事,让三个理工男的内心波涛汹涌:"我们不要去卖冷冰冰的 3D 打印机器,而是要做有温度的巧克力产品。"他们特意给 3D 打印巧克力起名叫"欧拉的玫瑰","欧拉"代表理工男的身份,而"玫瑰"象征着感性和爱情,寓意一群理性的人,在做一件有温度的事情,"我们希望用科技来服务于人们的爱情。"正因如此,在每一盒包装上,都有一句:"科学解释一切,除了爱情。"

三个理工男还很注重让消费者参与到打印过程中,专门开发了一个 DIY 系统,让顾客可以自主选择要打印到巧克力上的图片和文字。之后,巧克力 3D 打印订单源源不断。

■ 故事的哲理

创业初心再精彩,也往往敌不过现实的变化,因此,创业者在创业过程中对于突发变数(不论机遇与挑战)的洞察力,以及不断自我调整的能力,往往比激发创业原点的某一个静态能力或固有资源,更能决定创业的成败。